À MEIA-LUZ

Cinema e sexualidade nos anos 70

OBRAS COEDITADAS PELO PROGRAMA DE PÓS-GRADUAÇÃO EM SOCIOLOGIA DA FFLCH-USP:

Antônio Flávio Pierucci e Reginaldo Prandi, *A realidade social das religiões no Brasil* (Hucitec, 1996)

Brasilio Sallum Jr., *Labirintos: dos generais à Nova República* (Hucitec, 1996)

Reginaldo Prandi, *Herdeiras do axé* (Hucitec, 1996)

Irene Cardoso e Paulo Silveira (orgs.), *Utopia e mal-estar na cultura* (Hucitec, 1997)

Antonio Sérgio Alfredo Guimarães, *Um sonho de classe* (Hucitec, 1998)

Antônio Flávio Pierucci, *Ciladas da diferença* (Editora 34, 1999)

Mário A. Eufrasio, *Estrutura urbana e ecologia humana* (Editora 34, 1999)

Leopoldo Waizbort, *As aventuras de Georg Simmel* (Editora 34, 2000)

Irene Cardoso, *Para uma crítica do presente* (Editora 34, 2001)

Vera da Silva Telles, *Pobreza e cidadania* (Editora 34, 2001)

Paulo Menezes, *À meia-luz: cinema e sexualidade nos anos 70* (Editora 34, 2001)

Sylvia Gemignani Garcia, *Destino ímpar: sobre a formação de Florestan Fernandes* (Editora 34, 2002)

Antônio Flávio Pierucci, *O desencantamento do mundo* (Editora 34, 2003)

Nadya Araujo Guimarães, *Caminhos cruzados* (Editora 34, 2004)

Leonardo Mello e Silva, *Trabalho em grupo e sociabilidade privada* (Editora 34, 2004)

Antonio Sérgio Alfredo Guimarães, *Preconceito e discriminação* (Editora 34, 2004)

Vera da Silva Telles e Robert Cabanes (orgs.), *Nas tramas da cidade* (Humanitas, 2006)

Glauco Arbix, *Inovar ou inovar: a indústria brasileira entre o passado e o futuro* (Papagaio, 2007)

Zil Miranda, *O voo da Embraer: a competitividade brasileira na indústria de alta tecnologia* (Papagaio, 2007)

Alexandre Braga Massella, Fernando Pinheiro Filho, Maria Helena Oliva Augusto e Raquel Weiss, *Durkheim: 150 anos* (Argvmentvm, 2008)

Eva Alterman Blay, *Assassinato de mulheres e Direitos Humanos* (Editora 34, 2008)

Nadya Araujo Guimarães, *Desemprego, uma construção social: São Paulo, Paris e Tóquio* (Argvmentvm, 2009)

Vera da Silva Telles, *A cidade nas fronteiras do legal e ilegal* (Argvmentvm, 2010)

Heloisa Helena T. de Souza Martins e Patricia Alejandra Collado (orgs.), *Trabalho e sindicalismo no Brasil e na Argentina* (Hucitec, 2012)

Christian Azaïs, Gabriel Kessler e Vera da Silva Telles (orgs.), *Ilegalismos, cidade e política* (Fino Traço, 2012)

Ruy Braga, *A política do precariado* (Boitempo, 2012)

OBRAS APOIADAS PELO PROGRAMA DE PÓS-GRADUAÇÃO EM SOCIOLOGIA DA FFLCH-USP:

Ruy Braga e Michael Burawoy, *Por uma sociologia pública* (Alameda, 2009)

Fraya Frehse, *Ô da rua! O transeunte e o advento da modernidade em São Paulo* (Edusp, 2011)

Paulo Menezes

À MEIA-LUZ
Cinema e sexualidade nos anos 70

Universidade de São Paulo
Faculdade de Filosofia, Letras e Ciências Humanas
Programa de Pós-Graduação em Sociologia

editora ■ 34

EDITORA 34

Editora 34 Ltda.
Rua Hungria, 592 Jardim Europa CEP 01455-000
São Paulo - SP Brasil Tel/Fax (11) 3811-6777 www.editora34.com.br

Universidade de São Paulo
Faculdade de Filosofia, Letras e Ciências Humanas
Programa de Pós-Graduação em Sociologia
Av. Prof. Luciano Gualberto, 315 Cid. Universitária CEP 05508-900
São Paulo - SP Brasil Tel. (11) 3091-3724 Fax (11) 3091-4505

Copyright © Editora 34 Ltda., 2001
À meia-luz © Paulo Menezes, 2001

A FOTOCÓPIA DE QUALQUER FOLHA DESTE LIVRO É ILEGAL E CONFIGURA UMA
APROPRIAÇÃO INDEVIDA DOS DIREITOS INTELECTUAIS E PATRIMONIAIS DO AUTOR.

Edição conforme o Acordo Ortográfico da Língua Portuguesa.

Imagem da capa:
A partir de cena de Blow-Up, *filme de Michelangelo Antonioni (1967)*

Capa, projeto gráfico e editoração eletrônica:
Bracher & Malta Produção Gráfica

Revisão:
Tereza Rodrigues Guilares, Nina Schipper

1ª Edição - 2001, 2ª Edição - 2013

Catalogação na Fonte do Departamento Nacional do Livro
(Fundação Biblioteca Nacional, RJ, Brasil)

> Menezes, Paulo
> M543m À meia-luz: cinema e sexualidade nos anos 70 /
> Paulo Menezes. — São Paulo: USP, Programa de
> Pós-Graduação em Sociologia da FFLCH-USP/
> Editora 34, 2013 (2ª Edição).
> 280 p.
>
> ISBN 978-85-7326-206-3
>
> Inclui bibliografia.
>
> 1. Cultura de massa. 2. Comunicação de massa.
> I. Universidade de São Paulo. Programa de Pós-Graduação
> em Sociologia. II. Título.

CDD - 306

À MEIA-LUZ
Cinema e sexualidade nos anos 70

Apresentação 11

1. Imagens da imagem
(*Blow-Up*, Michelangelo Antonioni, 1967) 15

2. Imagens da violação
(*Laranja Mecânica*, Stanley Kubrick, 1971) 49

3. Imagens do entardecer
(*Morte em Veneza*, Luchino Visconti, 1971) 81

4. Imagens do novo e do velho
(*Último Tango em Paris*, Bernardo Bertolucci, 1972) 123

5. Imagens do sexo
(O *Império dos Sentidos*, Nagisa Oshima, 1976) 179

6. As nuvens negras se dissipam
(*Blade Runner*, Ridley Scott, 1982/1993) 209

7. Imagens finais 237

Referências bibliográficas 271
Ficha técnica dos filmes 277
Referências dos artigos 279

A Ana Lúcia

"A arte não reproduz o visível, mas torna visível."

Paul Klee

"Existem momentos na vida onde a questão de saber se se pode pensar diferentemente do que se pensa, e perceber diferentemente do que se vê, é indispensável para continuarmos a olhar ou a refletir."

Michel Foucault

"O tempo não espera, porque o círculo não é redondo."

Milcho Manchevski, *Antes da Chuva*

APRESENTAÇÃO

Este trabalho pretende discutir as imagens que se desdobram em alguns filmes da década de 70. Inicialmente, entendemos essa "década" não em seu sentido puramente cronológico mas no relativo ao conteúdo significativo dos problemas que engendra. Por isso, nossa "década" começa em 67 e termina em 82. Estas imagens vão nos mostrar uma mudança essencial no que se via por meio dos filmes, não só através das temáticas que abordavam como também por meio das imagens que sobre elas eram propostas. Estas imagens vão problematizar algumas propostas de transformação herdadas das perspectivas de 68, primordialmente ligadas às possibilidades e aos caminhos da revolução, e à incorporação de vários aspectos relativos à sexualidade, como um aspecto essencial de qualquer proposta de transformação social. Tentamos mergulhar no lugar impreciso que limita as coisas que se fazem, as coisas sobre as quais se fala e as coisas que se podem ver. Elas não parecem estar nos mesmos lugares e é justamente neste espaço difuso e indefinido que estes filmes vão introduzir as suas perguntas e questionamentos. Pois, se queremos um mundo diferente, temos que perceber até onde vai a nossa capacidade de ver diferentemente as coisas que fazemos e sobre as quais conseguimos ou não teorizar, de sermos diferentes do que sempre fomos e de agirmos diferentemente do que sempre agimos. Dentro destes parâmetros, a questão que se coloca é de como avaliar a inserção das relações interpessoais das quais participamos em nossa vida cotidiana dentro das possibilidades de um projeto de transformação do mundo.

O que estes filmes nos propõem é que não mais é possível deixarmos de lado, como desimportante, esta dimensão decisiva da existência. Ao mesmo tempo em que esta percepção não vai se dar sem profundas e indeléveis consequências. Quais serão estas consequências, e o que elas envolvem e desdobram, convidamos o leitor a apreciar no decorrer das análises dos filmes que propusemos.

Estas interpretações desdobram-se em um incessante reconstruir visual dos filmes discutidos. Além da tentativa incessante de reconstituir também o clima visual que criam, pois acreditamos que o essencial em um filme não é somente o que se conta mas a forma pela qual se conta, momento essencial da constituição de seus significados possíveis, unidade difícil de se precisar e plena de lugares indefinidos, mas que, ao nos propor alguma coisa nos faz primeiro *ver* esta mesma coisa antes que possamos *refletir* sobre aquilo que estamos vendo. Partimos também do pressuposto de que todo relato é, ao mesmo tempo, uma interpretação. Portanto, ao "recontar" as nossas histórias, estamos também contando como as vimos, pois não acreditamos que isso possa se dar diferentemente. Neste sentido, dois níveis diferentes de significações se propõem e ao mesmo tempo se interligam e se fundem. O primeiro deles, ligado à análise propriamente interna dos filmes em si, de suas propostas temáticas e visuais. O segundo, ligado diretamente ao próprio *encadeamento* dos filmes e das relações que *eles* travam entre si. É da unidade destes dois momentos que propomos a constituição de seus significados e dos problemas que eles nos levantam.

Este texto teve como origem tese de doutoramento apresentada e defendida junto ao Programa de Pós-Graduação em Sociologia da Faculdade de Filosofia, Letras e Ciências Humanas da Universidade de São Paulo, em setembro de 1996. O texto foi inteiramente reescrito, incorporando novas preocupações e novas formas de se perceber as questões então colocadas, refinando, com o tempo que passa, algumas passagens pouco desenvolvidas outrora. Mas não acredito que no essencial minhas proposições e minhas posições tenham se alterado substancialmente. Agradeço imensamente aos membros da banca examinadora, professores José Carlos Bruni (orientador), Irene Cardoso, João Augusto Frayse-Pereira, Dora Mourão e Nicolau Sevcenko, por terem lido o meu trabalho com uma profunda atenção e consideração, o que para mim foi de uma valia inestimável.

Gostaria de fazer uma menção especial ao Bruni e à Irene, amigos desde os primórdios, os mais instigantes companheiros intelectuais que alguém pode jamais almejar, com os quais aprendi a pensar, a refletir e, principalmente, a perguntar e a problematizar. Com eles aprendi o poder da dúvida e sem a sua presença constante em todos esses anos nada disso hoje existiria.

Agradeço profundamente por fim a Ana Lúcia, companheira inseparável nestes últimos tempos, pelo apoio nas várias madrugadas, pela leitura cuidadosa na última revisão dos originais, e, principalmente, pelo estímulo incessante e envolvente, sempre repleto de cuidado e carinho.

Apresentação

1.
IMAGENS DA IMAGEM
(*Blow-Up*, Michelangelo Antonioni, 1967)

É quase uma tradição, tratando-se de cinema, que as primeiras imagens que nos são mostradas em um filme sejam as de uma série de letreiros onde o nome dos atores, do diretor e do produtor sejam-nos dados a conhecer. Em alguns filmes, entretanto, o diretor aproveita este espaço para também introduzir-nos a alguma outra coisa, que não raras vezes passa despercebida do público.

A abertura de *Blow-Up*,[1] neste sentido, é especial. Vemos, logo em seus primeiros momentos, vários letreiros que se sucedem sobre um fundo amarelo, embalados pela música de Herbie Hancock. Suas letras são vazadas, ao contrário do que era esperado, e, através delas, podemos vislumbrar pedaços de uma imagem que ali se esconde, caprichosamente, dando-se apenas em pequenos pedaços aos olhos, mas apenas àqueles que se esforçam decididamente em compreendê-la. Para deixar claro o seu artifício, e para detonar a curiosidade do espectador, quando surge o nome do filme, *Blow-Up*, as letras aumentam de tamanho, na proporção em que avançam em nossa direção, até abrirem-se em toda a dimensão da tela, mostrando, pela única vez, a imagem completa que estava escondida ali por trás e que, ao mesmo tempo que se

---

[1] Aqui, no Brasil, a criatividade em mudar nomes de filmes é realmente espantosa. Este filme de Antonioni recebeu entre nós o nome absurdo de *Depois Daquele Beijo*. Nas fitas de vídeo, para não perder a referência de um público não especializado, juntaram-se os dois.

faz mostrar, desaparece imediatamente sob o fundo das letras seguintes que dominam novamente a tela. Sabendo que algo lá existe, passamos a tentar enxergar detidamente as imagens que nos são negadas a perceber. Para deixar isso ainda mais instigante, a única imagem que pudemos vislumbrar, ainda que por frações de segundo, era a de uma moça que tirava as peças de sua roupa, em cima de um telhado. Pudemos acompanhar apenas seções de seus movimentos, que nos permitiram imaginar o que ela fazia, ao mesmo tempo que esta imagem parecia querer escapar, o tempo todo, por entre nossos dedos, em um estranho movimento que, ao parecer mostrar, acaba efetivamente por negar. Perfeita metonímia, veremos que a proposta que engendrava não era de forma alguma inocente.

As primeiras imagens que nos são realmente dadas a ver nos jogam novamente em um mundo de incongruências. Montados sobre um *jeep* Land Rover, uma imensa trupe de *mímicos* agita--se vigorosamente, mãos e pernas saltando pelo ar, acompanhados pelos *gritos* efusivos que emitem sem parar. Isso contrasta, de maneira cortante, com o fato de, em geral, a mímica ser um dos lugares primordiais do seu oposto, o silêncio. O local pelo qual passam não é menos peculiar. Nada vemos ali, nenhum tipo de movimento, nenhuma pessoa a não ser o *jeep*, que anda pelo meio dos prédios, todos vazios e sem qualquer sinal de vida. Perfeito cenário para um grupo a um só tempo mudo e barulhento, que só irá adquirir o seu mais profundo significado quando, circularmente, reaparecer na cena final do filme.

O surgimento de nosso personagem principal, um fotógrafo de moda, será também bastante inesperado. Ele aparece no meio de um grupo imenso de pessoas, com roupas velhas e desalinhadas, que sai de um estranho local, parecido com uma grande fábrica — somente muito depois, no momento em que ele mostra as fotos que lá havia tirado ao editor do livro que prepara, saberemos que se trata de um albergue de mendigos e de pessoas que não têm outro lugar para dormir, os despossuídos mas também súditos do grande reino, mesmo que já não tão grande.

Detalhes da sua relação com o mundo que o cerca já nos são apresentados desde a primeira cena. De dentro do carro, por meio de um radiotransmissor, ele começa a dar ordens a várias pessoas. Quando chega ao ateliê, distribui uma série de serviços aos seus auxiliares, de uma maneira fria e automática. No instante em que Thomas entra no estúdio, vemos a modelo que já o esperava há algum tempo. Mas não a vemos diretamente. Vemos apenas seu *reflexo* por meio de um espelho que parece estar ali jogado ao acaso. Ela aparece para nós como aparecerá para ele: como pura imagem, a ser investigada e conquistada. A moça, no momento em que o vê, ensaia uma reclamação "por estar esperando há uma hora e ter um avião para pegar e não poder...". *"Can't what?"*, corta-a Thomas abruptamente, sem lhe dar a menor atenção. Sem muita ação, coloca-se em frente a um fundo infinito escuro, que contrasta com a sua pele muito clara. Seu vestido é preto, entremeado de reflexos brancos brilhantes que acompanham seus movimentos, com suas duas laterais abertas, apenas levemente trespassadas por alguns fios que ligam sua frente às costas, e que, ao mesmo tempo, deixam à vista toda a lateral nua de seu corpo, fino e comprido, insinuando-se através deles. A relação que se trava em seguida é muito significativa. Thomas, após tirar as primeiras fotos, bebe um copo de vinho e troca a máquina 6x6 que utilizava por uma 35, com lente 50 mm, a lente que mais aproxima o que se vê através dela com o campo de visão normal que os olhos contemplam.[2] Ela vai permitir uma maior aproximação entre eles além de mostrar-se a lente perfeita para o que veremos a seguir.

A modelo deita-se pelo chão, exibindo-se e insinuando-se preguiçosamente em suas contorções sonolentas. Thomas vai abaixando-se sobre o seu corpo, até ajoelhar-se sobre ela e encaixar-se sobre seu ventre, em um momento de extrema volúpia visual. Ele a beija ligeiramente no pescoço, visando descontraí-la ainda

---

[2] Que é de aproximadamente 60°. Cf. Michel Langford, *Iniciación a la fotografía profesional*. Barcelona, Omega, 1974, 3ª ed., p. 87.

mais, e, a partir de então, vemos os vários movimentos cadenciados que os seus corpos circunscrevem no espaço, finalizados em um instante de máxima excitação quando Thomas começa a gritar de maneira resoluta e inconfundível: "*Yes, Yes, Yes*", terminando sua sessão de fotos por meio de um clímax absolutamente visual e inquestionável. Este orgasmo também desdobra-se visualmente na modelo, que continua ali deitada pelo chão, passando suavemente a mão sobre seus seios, até jogar os braços para trás e ficar ali descansando, extasiada ela também com o ato que acabaram de finalizar. Thomas, por sua vez, ao terminar, retira a máquina fotográfica do pescoço, levanta-se, e vai jogar-se sobre um sofá, colocando displicentemente o pé sobre a mesa de centro, de vidro. Acabou de nos mostrar, sem mediações, a possibilidade de transformar em atividade física visual direta a capacidade de *penetração* que o aparato fotográfico porta em si mesmo.[3]

Ele trata as outras modelos com a mesma distância e arrogância. Organiza as suas posições, reclama do chiclete que uma delas masca, grita bruscamente com outra que não conseguia sorrir. Por fim, ordena a todas que fechem seus olhos e relaxem, enquanto ele, simplesmente, vai embora, fazer outra coisa.

Seus relacionamentos são todos assim, permeados por um filtro que, ao mesmo tempo que permite uma espécie de ligação, mantém inexoravelmente presente uma intransponível distância.

Os únicos momentos em que o vemos aparentemente mais ligado afetivamente a alguém, demonstrando uma atitude mais carinhosa e reveladora, são aqueles em que está em companhia da mulher que mora com um pintor, em uma casa ao lado do ateliê. Em um primeiro momento, após conversar de maneira distraída com Bill sobre as suas pinturas, senta-se em uma poltrona

---

[3] Cartier-Bresson dizia que o fotógrafo, com a máquina na mão, sempre age como se perpetrasse um crime, o que não deixa de ser uma forma de violação. A palavra fotografar, em inglês, não deixa dúvidas — *to shoot* — significa atirar, matar, aplicar injeção, mas também fotografar e filmar.

enquanto ela, após pegar uma garrafa de cerveja para lhe oferecer, passa a mão em seus cabelos começando a massagear-lhe a cabeça. Seu olhar está cabisbaixo e triste, mostrando-nos que, afinal, ali reside alguma sensibilidade, mesmo que escondida. No momento em que ele se levanta e sai, deixa-a sozinha, com o olhar perdido ao longe.

O segundo momento ocorre quando, após o roubo das fotos em seu estúdio, Thomas retorna novamente até o seu vizinho. Ao entrar sem bater, caminha pelo corredor até olhar pela porta de um quarto. Seus olhos encontram-se com os dela, dessa mulher nunca nomeada, olhando-o com uma expressão de extremo incômodo, enquanto vemos Bill movimentar-se sobre seu corpo sem nada perceber. Momentos após, ela vai encontrá-lo no estúdio. Thomas pergunta-lhe se nunca pensou em deixá-lo, recebendo a resposta negativa. Entretanto, um pouco depois, ela vai lhe pedir que a ajude. Quando ele pergunta no que poderia ajudá-la, ela volta a falar sobre o crime, desconversando. Em todos os momentos em que se encontram, nunca conseguem falar sobre eles, sobre suas vidas, sobre o que sentem, sobre o óbvio.

O momento mais emblemático da relação de Thomas com as coisas e com o mundo que o cerca é aquele dos encontros que vai ter com duas mocinhas[4] que vão até o estúdio, na esperança e na vontade de serem "fotografadas" por ele. Seu primeiro encontro é extremamente significativo: pedem-lhe dois minutos para conversar enquanto ele, sentado na cadeira de sua secretária, diz-lhes, com uma expressão impassível que denota ao mesmo tempo um certo menosprezo, que não possui dois minutos nem mesmo para tirar o apêndice fora. Seu ar é sempre esse, de senhor do mundo, a um só tempo superior, prepotente e arrogante.

---

[4] Uma delas é Jane Birkin, que ficaria mundialmente famosa alguns anos depois, ao cantar com o seu marido Serge Gainsbourg uma música que seria proibida em vários países do mundo, incluindo-se aí o Brasil, pela sua sonoridade que "imitava" (?) os barulhos de um ato sexual: *Je t'aime... moi non plus*.

Em seu segundo encontro com elas, quando está no meio da revelação das fotos do parque, sua postura em nada se altera. Thomas ouve um barulho na porta da frente. Desce para abri-la, mas, percebendo um movimento diferente lá fora, apenas vira de costas, levanta a ponta do pé, aguarda alguns segundos para então, suavemente, escorregar a mão sobre a maçaneta deixando que a porta se abra de repente, e de uma só vez. Uma das garotas que ali se apoiava tropeça, caindo de costas para dentro do ateliê, com o olhar assustado. Sua amiga, que entra em seguida, pergunta-lhe o óbvio: "Você não estava nos esperando; estava?". As duas têm um ar engraçado e displicente. Seus cabelos têm o mesmo corte, liso, caído, com aquela franjinha "anos 60" que escondia praticamente toda a testa. Seus vestidos são dois tubinhos muito justos, ambos tendo o azul como cor predominante. Uma delas veste meias amarelo-claro, combinando com a cor da barra do vestido. A outra, meias vermelho-claro. Esta usa, além disso, um sapato também vermelho, com listas coloridas. A outra, um sapato azul com enormes bolas amarelas. Os dois envernizados e brilhantes.

Sobem rapidamente, e logo sentem-se atraídas pela enorme quantidade de vestidos que descansa em uma arara de uma das salas do estúdio. Começam a mexer em todos eles, enquanto a mais alta (Birkin) logo começa a retirar o seu. Deixa-o cair ao chão, e a vemos de costas, com uma meia-calça que lhe cobre a cintura, começando a experimentar um deles. O que vemos a seguir é uma cena pitoresca. Thomas entra na; sala subitamente. Ela, que está com um vestido de alças ainda aberto nas costas, encolhe-se toda. A amiga foge ao ouvir o barulho da cafeteira, deixando-os sozinhos. Colocando seus dedos na alça do vestido, Thomas o arranca enquanto ela o encara com um olhar misto de vergonha e entusiasmo. Ela agarra seu antigo vestido e com ele protege os seios desnudos, escondendo-se atrás do cabideiro. Sem pestanejar, nosso fotógrafo joga o cabideiro no chão, pisa em cima dos vestidos e vai em sua direção. Esta atitude marca de maneira indelével a diferença intransponível entre eles. Elas estão embevecidas por aqueles vestidos, que as atraem completamente, enquanto ele não só não lhes dá a menor importância, como além de tudo pisa sobre eles para chegar até ela. Não se importa com os vestidos, e, no limite, nem mesmo se importa o mínimo com elas.

Thomas aproxima-se, enquanto Jane Birkin encolhe-se com os braços cruzados no peito perto da porta, e arranca-lhe das mãos este outro vestido com o qual se protegia. Ela finge em seu rosto um certo ar acanhado, alternando sorrisos contidos com uma aparente surpresa pelo jeito atirado do até então ascético fotógrafo. Ele coloca a mão em seus cabelos; ela morde o seu pulso. Sinal inequívoco de que os toques foram autorizados. Começam uma luta: ela grita, ele ri, e nós ficamos na dúvida se ela se defende de verdade ou se está apenas e tão somente fazendo um certo charme no jogo sempre complexo da sedução, quando dizemos não no momento em que na verdade queremos dizer sim.[5] A resposta a esta dúvida vem logo a seguir. A amiga, ouvindo a gritaria, vem correndo da cozinha e, ao perguntar o que está acontecendo, surpreende-se com a outra que se joga sobre ela, oferecendo-a a Thomas, alegando que ela possuía um corpo mais bonito, ao mesmo tempo em que começa, ela mesma, a arrancar-lhe todas as roupas. Ambas rolam pelo chão, tentando se despir, e depois correm para o estúdio onde desenrolam o fundo infinito lilás por todo o chão. Jogam-se sobre ele enquanto finalmente se

---

[5] Simmel, ao tratar da sedução como uma forma de sociabilidade, afirma: "A natureza da coqueteria feminina é jogar alternativamente com promessas e retraimentos alusivos — para atrair o homem, mas para deter-se sempre antes de uma decisão, e para rejeitá-lo, mas nunca privá-lo inteiramente da esperança. (...) Seu comportamento oscila entre o 'sim' e o 'não', sem fixar-se em nenhum deles" (cf. Georg Simmel, "Sociabilidade: um exemplo de sociologia pura ou formal". In: Evaristo de Moraes Filho (org.), *Simmel*. Coleção Grandes Cientistas Sociais, vol. 34. São Paulo, Ática, 1983, pp. 174-5). É óbvio que no momento em que a relação sexual se concretiza este jogo perde o seu sentido inicial.

despem, sempre gritando e batendo os pés, numa grande algazarra. Thomas entra finalmente na "dança" e as duas aproveitam para também despi-lo. Quer dizer, pressupomos que o despem, pois a cena é cortada abruptamente neste momento, enquanto ele ainda está de calças, e, no momento em que retorna, todo o barulho já acabou e apenas vemos o fundo infinito todo amassado, para que só depois nos sejam mostrados os três. Porém, neste momento, elas já estão totalmente vestidas e terminando de vesti-lo também. Ele ainda está deitado de costas, tendo cada uma das garotas ajoelhadas literalmente a seus pés, colocando-lhe delicadamente as meias, num momento da mais completa e absoluta submissão, que não deixa dúvidas sobre as intenções da relação que travaram com o fotógrafo e, ao mesmo tempo, sobre a (des)importância que ele mesmo deu a esta relação.

Seu olhar, antes perdido no teto, passa pelo meio delas para atingir as fotos penduradas que atraem, magneticamente, de novo toda a sua atenção. Thomas levanta-se — uma delas começa a vestir-lhe a camisa — e passa entre as meninas como se elas nem estivessem mais por ali. Quando as duas se espantam com o fato de ele as mandar embora, sem tirar ao menos uma foto, sua resposta é, ao mesmo tempo, emblemática e sintomática: "Estou saturado". Ao perceber que ambas olharam-se com o rosto espantado e um pouco atônito, ele termina por arrematar: "E a culpa é de vocês".

Esta cena de orgia, pressuposta e não visível, apesar de parecer ter sido absolutamente pueril, foi, ao mesmo tempo e por mais estranho que isso possa parecer nos dias de hoje, bastante inovadora, por ter apresentado pela primeira vez, mesmo que apenas de relance, os pelos púbicos de uma mulher nas telas do cinema comercial, de grande público.[6] Mas o que é significativo

---

[6] Aos olhos de hoje, obviamente. Na época, considerada muito ousada, recebeu a tesoura dos censores em vários países. Cf. Amos Vogel, *Film as a subversive Art*. Nova York, Random House, 1974, p. 215.

para nosso argumento é o jeito totalmente casual no qual ela começa, transcorre, e acaba. Além do que, ao mesmo tempo em que é uma relação coletiva totalmente "ao acaso" entre pessoas que não se conhecem, é também uma bela mostra de uma relação sexual sem qualquer tipo de envolvimento e que acaba da mesma maneira como começou, escoando pela porta do estúdio fotográfico.[7] Isso nos mostra de maneira muito clara que a ligação de Thomas com o mundo se faz, primordialmente, pelos olhos das lentes fotográficas de suas máquinas. Quando lhe falta esta mediação, ele sempre age de uma maneira distante, fria e deslocada, sem envolvimento evidente, sem dar a isso qualquer significado, e, consequentemente, sem constituir algo que possa criteriosamente ser chamado de "relação".[8] É apenas a sua máquina que lhe permite colocar-se nas coisas e conseguir participar delas de uma maneira incisiva e decisiva.

Thomas comunica-se com todo mundo e durante todo o filme. Mas sempre desta maneira exterior, como se não fosse ele e nem com ele, ou como se ele mesmo não estivesse lá. Em apenas dois momentos toma realmente a iniciativa de se comunicar, sem obter qualquer resultado. São os momentos que se seguem ao roubo das fotos em seu estúdio: quando está com a mulher do pintor, como vimos, e quando está na festa no final do filme, tentando falar com seu editor. Voltaremos a este assunto mais à frente.

---

[7] É evidente que sabemos que este "acaso" foi absolutamente intencional, pelo menos por parte das meninas, que esperavam com isso abrir as portas para a sessão de fotos, com interesses mais do que evidentes. No caso do fotógrafo, que é o que nos interessa, elas simplesmente surgiram *do nada* em seu estúdio, o que é importante para o raciocínio que estamos desenvolvendo.

[8] Sobre o compartilhamento de sentidos na constituição de relações sociais, cf. Max Weber, "Ação e relação social". In: Marialice Mencarini Foracchi e José de Souza Martins (orgs.), *Sociologia e sociedade*. Rio de Janeiro, LTC, 1978.

Blow-Up é um filme repleto destes momentos onde parece que todo mundo fala línguas diferentes. Ou onde parece que todo mundo fala a mesma língua, mas que mesmo assim ninguém se entende.

As cenas que ocorrem no antiquário são disso exemplares. Primeiro, com o velho empregado, que parece parte viva do que deveria estar vendendo. No momento em que vê Thomas, pela primeira vez, diz-lhe que não existe nada lá que seja barato e que ele está, portanto, perdendo tempo. Pergunta-lhe o que procura, para então dizer que lá não existem pinturas para serem vendidas. Quando Thomas mostra-lhe algumas, o empregado pergunta de que tipo são as que procura. À sua resposta de que quer paisagens, ele responde que não as tem. Por fim, quando encontra uma paisagem, diz que aquela já está vendida, que todas estão vendidas. Nada do que Thomas diz retira o vendedor desta posição de recusa. É um vendedor que só faz o contrário do que dele se espera, pois nunca vende nada. E que, ainda pior, espanta com o seu jeito "sutil" todos os possíveis fregueses.

Quando o fotógrafo volta à loja, para falar com a proprietária, uma jovem sorridente com o olhar a um só tempo sonhador e distante, esta lhe diz que quer vender a loja, pois está cansada de *antiguidades*. Que gostaria de fazer algo diferente... "Viajar para o *Nepal*". Quando ele lhe diz que o Nepal é *só* antiguidades, ela se espanta e diz, com o olhar compenetrado, que então deveria tentar... *Marrocos*. Thomas sorri, e olha para baixo com cara de que aquilo não tem jeito mesmo. Quando vê uma enorme hélice e pede para saber seu preço, a moça faz um ar de não ter a menor ideia e, após pensar um pouco, acaba por dizer 8 libras.

Parece, na verdade, que ela não tem a menor ideia das coisas e do mundo que a cerca. Mundo este onde as coisas se trocam uma pelas outras por meio das imagens (de)formadas que se fazem delas. O antiquário é um lugar sintomático e significativo disso, pois acumula uma série de objetos diferentes, cada um repleto de sua própria história, mas todos retirados de seu tempo e espaço, que dariam as referências e o sentido à vida que recobrem e que podem desvelar ou revelar. Esta loja é apenas um empilhamento de coisas que, só por estarem juntas, não portam nenhum sentido particular. É apenas um lugar onde se vasculha um monte de objetos para se tentar encontrar alguma coisa interessante, interessante para nós. Como as fotos tiradas ao acaso no meio do parque, imagens sem sentido procurando reencontrar seu significado no fluxo do tempo e do espaço, no fluxo da vida, de alguma vida, seja ela qual for. Ao serem recolocados em um fluxo qualquer de tempo, ao recuperarem a referência de seu lugar na história, ou sua referência em uma outra história, recuperam também sua identidade como objetos e se reencontram finalmente com o seu tempo reinserido no tempo presente. São, por fim, o seu presente de então, que emerge no presente de hoje. Se isso não acontece, restam apenas como um monte de objetos perdidos no meio do tempo do presente e largados em um espaço qualquer, restos de um dia perdido no escoar complexo do tempo e da memória.[9]

Uma outra ideia aqui reforça-se de maneira irrefutável: de que, neste filme, Antonioni constrói as suas mulheres sempre como personagens sem vontades, confusas e aparentemente imbecis. São meras imagens que alternam de maneira nem sempre sutil os seus conteúdos: nunca sabem o que querem (como a vizinha e a dona da loja de antiguidades), ou são puro corpo destituído de ação (como as modelos), ou acham que estão conseguindo o que querem sem se dar conta da inutilidade de seus esforços (como as duas do ateliê e também a que vai buscar o filme). Todas mostram-se fúteis, nas vontades ou nos motivos, na forma pela qual veem e se inserem no mundo: pelos vestidos, pelo marido pintor, pelos "nepais" e pelos "marrocos". Não sabem o que querem e quan-

---

[9] Sobre isso consulte Walter Benjamin, "Imagem de Proust". In: Walter Benjamin, *Obras escolhidas: magia e técnica, arte e política*. São Paulo, Brasiliense, 1994, pp. 36-49; Walter Benjamin, "Pequena história da fotografia". In: *Obras escolhidas: magia e técnica, arte e política, op. cit.*, pp. 91-107; e Gilles Deleuze, *L'image-temps*. Paris, Éditions du Minuit, 1985.

do sabem nada conseguem. Não sabem para onde vão. Não possuem identidade própria nem nada que as distinga uma das outras. Nenhuma delas nem ao menos tem nome. São "pessoas" que se misturam e se reduzem às coisas que as envolvem, aos espaços nos quais se encontram. São manchas a confundir ainda mais a marcha dos acontecimentos. São aparições desconexas no fluxo dos acontecimentos que desviam nosso herói da busca incessante de sentido. São *duplos* dos quadros de Bill, onde em princípio nada se vê, e onde, com alguma sorte, pode-se olhar bem e por fim encontrar alguma coisa que tenha algum sentido no meio de tantos borrões. Mas que nunca se encontra. Parecem ser a expressão fugaz da ausência de conteúdo, a materialização objetual de um grande vazio, a recorrência incessante e inexorável de sua redução a menos do que nada. Com apenas uma pequena exceção: a personagem vivida por Vanessa Redgrave. Ela é a única que parece apresentar alguma vontade ao mesmo tempo que demonstra saber o que faz e o que quer, por mais que, mesmo para ela, as coisas nunca saiam do jeito esperado. Além do que, ela também, como as outras, vem assim como vai, sem deixar rastros ou pistas.

O tradutor brasileiro, ao nomear o filme como *Depois Daquele Beijo*, remete nossa atenção para o que deveria ser o tema central de sua história: o suspense sobre o que teria acontecido depois de algum beijo, ou seja, depois do beijo no parque, e que seria a morte misteriosa de um homem também misterioso, sobre o qual não sabemos e nunca saberemos nada. É claro que este "enredo" não demora por se dissipar, mesmo que permaneça como pano de fundo da história que vemos até o seu fim. Mas seus fundamentos são curiosos e escassos. Nada sabemos sobre os seus personagens, por mais que um deles participe de uma longa cena com o fotógrafo. Terminamos o filme sem nada saber sobre a mulher do parque nem nada sobre o morto. Quem eles são, por que se escondiam, por que ele foi assassinado, por que ela tem tanto medo, de onde ela veio, para onde ela foi, todas são perguntas às quais o filme nega sucessivamente as respostas. Aquela moça viveu uma história que não nos é dada a conhecer, e que, portan-

À meia-luz

to, não pode nos servir como referencial. O mistério que envolve aqueles dois namorados permanece sem solução e não se dissipa até o fim do filme. Quem ficar preocupado com o que aconteceu *depois daquele beijo* não deixará de ir embora frustrado do cinema, da mesma forma que ficaram aqueles que esperaram de Hitchcock explicações sobre as razões e os porquês dos ataques de seus pássaros. O beijo e seus protagonistas não vêm de lugar nenhum e não vão para parte alguma. Eles desaparecem dispersos pelo vento do parque no qual tudo que não podemos compreender aconteceu. Devemos, portanto, olhar em outra direção para tentarmos desvelar o que as imagens que vemos incessantemente nos negam.

A pista crucial do que é de fato a nossa história, e do que deveria estar atraindo decididamente a nossa atenção, nos é dada a conhecer logo nos momentos iniciais do filme. Thomas vai para a casa que existe ao lado do estúdio e lá encontra-se com o pintor, que está olhando para uma tela que pinta há seis anos. É um quadro cubista, parecido com os que Picasso fazia entre 1911 e 1912, no penúltimo momento de seu cubismo. É o momento em que, passada a fase da decomposição, onde os objetos ainda são, mesmo que dificilmente, reconhecíveis, seus experimentos levam-no a um desmembramento tão brutal que nada mais de concreto podemos reconhecer na imagem que vemos do que apenas alguns de seus detalhes, que podem conformar algum elemento que se assemelhe a algo que por ventura possamos conhecer.[10] Nosso pintor, entretanto, parece seguir o caminho oposto àqueles de seus predecessores. Olha para o quadro, dizendo que aquelas imagens nada significam para ele enquanto as pinta: são apenas uma grande

---

[10] Sobre o cubismo, cf. Paulo Menezes, *A trama das imagens*. São Paulo, Edusp, 1997 (especialmente pp. 130-5 e 178-6); John Golding, *Le cubisme*. Paris, René Juillard, 1968; D. Ashton, *Picasso on art*. Londres, Thames and Hudson, Barcelona, Omega, 1985; e Nikos Stangos, *Concepts of modern art*. Londres, Thames and Hudson, 1981; entre outros.

confusão. Explica que depois se retém em algum detalhe, que lhe parece algo. A partir de então, e como se a pintura adquirisse vida própria. Ela mesma se resolveria, se acrescentaria. "É como achar uma pista em uma história de detetives". Sobre o chão de sua casa encontra-se outra de suas pinturas, esta aqui mais na chave de um expressionismo abstrato *à la* Jackson Pollock. Pingos e mais pingos sobre a tela. De várias cores. Aquele pintor, na verdade, acabou de nos dar todos os indícios que precisávamos para entender do que se trata a nossa história. Mesmo que ele não nos dê quaisquer pistas sobre os seus próprios atos. Suas pinturas não são para vender como não existem também para serem dadas. Ele as faz apenas como um detalhe de uma busca pessoal que só para ele mesmo vai ter algum significado, como veremos ser também a busca de Thomas por meio de suas fotos e do que elas revelam, durante todo o decorrer do filme.

Toda a história vai desenvolver-se a partir de um episódio banal, que ocorre completamente por acaso. Na verdade, e o que é mais significativo, ocorre sem que ele mesmo se dê conta, no momento em que passeia por um parque, situado em uma zona de renovação urbana de Londres, que Thomas identifica por três sinais exteriores, alguns especialmente curiosos. Ao sair com o seu carro para ir até o antiquário, ele atravessa uma série de lugares por onde podemos ver os tradicionais exemplos da arquitetura antiga de Londres. Ao virar uma esquina, vemos uma chaminé e blocos de prédios baixos de apartamentos, com arquitetura recente, além de um trator em movimento, o que demonstra estarem estes conjuntos em fase final de construção. O terreno que ocupam ainda apresenta uma parte vazia, cheia de entulhos, que termina na lateral cortada de uma casa. Isso nos mostra que as antigas construções foram derrubadas, para dar lugar ao novo que se ergue. Os outros dois sinais que ele aponta são os mais peculiares. O primeiro, é o de uma mãe com seu carrinho de bebê que atravessa a rua para ir até o parque, o que demonstra a instalação nos arredores de jovens casais em começo de vida. O outro, evidentemente preconceituoso, refere-se a dois homossexuais que passeiam pela rua, acompanhados de dois poodles brancos, que Thomas encara de maneira tão exacerbada, no momento em que vai entrar no antiquário, a ponto de um deles terminar encarando-o rudemente de volta.

Ao sair da loja, com sua máquina fotográfica, caminha em direção a um parque que está ali ao lado. Ouvimos, desde o instante em que sai dela, o intenso farfalhar nas árvores que se movem ao vento. Passa ao lado de uma quadra de tênis, que irá adquirir um outro e diferente significado no final do filme. O parque parece ser vasto, com poucas pessoas a passear, o que reforça a sensação de seu duplo isolamento, do parque e do fotógrafo. No momento em que fotografa algumas pombas que estão sobre um gramado, vê um casal subindo para sua parte mais elevada. Vai atrás deles, curioso, para encontrá-los, lá em cima, em um amplo espaço onde estão totalmente sós, acompanhados apenas pelo barulho do vento e das folhas, e pelo olhar indiscreto do fotógrafo, é claro. Esconde-se atrás de uma cerca, esquiva-se para trás das árvores, ajoelha-se no chão. O casal se dá as mãos, gira, brinca, beija-se, abraça-se. Mas, de repente, a mulher o vê e sai correndo atrás dele. Thomas continua a fotografá-la, o que a deixa ainda mais nervosa. Pede o filme, diz que pagaria por ele, mas que o quer agora, e, para conseguir isso, agarra sua máquina e até morde a sua mão. Isso nos mostra que ele deve ter fotografado algo muito importante, algo que não deveria. Um caso proibido de pessoas famosas, apesar de desconhecidas para ele, talvez. A reação da mulher é sintomática de que algo que deveria permanecer escondido estava sendo exposto. É curioso que a mulher argumenta em sua defesa, como fundamento de sua privacidade, o fato de estarem em um lugar *público*, onde as pessoas deveriam ter paz, mas que, teoricamente, é justamente um dos lugares menos privados do mundo, por estar à vista de quem estiver por lá. Talvez, por isso mesmo, às vezes possa ser também o melhor deles para se esconder. A expressão final de seu rosto é a mostra de seu temor, pois ela continua ofegante e apavorada quando lhe afirma que eles nunca se encontraram, que ele nunca a viu. Ao

Imagens da imagem

olhar para o lado e perceber que o seu companheiro não está mais lá, corre de novo atravessando todo o gramado. Para, lá ao fundo, perto de uma árvore, enquanto Thomas continua a fotografá-la não dando muita importância a todo o seu transtorno. Após esta breve parada, ela continua correndo para o fim do parque por onde desaparece. Ficamos ainda alguns segundos a olhar o parque vazio, silencioso, com suas árvores, seus arbustos, suas cercas, e a ouvir o forte barulho do vento a balançar a copa das árvores. Esta imagem final, na qual nada vislumbramos de essencial, será o local de uma série de descobertas fundamentais, que nem ele mesmo ainda percebeu ter sido testemunha. Na verdade, ele não foi mesmo testemunha de nada, como veremos.

A confirmação de que deve ter visto algo que não devia vem do fato de que Thomas passa a ser seguido a partir do momento em que deixa o parque. Enquanto está no restaurante conversando com o editor de seu livro — um livro de ensaio fotográfico sobre a Londres que ninguém quer ver, a dos pobres e desabrigados — alguém começa a mexer em seu carro. Quando ele vai embora, vemos um carro que o segue. E, quando chega na porta de sua casa, ao entrar, dá de cara com a misteriosa mulher que estava no parque, o que aumenta ainda mais a sensação da importância e de desconcerto do que ele deve ter fotografado. Vanessa Redgrave mantém o mistério até o fim. Entra com Thomas, sobe para sua sala, olha assustada para todos os lados enquanto ele continua com o seu ar impassível de sempre, como se nunca nada estivesse acontecendo, ou como se nunca as coisas estivessem acontecendo com ele e à sua volta. À apreensão da moça que, em sua única revelação, diz-lhe que sua "vida está uma bagunça e que seria um desastre se...", ele responde com o seu tradicional: "E daí?... Nada como um pequeno desastre para arrumar as coisas". Ela anda de um lado para o outro, extravasando o nervosismo que não consegue controlar. Ele desconversa com um papo sobre querer fotografá-la como modelo, pedindo a ela que se sente no sofá ao seu lado. Toca o telefone. Ele espera, espera, espera, e, de repente, atira-se pelo chão procurando o aparelho. Atende, e o passa para ela dizendo que a chamam, dizendo depois que é a sua própria esposa. Seu jeito é sempre o mesmo. Indireto, desconcertante, parecendo sempre estar em um registro diferente dos outros.

Suas atitudes nos colocam sempre em uma outra dimensão de discurso que parecemos nunca conseguir atingir. Referências diferentes parecem fazer com que as falas não encontrem um lugar-comum de troca de experiências. Sua conversa sobre a mulher que estaria falando ao telefone é a expressão deste deslocamento. Fala, e desmente, a cada passo, as informações que ele próprio dá de si mesmo. "É minha mulher. Não, não é. Apenas tivemos alguns filhos juntos... Não, não tivemos, nem mesmo filhos. É como se tivéssemos tido filhos. Ela é fácil de conviver... Não, não é. Se fosse fácil, viveria com ela." Ele parece não se comunicar com clareza através das palavras nem consigo mesmo. Não é o seu instrumento de comunicação preferido nem o que ele controla melhor. Este seu jeito explosivo de fazer as coisas, que confunde os outros, é a curiosa expressão da transposição, para as imagens que vemos da sua vida, de uma outra forma de comunicação que não se dá pelo discurso direto, mas por *bits* de informação. Se isolados, esses não contêm nenhuma informação utilizável. Mas, ao serem reunidos, de uma maneira e ordem conveniente, podem adquirir uma dimensão reveladora essencial.

Esta incompreensão faz com que a moça, irritada também com a demora em resolver o assunto que a levou até lá, pergunte-lhe porque ele não diz logo o que quer, enquanto tenta interpretar os seus desejos começando a tirar a sua camisa, escondendo-se por trás de um monte de plumas, com o rosto fechado e bravo. O fotógrafo, por sua vez, mantém o seu olhar de sempre, virando a cabeça lentamente enquanto levanta a sobrancelha e sorri levemente em tom de deboche, sua postura mais característica. Caminha em sua direção, acariciando gentilmente o seu braço esquerdo e..., manda-a se vestir, pois vai lhe devolver o filme. Quando sai da câmara escura, apenas pode ver sua perna que surge como uma aparição por trás do fundo infinito lilás. Esta

Imagens da imagem

perna é um convite, que ele aceita ao passar por trás do papel e a encontrar recostada na parede, esperando, pelo filme, e por ele. Uma música suave surge ao fundo, vinda de uma vitrola, sendo uma das poucas que ouvimos no filme, e que contrasta com o som quase totalmente naturalista[11] que envolve toda a história.[12] Seus braços estão cruzados sobre o peito a esconder o que, ao mesmo tempo, se oferece. Seu olhar agora é meigo, suavemente convidativo. É evidente que, mais uma vez, Thomas não vai fazer o que dele se espera, pois acaba por trocar o filme dando a ela um outro qualquer. As atitudes que executa exigem que seus atos sejam lidos sempre em outra direção do que aparentam mostrar. Ela recebe o filme, pensa um pouco, e vira-se, deixando à mostra docemente seus seios, com o lenço de pescoço que passa levemente entre eles. Voltando-se em sua direção e passando a mão em seus lábios, dá-lhe um beijo suave. Após um outro beijo, mais demorado, encaminham-se para o quarto. O filme, tão procurado e desejado, é jogado displicentemente sobre a camisa que ela vestia. Mas, mais uma vez, o acaso interpõe-se em sua vida, pois ouvem a campainha que toca. Eles interrompem aquela relação, que ainda nem havia de fato começado, para receber a hélice comprada naquela estranha manhã. Após este interlúdio forçado, ambos tentam retomar o que estavam fazendo. A mulher senta-se nova-

---

[11] O conceito de naturalismo que estamos utilizando refere-se à "construção de espaço cujo esforço se dá na direção de uma reprodução fiel das aparências imediatas do mundo físico (...)" (Ismail Xavier, *O discurso cinematográfico*. São Paulo, Paz e Terra, 1984, p. 31). Não entraremos aqui na polêmica do realismo de Siegfried Kracauer (*Theory of film*. Oxford, Oxford University Press, 1960) e André Bazin (*Qu'est-ce que le cinéma?* Paris, Éditions du Cerf, 1985) por achar suas concepções distantes do que queremos ressaltar.

[12] Não existem músicas inseridas neste filme com o sentido de colaborar na construção de sentidos ou de sentimentos. O som apenas parece acompanhar o som do que acontece na história, os ruídos de seus ambientes. Nenhuma música que venha do nada. Nenhuma "trilha sonora".

mente, com o olhar terno e finalmente relaxado, rindo, quando, de repente, olha para seu relógio e, ao perceber as horas, assusta-se, saindo correndo, pois já era muito tarde. Thomas ainda pergunta se vai vê-la de novo, demonstrando um interesse inusitado e inesperado por alguém, ao mesmo tempo que também parece não demonstrar ter muita importância o fato de ela ter realmente decidido ir embora. Como veio, foi. Mais um gole no copo de vinho e volta ao trabalho, aparentemente a única coisa que lhe interessa de verdade.

Mas, mesmo aqui, naquilo que parece ser seu único interesse consistente, temos uma grande ambiguidade. Thomas aparece e sua postura o coloca no filme como um renomado fotógrafo de moda, ao qual todos devem se curvar. Curiosamente, ao mesmo tempo, passa quase todo o filme trabalhando nas fotos de seu livro, um ensaio fotográfico, que será, também, a razão de sua ida ao parque e de "seu" testemunho de um crime. Mais um indício que parece querer nos dizer que temos aqui universos paralelos que precisam ser desvendados para que consigamos compreender os múltiplos significados que os vários caminhos da história constroem e nos propõem, como se estivéssemos nós mesmos perdidos no labirinto de Teseu.

Esta ruptura da única relação que aparentemente se constituiria, com o consequente desaparecimento definitivo da mulher, é mais uma história que se perde no fluxo geral dos acontecimentos que confluem para a trama geral que se desdobra no filme. Com isso, o que podemos ver é que a vida de Thomas se compõe de um fluxo de tempo absolutamente descontínuo, que emerge para nós (e para ele mesmo) nós momentos mais inusitados, levando a história ao seu sabor para direções cada vez mais inesperadas.[13] Quando algo parece estar finalmente para acontecer, quando a

---

[13] Sobre o fluxo de tempo e sua relação com as imagens, cf. Andrei Tarkovski, *Esculpir o tempo*. São Paulo, Martins Fontes, 1990, esp. cap. III e V.

história parece ter encontrado seu caminho seguro, algo a faz mudar de direção e uma nova história, com sua temporalidade própria, dirige nosso olhar novamente para outro lugar diferente daqueles para os quais estávamos olhando. É como se Thomas fosse a entidade pela qual passa um feixe de outras histórias, cada uma com a sua dimensão própria, mas aparentemente incongruentes entre si, que se mostram em pedaços desconexos e episódicos aos nossos olhos, e que só podem e vão adquirir sentido por meio do fotógrafo, ao serem reinseridas em sua própria história, em sua própria busca. História essa, além de tudo, que não parece ter uma direção primordial, mas ser um emaranhado de fenômenos que só podem adquirir sentido se forem retirados de seu fluxo natural e (re)ordenados segundo outros parâmetros. Selecionar para compreender, selecionar para propor significados.[14] Não só para Thomas, mas para nós também, perdidos que estamos sem saber em que direção devemos olhar para tentarmos compreender do que é que o filme realmente está falando, quais são realmente as questões que ele problematiza e sobre as quais devemos nos debruçar.

Será somente a partir da ampliação das fotos que ele tirou no parque naquela manhã que as coisas parecem começar á querer encontrar o seu fio da meada, pois aquele filme fotográfico, além de tudo, é *duplamente* revelador: num primeiro momento, revela-nos o que os olhos não viram; num segundo, desvela o que para nós deverá ser significativo nas imagens complexas que contemplamos. Thomas começa a ampliar as fotos em tamanhos cada vez maiores. Ele está só, introspectivo, olhando com vagar as várias imagens que vai compondo, que vai pendurando lado a lado, tentando remontar sentidos possíveis de uma história perdida. São

---

[14] Como gostaria o velho Weber (cf., em especial, Max Weber, "A 'objetividade' do conhecimento nas Ciências Sociais". In: Gabriel Cohn (org.), *Weber*. Coleção Grandes Cientistas Sociais, vol. 13. São Paulo, Ática, 1979, pp. 79-127).

sempre imagens do parque, para as quais a sua atenção se volta sucessivamente, ressaltando o seu olhar sempre pensativo. Em si mesmas aquelas fotos contêm apenas isso: imagens plácidas de um parque semivazio. De repente, entretanto, algo lhe chama subitamente a atenção. Aproxima-se, olha para a foto em que o casal está de mãos dadas, em seguida para outra em que se abraçam, volta para a anterior, aproxima-se ainda mais, olha mais detalhadamente. Sua vista começa a selecionar, em cada foto, imperceptivelmente, o que lhe parece significativo. Ele amplia apenas um detalhe de uma delas, o casal que se abraça. Pode aí perceber, então, que a moça, enquanto o abraça, parece olhar assustada na direção de uns arbustos. Thomas retorna para a foto anterior, tentando recuperar o trajeto daquele olhar e o lugar para onde ele se deslocava. Mais um copo de vinho. Continua olhando para as fotos, pois algo lá parece estar errado, algo o incomoda. Com uma grande lupa na mão, como Sherlock Holmes, ele marca um retângulo em algum lugar dos arbustos onde nós, espectadores, não vemos nada. Mais uma ampliação. Agora temos, lado a lado, em sua unicidade temporal e em sua descontinuidade espacial, a moça que olha e o arbusto que está sendo olhado. Podemos vislumbrar, a partir de sua atenção, algo que sem ela continuaria perdido no meio de um monte de informações desconexas e indecifráveis. É somente a curiosidade de seu olhar que detona em Thomas a capacidade de ver ali, onde não havia nada anteriormente, a imagem pressuposta de um pedaço de um rosto que os espreitava pelo meio dos arbustos.

Ele continua curioso, tentando compreender o que seriam aquelas coisas e onde levariam a sua percepção. Tenta obter ajuda, ao tentar ligar para a moça, mas percebe que isso é impossível, pois ela havia lhe deixado um número de telefone falso. Não adianta pedir ajuda, o significado deve sempre brotar de nós mesmos, sujeitos que somos dos sentidos que construímos em nossas relações de interação com os outros, por mais que tais significados estejam sempre dentro dos limites de universos culturais compartilhados. Thomas volta, preocupado, a olhar mais detalhada-

Imagens da imagem

mente a imagem dos arbustos, sobre a cerca. Mais uma ampliação, só um pedaço da cerca. Mais uma sequência de imagens se forma, um discurso se esboça. O casal distante de mãos dadas. De perto de mãos dadas. Abraçando-se ao longe. A ampliação deste abraço com o seu olhar assustado. O abraço mais longe de novo, o olhar voltado agora para os arbustos que escondem. O arbusto de perto para que possamos ver a imagem confusa do rosto que ali se esconde. Mais um recorte. Mais de perto, outra direção. Aparece agora uma mão que segura algo que parece ser uma arma. Neste momento começamos a escutar o som do vento nas árvores, como escutávamos no momento em que Thomas lá estava fotografando. Algo de muito importante está acontecendo. Na imagem e no sentido que elas agora parecem constituir com o olhar de nosso fotógrafo. Retorna novamente para o casal que olha. Para o rosto da moça que demonstra preocupação. Para o homem. Outro *close* nela. Depois, com a mão para a frente. Ela, ao fundo, parada perto de uma árvore. Uma ampliação dela parada de costas perto da árvore. Outra mais distante. Thomas olha para o lado tentando entender alguma coisa. Completa finalmente a história: ele evitou um crime. Agora, as coisas finalmente fazem sentido. Só que errado.

Ouve-se um barulho na porta, e por ela vão entrar aquelas duas jovens de roupas coloridas, para invadir e desviar novamente a sua, e a nossa, atenção.

O que precisamos é retirar do fluxo contínuo e incessante de eventos que ocorrem e se superpõem sem parar, alguns momentos que, reordenados, podem assim adquirir algum significado. Não basta saber para onde olhar. É necessário reinterpretar o que se olha. E isso se realça, ainda mais, em virtude deste artifício curioso das imagens fotográficas, que quanto mais se permitem aproximar, quanto maiores ficam para nós, mais e mais nos fazem perder a precisão e a definição daquilo que nos é dado a olhar. Podemos olhar com mais detalhes, ao mesmo tempo em que esses mesmos detalhes negam a nitidez que permitiria defini-los enquanto tal. Podemos ver mais, ao mesmo tempo em que vemos menos. Temos que saber ver, para identificar nesse menos o significado que os olhos se esforçam em descortinar. Novamente vemos *bits* de informação, que só se transformarão em algo com significado se reunidos de uma maneira conveniente pelos olhos experientes, pelos olhos que aprenderam a ver, pelos olhos que investigam.[15]

Nosso fotógrafo retorna para as fotos do mesmo jeito como as deixou. Enquanto lhe são colocadas as meias, ele muda completamente sua atenção, com o olhar fixo para aquelas imagens, para completo espanto das duas mocinhas que parecem não perceber a (não) consequência de sua pequena orgia, a inutilidade de seus esforços para assegurar os favores e as fotos de Thomas, pois sua atenção continua totalmente voltada para o mistério que o instiga. Com o olhar compenetrado, continua imerso nas imagens que aquelas fotos descortinam e em algo que teimam em não desvelar. Algo parece ainda estar fora do lugar. Mas o que será que a sua intuição já percebeu antes mesmo que os seus olhos conseguissem descortinar? Thomas parece dar forma visual àquela velha frase de Nietzsche: "O pensamento se apresenta quando 'ele' quer, e não quando 'eu' quero".[16] Novamente pega

---

[15] Bazin nos diz, em seu texto "A ontologia da imagem fotográfica" (in: André Bazin, *Qu'est-ce que le cinéma?*, *op. cit.*, pp. 9-17), que as fotos são a expressão da possibilidade de se paralisar o tempo, um tempo subtraído de sua própria corrupção. Para que possamos perceber as fotos neste registro, teríamos de pensá-las como objetos dotados de significados próprios, independentes dos olhares que poderiam se debruçar sobre elas. Benjamin, ao contrário, aponta-nos que os sentidos não estão nas fotos em si, mas nas relações que elas estabelecem com aqueles que as olham (veja-se em especial Walter Benjamin, "Pequena história da fotografia". In: *Obras escolhidas: magia e técnica, arte e política*, *op. cit.*).

[16] Friedrich Nietzsche, *Par-delà bien et mal*. Textos e variantes organizados por Giorgio Colli e Mazzino Montinari. Tradução de Cornélius Heim (DPF — Des préjugés des philosophes). Paris, Gallimard, 1971, DPF # 17, p. 35.

Imagens da imagem

a lupa, mais ampliações, ainda maiores, cada vez grãos mais estourados, cada vez imagens menos nítidas, e cada vez mais prenhes de um possível significado. Um último recurso. Refotografar o pequeno pedaço de imagem para a qual os olhos se voltaram e no qual nada viram. Ou onde, quando viram, nada compreenderam. Apenas um detalhe superampliado. Manchas brancas e pretas que se alternam em uma pletora de informações, lembrando-nos dos quadros de Monet.[17] Thomas coloca, ao lado deste fragmento, uma outra foto com a imagem mais distante. E é somente agora, na encruzilhada visual destas duas imagens que em si mesmas pouco parecem significar, que ele, finalmente, pode dar-se conta do engano de sua primeira conclusão, da sua não compreensão inicial do que o jogo furtivo das imagens realmente lhe proporcionava. Seu rosto muda de expressão. Está agora aturdido com a súbita revelação daquilo que os seus olhos haviam se furtado a perceber.

Quase que não acreditando na única coisa que para ele se coloca como palpável, suas próprias imagens, volta ao parque para confirmar com os olhos o que eles já descortinaram de uma outra forma. Vai ao parque para checar a realidade, para compará-la com a sua imagem, sua referência primeira. Lá chegando vê o corpo, caído, de olhos abertos. Ajoelha-se e o toca, para ter certeza de que seus olhos não mentem. Olhos nos quais ele parece já não acreditar muito. Esta cena é poderosamente sintomática. Ele vai até o parque para ter certeza da *imagem*, para comprovar a sua veracidade, e não o contrário, pois a imagem é agora, na verdade, a sua *realidade* primeira. Curiosamente, Thomas nos apon-

---

[17] Lembremo-nos aqui das palavras irônicas que Rembrandt dirigia aos seus críticos, quando esses diziam que seus quadros nada mais eram do que manchas e borrões coloridos. Ele os alertava para não chegarem muito perto de suas telas com o nariz, pois o cheiro das tintas fatalmente os intoxicariam, numa clara alusão de que as imagens só podem adquirir sentido se não forem separadas do todo que as define como são e que lhes dá sentido.

ta, *avant la lettre*, para um processo de inversão de referência entre coisa e imagem que irá se acentuar de maneira radical até este fim de século.[18]

Quando volta ao ateliê, todas as suas ampliações desapareceram. Está tudo revirado, tudo arrancado, tudo que estava por lá agora está sumido. Fotos, filmes, contatos, tudo. Por acaso, sempre o acaso, caída entre duas máquinas, resta uma única foto, a mais ampliada de todas, do corpo caído na grama. Ele se sente aliviado. Ou quase. Ao contar a história para a mulher do pintor, que ali acabava de entrar, as suas próprias palavras revelam a ambiguidade daquilo que para ele era uma verdade indelével. "Eu vi um homem morto esta manhã." E, ao ser perguntado como foi que isso havia acontecido, ele responde: "Não sei, não vi", para seu próprio espanto. E é aí que justamente está o problema. O que foi que ele realmente viu? Rigorosamente falando, nada. O que ele conseguiu ver foram as imagens de um morto. Imagem que ele lhe mostra confiante dizendo que é *o corpo*. Ela olha para aquele papel, mas nada vê. Sem as outras referências, sem algo do qual partir para construir algum significado, aquilo que lhe é mostrado nada mais é do que um monte desconexo de pontos e manchas. Como é o mundo, um emaranhado de eventos que acontecem ao mesmo tempo e que, como tais, são inapreensíveis.[19] Um emaranhado de informações sem alguma ordem que lhes aporte algum significado. Um grande

---

[18] Marcuse já nos apontava, em 1968, para esta complexa relação entre as imagens artísticas e a realidade (Herbert Marcuse, *Um ensaio para a libertação*. Lisboa, Bertrand, 1977). Baudrillard levou isso às últimas consequências: "O único suspense que nos resta é o de saber até onde pode o mundo se desrealizar antes de sucumbir ao seu muito pouco de realidade..." (Jean Baudrillard, *Le crime parfait*. Paris, Galilée, 1995, p. 17).

[19] Cf. Max Weber, "A 'objetividade' do conhecimento nas Ciências Sociais". In: Gabriel Cohn (org.), *Weber*. Coleção Grandes Cientistas Sociais, *op. cit.*

nada. "Parece uma das pinturas de Bill." Ele concorda, desolado. Que poderia fazer. Para ele tudo é tão claro. Como eram para Bill os seus quadros.

Para quem ainda não entendeu onde é que esta história quer nos levar, Antonioni nos brinda no final com a estranha, e aparentemente extemporânea, cena do concerto de rock. Tudo é muito peculiar. É um rock violento, barulhento e agitado. O grupo, vestido com as suas roupas acetinadas, capricha em seu desempenho. Até que um dos amplificadores começa a falhar, para a irritação profunda do guitarrista que o utiliza. O público, que lota o ambiente, não se mexe, ouvindo tudo aquilo sem mover um músculo. Um ou outro mexe os olhos. O resto nada. Apenas um casal dança, meio deslocado, no meio daquela massa estática, além de estar completamente fora do ritmo. Em um dado momento, num acesso final de ira, o guitarrista começa a quebrar seu instrumento, transformando-o em pedaços, terminando por atirar o que restou do braço destruído bem no meio da plateia. Para espanto geral, aquela plateia apática agora entra em delírio. Gritaria, berros, luta.[20] Todo mundo querendo pegar aquele pedaço da guitarra de seu ídolo. Faz-se a maior confusão. Thomas consegue agarrar aquele braço e sai correndo com ele, sendo seguido por uma multidão que vai escasseando pouco a pouco. Ao chegar à rua, já sem ser perseguido, ele vira-se, olha, e joga o braço da guitarra tão violentamente disputado no chão. Um rapaz que está ali do lado, ao ver o que aconteceu, caminha até aquele pedaço de madeira, pega-o, olha-o, e joga displicentemente no chão aquele braço de guitarra antes desejado de maneira tão feroz. Nada possui

---

[20] É curioso perceber que a plateia que vê um show de um conjunto que existia na época (os Yardbirds), está praticamente paralisada até o momento em que uma "imagem" daquela mesma cena, um duplo da banda que toca, cai no meio dela materializado em um braço de guitarra quebrado. É como se o real não causasse mais nenhuma reação nas pessoas, mas apenas as imagens, agora suas realidades primeiras.

mais identidade própria. Aquele braço é como as próprias fotos de Thomas, ou as pinturas de Bill. Se as retiramos do contexto em que adquirem sentido, nada mais são do que um pedaço de madeira quebrado, um monte de manchas, um monte de riscos, um monte de nada.[21] Sem qualquer significado intrínseco. É a relação com o nosso olhar que lhes dá significado. É o nosso olhar que lhes recoloca no fluxo do tempo, no fluxo *do nosso* tempo, pois é a nossa memória que os transforma em alguma coisa que tenha sentido. Aqui se ressalta também um outro detalhe importante, como veremos mais à frente. Esta cena realça pela pseudo-presença deste real os indícios incontornáveis de sua ausência. O real aparece aqui completamente desvalorizado, pois o que vale é o seu duplo expresso por meio de uma guitarra quebrada. É ele que faz "sentido" para a plateia que parecia adormecida pelo show. É ele (o duplo — a imagem) que faz com que todos aqueles que antes apenas olhavam saiam finalmente de sua compartilhada letargia.

Uma outra cena, que passa quase despercebida, mostra-nos, sob outras condições, quase a mesma coisa. Na primeira vez em que Thomas vai ao antiquário, ele aproxima o seu carro da traseira de um caminhão preto. A cena é rápida, confusa, e até nos causa um certo mal-estar. Seu carro se aproxima[22] e, no momento em que quase encosta na traseira do caminhão, Thomas o desvia para a direita visando ultrapassá-lo. Um prédio vermelho, que se ergue à sua frente, afasta-se de nós violentamente enquanto o carro continua indo para a frente o que faria com que aquele edifício, logicamente, aparecesse, ao contrário, cada vez mais per-

---

[21] Não pensamos aqui este contexto como um contexto histórico, mas como um contexto de referências que possibilitasse a proposição de alguma compreensão ou interpretação significativa.

[22] O jogo de imagens aqui é tão interessante e rápido que temos dificuldade de perceber que os dois veículos continuam na mesma distância e sua aproximação é feita simplesmente por um *zoom* na traseira do caminhão.

to. Com este jogo de *zoom*, muito mais rápido que a velocidade do próprio carro, Antonioni nos mostra como todas as imagens dependem de um referencial que lhes de sentido. No tempo e no espaço.

Aqui se completa o curioso jogo de ilusões que o diretor constrói para nos mostrar que o que estamos vendo é um filme e não qualquer tipo de reprodução, representação ou clone do real. Como contraste ao naturalismo de sua diegese, sem nenhum som que possa se distinguir do som ambiente dos lugares que o filme mostra, Antonioni parece querer brincar com os espectadores ao propor a eles três momentos aparentemente heterodoxos em relação à linearidade de sua proposição fílmica. O primeiro deles, relativo à sua construção espacial, expressa-se na cena da ultrapassagem do caminhão, preto, que parece uma cena incrustada num discurso do qual se distingue e no qual parece não ter sentido, pois em nada colabora para a compreensão daquilo que estamos vendo. Porém, ao montar a cena com esse jogo de *zooms*, o diretor cria uma contraposição à naturalização das imagens que estamos assistindo, pois, independente de todas as abstrações das descontinuidades de tempo e espaço que o espectador tem de fazer para "ver" no filme algo semelhante ao "real",[23] movimentos como esses são impossíveis de serem vistos fora do mundo das imagens. O segundo momento é aquele no qual Thomas está investigando as imagens tiradas no parque por meio das ampliações que olha incessantemente, e no qual começa a escutar o farfalhar das árvores ao vento, e que se completa com a cena final do fil-

---

[23] Sobre as inúmeras diferenças entre o que os olhos veem e os filmes mostram, cf. Rudolf Arnheim, *A arte do cinema*, *op. cit.*; Jean-Claudè Carrière, *A linguagem secreta do cinema*, *op. cit.*; André Bazin, *Qu'est que le cinéma?*, *op. cit.*; Pierre Sorlin, *Sociologie du cinéma*, Paris, Aubier Montaigne, 1977; Pierre Francastel, "Espace et ilusion: les mécanismes de l'illusion filmique". In: Pierre Francastel, *L'image, la vision et l'imagination*, Paris, Denoël/Gonthier, 1983, pp. 167-206; e Siegfried Kracauer, *Theory of film*, *op. cit.*; entre outros.

À meia-luz

me, da bola de tênis. O terceiro é o do show de rock, quando Antonioni introduz no filme um recorte do real e que contraditoriamente parece, para nós espectadores, como um dos momentos mais irreais do filme.[24] Como dissemos, esta cena só parece adquirir "cara de real" no momento em que uma imagem dela mesma entra em cena: o cabo quebrado da guitarra. Nestes três momentos, cada um com uma inserção diferenciada, Antonioni parece proceder como procediam Picasso e Braque em suas colagens, quando para contrapor à percepção de qualquer ilusionismo em suas telas acabavam por inserir nelas um pedaço *verdadeiro do real* (recorte de jornal, pedaço de tecido, areia etc.).[25] Aqui, como lá, a inserção de um pedaço do real na imagem só pode reforçar a sua qualidade de *imagem* e não de *real*. Ao colocar na tela o *real* mostramos a todos que a tela é só isso: *uma tela*. Ao colocarmos no filme um conjunto personificando e atuando como a si mesmo, deixa-se claro que um filme é só isso: *um filme*, um conjunto de imagens, uma construção que tem como sua única e verdadeira realidade a realidade das imagens que nos mostra. Assim, Antonioni parece não querer nos deixar esquecer que a única realidade a que pode aspirar um filme é a sua própria realidade *enquanto* filme. Nada mais do que isso.

Voltando à nossa história, Thomas, por fim, não tem sorte em fazer com que alguém compartilhe a sua tão profunda descoberta. Ron, seu amigo e editor, com quem ele vai se encontrar na festa, está tão "chapado" — como vemos no momento em que

---

[24] "Coincidências, eventos improváveis — a verdade não é sempre convincente. Sempre soubemos disso. O cinema, que tão frequentemente se aventura pelo irreal, constantemente renuncia a uma realidade que considera difícil demais de ser engolida" (Jean-Claude Carrière, A *linguagem secreta do cinema*, op. cit., p. 87).

[25] Sobre as colagens, cf. o interessante estudo de Peter Bürger, *Theory of the avant-garde*. Manchester, Manchester University Press, 1984.

Imagens da imagem

se vira e sua mão segura dois "cigarros" — que nada compreende do que Thomas procura lhe contar.

Mas nosso fotógrafo não desiste. Ao amanhecer, munido novamente de sua câmera, ele retorna para o parque. O lugar é o mesmo, o barulho das árvores é o mesmo, mas o corpo não está mais lá. Bate a máquina no chão em sinal de profunda decepção, enquanto olha para todos os lados para certificar-se de estar mesmo no lugar certo. Checa todas as vistas com relação às fotos que havia tirado — a escada, os arbustos, a cerca, o gramado. Não tem mais dúvidas, o lugar é aquele mesmo. Mas o seu retorno até lá vai provar que na noite anterior ele não havia acreditado em seus próprios olhos. Thomas precisa da imagem da coisa e não da própria coisa para ter certeza. Para poder enfim acreditar, definitivamente e sem nenhuma dúvida, na *realidade da imagem*.

As cenas finais terminam o círculo que estamos percorrendo desde o início do filme.[26] Reaparece, nestas imagens, aquela mesma trupe de mímicos barulhentos. São tantas pessoas em cima de um *jeep* que isso por si só já seria curioso. Dois deles entram na quadra de tênis, enquanto o resto se transforma em plateia. Neste momento, e pela primeira vez, todos estão em silêncio. Os dois movimentam as mãos como se jogassem uma bolinha para cima. Colocam-se cada um de um lado da quadra e começam a jogar. Seus movimentos recuperam o movimento próprio do jogo, a disputa de um ponto, as batidas com as raquetes, os saques, os *smashs*. Thomas encosta-se em um dos cantos da quadra e observa tudo aquilo silencioso. A câmera se volta para os rostos da "plateia", que movimenta suas cabeças de um lado para o outro acompanhando o jogo e os movimentos daquela bolinha. Em um dado momento, a bola imaginária voa violentamente de encontro ao alambrado. Todos recuam assustados.

---

[26] Mas depois de tudo o que vimos, como não lembrar aqui daquelas palavras que aparecem no filme *Antes da Chuva* de Milcho Manchevski: "o tempo não espera, porque o círculo não é redondo"?

O jogador pisca o olho e sorri. Pela brincadeira. Um jogando, a outra jogando, a imagem gira pelo ar de um lado para o outro. Até que um deles erra feio a sua raquetada. Todos olham por sobre o alambrado, inclusive Thomas, inclusive nós. A câmera constrói este movimento e nos mostra uma imagem que desce e que desliza pela grama verde até ir parando bem devagar. Não há nada lá, mas nós vemos tudo. Ao ser recriado o movimento foi também recriado o objeto que o efetua. Mesmo que ele não esteja lá. Ou está? Thomas corre para o meio do gramado, abaixa-se, pega a bola (?) com a mão, joga-a duas vezes para cima e a atira de volta para a quadra. Podemos acompanhar o seu movimento (da bola) pelo movimento de seus olhos que a acompanham até o seu destino. Entrando finalmente no jogo, e completando o seu ciclo, continuamos a ver de perto o rosto de Thomas que volta a acompanhá-lo. Só que, neste momento, tanto Thomas como nós mesmos começamos também a *ouvir* o barulho da bolinha que pula de um lado para o outro da quadra.

Ao aceitar a realidade da imagem, Thomas acaba também por dissolver a separação entre real e imaginário, entre imagem da coisa e a coisa em si, que todos os indícios do filme já constituíam desde os seus primórdios. Thomas finalmente realiza o que já vinha realizando com os outros, desde o começo do filme: uma inversão.

Não é incomum se associar a este filme a interpretação de que ele é um imenso discurso sobre a incomunicabilidade dos homens.[27] Não nos parece, entretanto, que esta interpretação seja de fato apropriada. Propomos investigar as suas imagens em uma outra direção. Como vimos, Thomas comunica-se com todo mundo o tempo todo, até mesmo quando está dentro do carro. Ele está sempre se comunicando. O problema, portanto, está em outro

---

[27] Cf. Robert Phillip Kolker, *The altering eye: contemporary international cinema*. Oxford, Oxford University Press, 1983, pp. 137-42; entre outros.

Imagens da imagem

lugar. O fato de ele se comunicar não quer dizer obrigatoriamente que ele será *compreendido*. Vimos exaustivamente como as suas comunicações parecem cair no vazio. O que vimos também foi que a verdadeira testemunha dos acontecimentos que o instigaram foi a sua máquina fotográfica e as imagens que ela nos portou, mediações necessárias para se ver alguma coisa nesta nova configuração do mundo.

Além disso, o show de rock nos mostra um outro caminho interpretativo possível. O problema não está, rigorosamente, na falta de comunicação ou na incomunicabilidade, como tantas vezes se falou, mas na mudança do referencial desta comunicação, das palavras e das coisas para as imagens dessas mesmas coisas. O homem não olha mais para um real a partir do qual vai criar determinadas imagens e das quais ele seria o seu referencial primeiro. Agora, o homem olha primeiro as imagens para depois compará--las com algo que ainda possui o nome de "real", mas que não tem mais o mesmo estatuto de realidade que possuía anteriormente. Agora, o "real" serve para medir a perfeição da imagem e não o contrário. O que cria no mais das vezes a desqualificação mesma deste "real" em relação às imagens que se colocam em seu lugar, que adquirem aqui a capacidade concreta de aparecerem como realidades de imagem, finalmente como realidade primeira. É só por isso que ele volta para o parque com a máquina no dia seguinte. Para poder refazer as imagens nas quais acredita e que são a sua real medida de verdade. Verdade que só pode ser propriamente *verdadeira* por ser, e enquanto for, *imagem*. O problema crucial é saber se ainda existe alguma outra. Sua entrada física no jogo de tênis e o som da bolinha que a acompanha e que todos nós ouvimos parecem nos indicar que não, ao mesmo tempo que se exige de nós pelos nossos ouvidos a nossa insuspeita cumplicidade e aceitação. Pois, afinal, não somos nós espectadores parte deste mesmo mundo que o filme descortina? Não somos nós mesmos que o construímos através de nossas relações e interações?

Podemos por fim entender o que de fato queria nos dizer o nome dado ao filme. Não o brasileiro, que não quer dizer absolu-

46 À meia-luz

tamente nada. Mas o original, em inglês, em um filme de um diretor italiano. *Blow-Up* significa *ampliar*, ampliar fotografias em tamanhos enormes como vimos Thomas fazer aos montes. Mas significa também *explodir*, não só o grão fotográfico que se expande, até perder qualquer significado, mas, e principalmente, explodir as velhas referências que nos davam a medida e a orientação das coisas. Neste filme e, a partir dele, em todos os lugares, tudo acontece como se as pessoas só passassem a acreditar nas coisas que conseguem olhar enquanto *imagens*. Se não existe imagem, não existe a coisa, em uma curiosa inversão das palavras de Bazin a respeito do surgimento da fotografia: "a fotografia se beneficia de uma transferência de realidade da coisa para a sua reprodução".[28] Aqui, essa proposição aparece invertida. Agora, é a coisa que se beneficia de uma transferência advinda da realidade da imagem. Se antes medíamos a foto pelo modelo, agora medimos o modelo pela foto. Antonioni parece avançar na investigação do que seria o processo de disseminação das imagens, em grande parte ligado à expansão generalizada da televisão como meio de comunicação, que se daria primordialmente na década de 80. A partir deste momento, antes de se conhecer qualquer coisa, conhecemos as imagens que existem e que se mostram sobre essas mesmas coisas.[29] É como se a partir de então o real tentasse cada vez mais se aproximar das imagens que dele se faziam e pelas quais passava a ser constantemente medido, e desvalorizado. Aqui, ao se colocar como lugar essencial de sua história aquele parque, situado naquele bairro londrino, fez-se uma analogia entre a própria renovação urbana e a renova-

---

[28] André Bazin, *Qu'est que le cinéma?*, *op. cit.*, p. 14.

[29] Em 1994, uma notícia no jornal O *Estado de S. Paulo* dava-nos a dimensão trágica desta disseminação. Um garoto de oito anos, sobrevivente de uma chacina na periferia da cidade, foi entrevistado pelo repórter que lhe perguntava o que é que ele tinha visto. Sua resposta foi exemplar: "na televisão, é muito mais bonito".

ção das formas de se olhar o que até então se concebia como "real". Em suas proposições, como também nas que Resnais deixará claro em *Providence*, real e imaginário[30] não mais se distinguem um do outro.[31] E se, como diz Virilio,[32] todas as guerras começam no imaginário, aqui, nos parece, que uma delas começou a ser ganha,[33] ao mesmo tempo que uma outra começava a ser perdida.[34]

---

[30] Powell leva isso em outra direção. Contrapondo Real à Ilusão, chega a dizer que Thomas, ao pegar a bola, embarca na Ilusão. Devemos ressaltar que dissolver o real no imaginário é justamente arrebentar a separação que colocava estes dois conceitos como polos opostos e não como momentos indiscerníveis de uma mesma relação.

[31] Cf. Gilles Deleuze, *L'image-temps*, *op. cit.*, p. 15.

[32] Paul Virilio, *Guerra e cinema*. São Paulo, Página Aberta, 1983.

[33] A da libertação sexual.

[34] A de que por aí se chegaria à revolução social.

2.
IMAGENS DA VIOLAÇÃO
(*Laranja Mecânica*, Stanley Kubrick, 1971)

O filme de Stanley Kubrick é um filme sobre o futuro. Esta frase, por si só, pelo óbvio a que remete e pelas evidências que espelha, deveria deixar o nosso leitor intrigado e insatisfeito. Intrigado pela simplicidade de sua afirmação incontinente. Insatisfeito pela total e absoluta falta de mediações que parece conter. Assim, ao não nos contentarmos com classificações simplificadoras, poderemos mergulhar em um mundo de dissimulações que este filme contém e que não se dão de imediato a perceber aos olhos mais apressados e aos pensamentos mais afoitos.

Para podermos compreender do que é que ele está falando, ou melhor, o que é que ele está nos mostrando, devemos navegar em seus meandros tendo em vista caracterizar que futuro é este do qual se fala e quais são os seus elementos significativos que se dão a mostrar.

Nada temos por aqui que se assemelhe ao futuro ascético das ficções que nos acostumamos a ver. Nada temos aqui de um mundo limpo, como aquele com que o mesmo Kubrick nos brindou com o seu 2002: *Uma Odisseia no Espaço*. Mas mesmo em filmes que ficavam neste mesmo registro, o que as imagens nos propunham era algo muito diferente. Se tomarmos como referência filmes como *THX-1138* ou *Admirável Mundo Novo*, as diferenças logo vão saltar aos olhos. Fundados em uma disseminação generalizada da tecnologia — que ao invadir a vida das pessoas acaba também por desumanizá-la por meio do controle absoluto de todas as suas formas de efetivação, do trabalho à procriação — o mundo que nos apresentam é um mundo *clean*, tanto nas organizações espaciais que propõe como nas relações interpessoais que desenvolve. Tudo parece funcionar sozinho, aparecendo o homem, com suas vontades e seus desejos, como o elemento perturbador de uma ordem estabelecida para ser para todos o melhor dos mundos, com suas estratificações e perspectivas desde sempre determinadas.

Kubrick parece querer caminhar em outra direção, como que fazendo uma contraposição às imagens que nos mostrou em *2001*, onde até o mistério da existência nos é mostrado de maneira radicalmente *clean* — um monolito negro, absolutamente liso e definido em seus limites, mesmo que desconhecido em suas potencialidades, como também o é o cérebro, seja ele humano ou máquina. A viagem, na verdade, parece querer sempre começar e terminar dentro de nós mesmos.

O mundo de nossa *Laranja Mecânica* é singular. Nada vemos de muito espetacular, nada podemos perceber daquela dominação tecnológica que transformaria todos em pseudo-robôs, que nos mostraria o passado sempre como algo distante, controlado, superado e, por vezes, esquecido ou até mesmo banido da memória. Aqui, o passado está presente em todos os lugares, a marcar com a sua cara um futuro que o incorpora e que não o destrói. As diferenças parecem mantidas, imiscuídas nas entranhas das coisas e em seus lugares, nas pessoas e em suas vidas. Assim, Kubrick trabalha com uma noção de tempo que se distingue do tempo linear das sucessões indefinidas.[1] Este tempo é um tempo mais complexo, onde a criação do novo é também ao mesmo tempo a recriação do velho, rompendo com o que se poderia pensar a partir da noção de progresso.

As duas casas que nos são mostradas são polos opostos dessa forma de perceber o mundo. A casa do escritor é o que mais se aproxima deste mundo simples e de linhas retas, prático e efi-

---

[1] Cf. José Carlos Bruni, "Tempo e trabalho intelectual". In: *Tempo Social*, São Paulo, vol. 3: 1-2, pp. 155-68, 1991.

caz. É uma grande casa cercada de árvores por todos os lados, o que atesta sua inigualável qualidade de vida — só que aqui não pela exclusão da natureza, como nos outros filmes, mas justamente pelo seu contrário, pela sua irremediável inserção nela. É uma casa com a estrutura toda em concreto, a sustentar os enormes vidros que servem de fachada externa para vários de seus ambientes. Para se chegar até ela, passa-se por um caminho de pedras que vai nos mostrando uma série de pequenos espelhos d'água ao seu redor, como os que vemos nos tradicionais jardins japoneses. Seu hall de entrada é muito peculiar. Nada mais é do que um longo corredor, todo espelhado, com o chão forrado de quadrados pretos e brancos, com um teto em vigas de madeira. Nada mais não moderno. Mas o que vai realmente chamar a nossa atenção são os seus cômodos, pelo menos os três que nos são dados a apreciar. Dominados por uma inevitável tendência ao minimalismo, como o é também o jardim externo, eles são, na verdade, todos absoluta e rigorosamente iguais. O que nos permite perceber suas diferenças são apenas as coisas que estes ambientes contêm, que, coerentemente, também são reduzidas ao extremo, não só em sua quantidade, como também no tipo de linearidade que traçam em seus espaços e que os compõem. Estes cômodos (salas) são construídos em três níveis, ligados por dois lances de escadas. Suas paredes são brancas e sobre elas podemos ver enormes pinturas. Mas em curioso contraste com o exterior que nos mostrava algo amplo e aberto eles são, ao contrário, bastante estreitos e compridos. Terminam, todos eles, em uma grande janela também estruturada em linhas alongadas, que forma de maneira inclinada a sua divisão com o exterior. Seja sala de estar ou sala de jantar, seus móveis são mínimos, o que amplia um espaço por si só recluso, mas fartamente iluminado. Podemos entender agora aquele imenso espelho que toma todo o hall, pois, afinal, o que são primordialmente os espelhos[2] que

---

[2] Primordialmente, pois desde a pintura flamenga aprendemos a des-

Imagens da violação

não apenas um duplicador do mesmo, ainda que invertido e, às vezes, até mesmo distorcido.

A casa onde Alex mora é a contraposição desta mansão do escritor. Ao invés de ser cercada por árvores, ela é cercada por um dos maiores indicadores da sociedade de consumo, seu próprio lixo. No caminho que o leva para casa, o Conjunto 18-A Linear Norte, também construído por meio de linhas retas e econômicas, Alex vai atravessar inúmeros espaços amplos e vazios que se assemelham a praças, mas que, curiosamente, parecem não ter sido feitos para se ficar, pois não possuem bancos, árvores, ou qualquer tipo de equipamento de lazer que permitisse a sua eventual ocupação e utilização por alguém. Ao contrário, e talvez por isso mesmo, estão cobertos de detritos por todos os lados: restos de coisas velhas, cadeiras, sofás e móveis quebrados, latas de lixo viradas e uma papelada infernal despejada por todos os cantos. É, na verdade, um grande lixão a céu aberto, como que a ressaltar e reforçar visualmente a incapacidade do homem de lidar com os restos de seu passado, que ele nega, mas que estão lá o tempo todo, fazendo-se visíveis, surgindo nos momentos mais inesperados.

Esse mesmo ambiente se redobra no prédio no qual ele mora. Seu saguão de entrada é muito parecido, com lixo empilhado por todos os lados, restos de móveis quebrados jogados pelo chão e até mesmo um galho de árvore tombado sobre o qual ele passa ao entrar. O elevador também está quebrado e sua porta está solta e torta. Mas o detalhe curioso vai ficar por conta de um imenso sutiã que lá está, pendurado no corrimão da escada que ele começa a subir.

Sua casa não deixa por menos. Os espaços são também pequenos, só que desta vez também apertados, entulhados pelos

---

confiar deste aparato que, naquela tradição, mostra exatamente o oposto do que é visto, o que justamente os olhos não têm capacidade de ver, o outro da imagem frontal. Quem não se lembra do *Casal Arnolfini*, de Van Eyck, ou *Moça com Turbante e com Pérola*, de Vermeer?

objetos que são obrigados a conter. A cozinha é especial. Suas paredes são cobertas por grandes placas quadradas amarelo-esverdeadas, laranjas e, entre elas, algumas apenas espelhadas, todas com a aparência de fórmica, com seus reflexos incômodos e desiguais. No banheiro, estas placas têm a forma de losangos, sendo os laranjas substituídos por outros amarelos-ocre. Sobre a mesa de jantar, também laranja, podemos apreciar um sorridente girassol de plástico que, com seus grandes olhos e um laço em torno de seu caule, dá um ar especial para este café da manhã. E, para combinar, as cortinas das janelas também são feitas com um pano de quadradinhos em três cores, parecidos com os das paredes, só que bem menores. A cozinha é tão estreita que nela mal cabe a mesa, mesmo sendo muito fina. Isso força as cadeiras a ficarem encostadas cada qual em uma das paredes, apertando contra a mesa as barrigas de quem nelas senta.

A sala não vai ficar atrás. Uma de suas paredes é tomada por uma infinidade de pequenos globos prateados, rigorosamente distribuídos e que tudo refletem de maneira desigual e embaralhada, terminando sobre um bar semicircular que lhe toma todo o canto. A estamparia da poltrona que nela se encosta, bem como a do sofá, é formada pela multiplicação de um elemento geométrico que se parece com uma estrela de quatro pontas azuis e deslocadas, sobre fundo também azul, um pouco mais escuro, e que se destaca de sua estrutura branca. A parede que faz divisão com a cozinha é pintada em um chapado laranja berrante, exatamente no mesmo tom dos quadrados e da mesa da cozinha, para combinar. A outra parede também é pintada em tons de azul, bem como é também repleta de outra repetição de elementos geométricos, só que aqui todos são circulares e semicirculares, envolvendo-se uns nos outros. É uma mistura trabalhada com requinte, nesta tentativa de nos mostrar um ambiente que se aproximasse de um futurístico pós-retrô kitsch.

Todo este conjunto realizado para combinar com as roupas de plástico barato e reluzente com as quais a mãe de Alex se veste: sempre vestidinhos curtos de alcinha grossa, que nos deixam

Imagens da violação

53

à mostra as suas eternas meias três-quartos. Em sua primeira aparição, azul com as meias amarelas e o cabelo roxo; na segunda, vermelho com as meias brancas e o cabelo amarelo e, no hospital, também vermelho, mas com o cabelo agora prateado. Entretanto, esta cafonice não se restringe a um preconceito de classe, como nos mostra o cabelo azul da psiquiatra bem como a camisa e a gravata do ministro, na cena final do filme, laboriosamente cortadas de um tecido dourado brilhante, a gravata lisa e a camisa com um padrão de estamparia cheio de trançados.

O elemento que nos dará, em um único momento, algum referencial temporal mais preciso é o carro que eles roubam para passear na primeira noite do filme, um Durango 1995, com linhas baixas, arredondadas e com um farol que apaga fechando-se para dentro da lataria.

A leiteria na qual eles se dopam, antes e depois de suas aventuras, é também trabalhada com detalhes. Suas paredes são todas escuras e sobre elas podemos ver algumas frases sinuosas escritas em gordas letras arredondadas. Mas são suas mesas que vão nos chamar a atenção. Todas elas são feitas de mulheres brancas nuas, que apoiam sobre o chão os braços e as pernas abertas, de costas, a nos mostrar com detalhes os seus sexos adornados com os pelos púbicos pintados, como os cabelos, de cores muito berrantes: roxo, azul, vermelho, amarelo. Entre essas "mesas" aparecem, sobre pedestais repletos de luzes, outras mulheres também brancas e nuas, só que agora em outra posição. Estão todas de joelhos, com os seios para a frente e os braços jogados para trás, ostentando enormes cabelos prateados, armados e arredondados. Nada mais apropriado para a função que elas cumprem naquele ambiente. Sob suas vulvas elevam-se manivelas fálicas que ao serem manipuladas fazem jorrar, do bico saliente de seus seios, o leitinho drogado da "mulher amada", um *Liebfraumilch* muito especial.

Na visão que ele nos apresenta temos esta coexistência de temporalidades desconexas, mas articuladas, que nos fazem novamente ver o passado como parte do presente e não como o seu outro, escondido e ultrapassado. O presente se apresenta, portanto, como uma multiplicidade de tempos que se mostram todos simultaneamente e, às vezes, até nos mesmos espaços, como um emaranhado de coisas e lugares que não conseguem se separar. De qualquer modo, tudo isso deixa muito claro que este futuro do qual Kubrick fala não é, e nunca pretendeu ser, um futuro muito distante, o qual, curiosamente, para nós também já virou passado. Era um futuro próximo, muito próximo, nada mais do que um ligeiro desdobrar do presente de então. Tudo permanecia muito familiar, tudo parecia muito perto, no tempo e no espaço. Isso deveria levantar dúvidas sobre ser realmente sobre o futuro que este filme nos falava. De qualquer jeito, ele nos é mostrado como um amontoado de coisas e pessoas, onde o velho convive com o novo sem destruí-lo, tornando-se sua memória viva. Ao *clean* do futuro dos outros filmes, Kubrick nos mostra este emaranhado de visões contrastantes e compartilhadas, nesta convivência complexa de momentos variados. Seu futuro não é limpo, nem claro, nem tecnológico. Talvez não seja nem mesmo futuro e sim um futuro do pretérito. Ou, até mesmo, um pretérito imperfeito, onde nada parece estar em perfeita sincronia nem consigo mesmo.

Isso nos dá um outro componente deste "futuro" que Kubrick desnovela aos nosso olhos. O sexo brota, sob nossas vistas, nas mais variadas formas e dimensões. Ele está por todo lado. Já vimos as provedoras de leite. A parede na entrada do prédio em que Alex mora nos mostra um mural repleto de corpos desenhados à maneira clássica, pichados justamente para expor de uma maneira inexequível os seus órgãos sexuais, alguns originalmente recobertos.

A poltrona na qual se deita a mulher do escritor, antes de ouvir a campainha, tem a forma de um óvulo, ou de um útero, que se abre para aconchegar em seu interior as pessoas que assim o desejarem.

O quarto de Alex apresenta, em uma de suas paredes, um imenso desenho de uma mulher nua, com seus seios protuberantes e com as mãos que forçam e abrem suas pernas em nossa dire-

Imagens da violação

ção. Quando a câmera desce, podemos ver que bem em frente da entrada de sua vagina, que nos é escondida, está uma cobra enrolada em um tronco e com sua cabeça a passear em frente a ela.

A decoração da *casa dos gatos* segue este mesmo padrão, apesar de ser a única casa que vemos com uma arquitetura realmente tradicional e antiga. Todas as suas paredes são decoradas com pinturas de mulheres nuas, em todas as posições possíveis e imagináveis.

Mesmo as roupas que eles usam nos remetem a isso. Elas são praticamente brancas, apenas com as botas e os chapéus pretos. Esta parece ser a roupa de gangue "da moda", como nos atestam os filmes que Alex vê em suas sessões "terapêuticas" de cinema. O que muda de uma gangue para outra são na prática apenas os chapéus: umas utilizam chapéus *à la* oficial francês; outras com chapéus à colonizador inglês ou à secessionista americano. O único contraste evidente é com a gangue de Billy Boy, que usa um modelito mais retrô, retirado das roupas de oficiais e soldados da Segunda Guerra Mundial, como a de aviador com que ele aparece no palco do teatro. Mas o que é interessante perceber, e que nos liga ao nosso tema, é que eles usam sobre estas roupas uma espécie de "saqueira" por cima das calças, que marca e ressalta justamente seus órgãos sexuais.

Além do fato de o sexo também estar ligado a três das quatro cenas de agressão que Alex comete antes de ser preso.

É lugar-comum interpretar-se este filme de Kubrick como um libelo contra a violência.[3] É inegável que existam aqui algumas cenas muito violentas. Deve-se ressaltar, entretanto, que o filme também nos mostra como a definição de "violência" é fluida por si só, ao nos apresentá-la em várias formas e imagens diferentes.

---

[3] Cf. Dillys Powell, *The golden screen*. Londres, Pavilion Books, 1989, pp. 262-3; e Danny Peary, *Cult movies*, vol. 2. Nova York, Delta, 1989, pp. 46-9, que cita ainda como autores que compartilham da mesma interpretação Pauline Kael e Roger Ebert.

Além disso, uma análise mais detida dessas imagens, ao investigar que tipo de violência é esta à qual somos submetidos enquanto espectadores, poderá nos apontar várias outras possibilidades interpretativas.

Comecemos pelas cenas de violência propriamente física. Aqui, sexo e violência parecem andar juntos. Lembremos das imagens da briga com Billy Boy. A cena começa com a abertura da ópera *La Gazza Ladra*, de Rossini, tocando ao fundo. Nada vemos a não ser um vaso de flores, meio amarelado, em cima de um parapeito branco sustentado por colunas. O som suave da música começa a ser permeado por alguns gritos finos e distantes, que demoram alguns segundos para serem percebidos realmente como tal. A câmera começa a se afastar e passamos aí a vislumbrar um rosto esculpido em madeira e pintado em dourado, que depois nos damos conta ser a parte de cima do ornamento do proscênio de um teatro abandonado. Afastando-se mais um pouco, vemos várias sombras que se mexem antes de podermos enxergar o bando de Billy Boy, que está agarrando uma moça sobre o palco do teatro, no meio de restos de cenários de peças do passado. Um *close* repentino nos propicia uma visão privilegiada deste palco. A iluminação é forte, vinda de fora, o que cria nesta cena uma atmosfera especial. A moça agora está completamente nua, sendo puxada para os lados pelos dois braços, sendo agarrada por trás, sendo chacoalhada para um lado e para o outro, como nos atestam os seus volumosos seios que balançam em meio a toda esta confusão. É um nu frontal, em todos os seus detalhes, sem esconder nem omitir nenhum deles. O corpo já não tem mais medo de se mostrar, ao menos o corpo feminino, como veremos. Nada mais do relance dos pelos púbicos que havíamos visto em *Blow-Up*. Aqui, como nas outras cenas, tudo nos é mostrado sem mediações.[4] A

---

[4] Quer dizer, hoje é. Na época em que este filme foi finalmente liberado pela censura brasileira, na segunda metade da década de 70, nossos eternos defensores dos "bons" costumes inovaram levando ao cinema esta cena

jovem continua lutando até ser arrastada e virada de costas, carregada e jogada em um colchão que ali estava. Ouvimos uma garrafa que rola e, antes de podermos ver, ouvimos Alex chamando-os para uma pequena luta. Continuamos a ouvir a ópera enquanto a luta transcorre sob uma iluminação lateral azulada. Ao fundo introduz-se também a voz de Alex, como narrador de sua própria história. O que é interessante ressaltar é que esta mistura de ingredientes, entre o que se mostra, a música que se toca, e a voz calma de nosso narrador, dá a esta cena de tentativa de estupro, bem como à briga que se segue, um ar que parece não combinar com a violência crua das imagens que presenciamos. Esta estilização a transforma em um estranho balé, com seus movimentos ritmados e trabalhados. As cenas ficam extremamente atenuadas em sua dramaticidade, envolvidas por um contraponto que parece nos dizer que devemos olhar para algo que não é exatamente o que nós pensávamos ser dela o essencial.

A briga posterior, entre os próprios membros da gangue de Alex, ao ser filmada em câmera lenta, realça esta perspectiva. Eles andam ao lado de uma marina. A luta começa por uma bengalada nos testículos de Georgie, que logo em seguida recebe um chute no corpo que o lança dentro d'água, enquanto Alex desvia-se das correntes com as quais Dim tenta acertá-lo. Esta é, sem dúvida, a mais coreografada de todas as brigas, com todos os seus movimentos surgindo como se fossem passos estudados de um balé, até estranho, mas envolvente, como a valsa que continuamente toca ao fundo.

---

com uma novidade estilística nunca dantes vista. Obrigou-se os exibidores a cobrir as partes púbicas (seios já estavam liberados) com bolinhas pretas. Mas o ridículo é que as bolinhas nunca pareciam acertar o lugar que se destinavam a esconder. O que víamos, então, era a tal bolinha ficar correndo, ela também, para ver se agarrava a moça no seu sexo. O resultado era risível, o que acabava fazendo com que o cinema caísse na gargalhada em uma cena que, ao contrário, deveria causar no mínimo alguma tensão e apreensão. Ou seja, alguns olhos ainda tinham medo de ver e de deixar mostrar.

A cena do espancamento do mendigo, momentos antes, havia utilizado os mesmos referenciais. Ele está deitado, encostado em uma mureta inclinada embaixo de uma pequena passagem ou ponte. A luz de novo é lateral e muito forte. Isso cria uma sombra imensa que acompanha todos os movimentos e que aumenta a dramaticidade da imagem que estamos vendo. Enquanto o mendigo canta *Molly Malone*, vemos sombras que crescem sobre ele antes que possamos perceber, em forte contraluz, os quatro caminhando em sua direção. Eles aplaudem a sua cantoria, antes de Alex estocá-lo com a sua bengala. Mas é o *close* do rosto de Alex, que vemos a seguir, que vai nos causar as mais estranhas sensações. Ele é tomado de perfil, inclinado e olhando para baixo, plácido e falando com a voz pausada: "*What is so stinking about it?*". Vemos uma leve fumaça sair de seus lábios, que parece o hálito da morte, enquanto o resto de seu rosto fica absolutamente imóvel, iluminado por trás. Este rosto é, na verdade, mais aterrorizador do que a cena do espancamento que se segue.

A cena do escritor transcorre em um registro ainda mais agressivo, mesmo que ainda semelhante àquelas em vários de seus pressupostos. Após invadirem a casa, descem as escadas da sala de estar. Vemos Dim carregando a mulher do escritor que se debate em suas costas. Ela se veste com uma roupa colante vermelha, que lhe realça as formas esbeltas e alongadas. Enquanto isto, Alex pula os degraus da escada e chuta o rosto do escritor, como se tudo nada mais fosse do que um passo de balé que executa. Ao começar a cantar *Singing in the Rain*,[5] Alex começa a chutar o escritor nos testículos, para, a seguir, começar a cortar a roupa de sua esposa. Este momento é extremamente aflitivo. Ele chega girando uma

---

[5] Não é curioso, e mesmo extremamente irônico, que esta música, expressão dos musicais mais água-com-açúcar que Hollywood produziu, seja associada à violência de um estupro? Seria como se Kubrick se vingasse do "estupro mental", da lavagem cerebral, que aqueles musicais impingiram a todos durante tantos anos.

Imagens da violação

tesoura no dedo. Puxa com a mão, após apalpar seus seios, a malha da roupa naquela mesma altura cortando-a com a tesoura. A sensação de que ele pode cortar o bico dos seios é indescritível e quase relaxamos na cadeira quando vemos que ele cortou apenas o tecido. O rosto de Alex completa a sensação de estranheza que a cena comporta. Melhor dizendo, não propriamente o rosto, mas a máscara que ele utiliza, pois ela nada mais é do que um imenso e roliço pênis, avermelhado em sua ponta e na sua parte superior. O estupro acaba se fazendo *visualmente*, quando ele se ajoelha perto do escritor. A imagem é tomada por baixo, como se vista por olhos que estão rentes ao chão, fazendo com que aquele "nariz" postiço cresça em nossa direção tornando-se gigantesco.

Alex abaixa as calças, mas a fralda de sua camisa esconde cuidadosamente o seu pênis que, assim, nos é completamente furtado ao olhar, como de resto o será durante todo o filme. Alex pede ao escritor que veja bem o que ele vai fazer. Porém, nós só podemos ver mesmo é a cara do escritor, com uma bolinha dentro da boca, preso por Georgie que o segura. Tudo que podemos sentir advém de seu rosto crispado, de seus olhos esbugalhados e de suas sobrancelhas arqueadas. A imagem do estupro é totalmente indireta, e só podemos presenciá-la pelos seus desdobramentos na expressão dos outros.

Todas essas cenas nos mostram um outro lado da violência, que não é propriamente violento em si, pois afinal elas não nos mostram efetivamente muita coisa, como o cinema posterior começaria a fazer com requintes de crueldade.[6] Ou que mesmo outros filmes naquela época já faziam com mais agressividade, como em *Sob o Domínio do Medo*, de Sam Peckinpah, realizado no mesmo ano. Isto nos faz pensar se este é realmente o centro das preocupações do que nos é mostrado, ou se estamos de novo olhando para o lugar errado. É evidente que Kubrick nos mostra uma face da violência que é peculiar, como também o é o fato

---

[6] Pense-se nas cenas de *O Silêncio dos Inocentes*, por exemplo.

de sua estilização nos mostrá-la até como algo atraente.[7] O fato é que, se existe uma parte da plateia que a acha atraente, é evidente que os problemas que ele está nos propondo vão se tornando pertinentes, não pelo fato de fazerem uma elegia da violência e de seu uso indiscriminado, mas, ao contrário, exatamente pelo fato de mostrá-la como uma atitude totalmente *amoral* de Alex e de seu bando. Eles não a executam a favor ou contra nada. Eles simplesmente a fazem, sem mais.

Não é à toa que seus dois ex-companheiros vão terminar por fazer carreira profissional executando as mesmas coisas que antes faziam, só que agora legalizados pelo uso das fardas da polícia.

E não podemos perder de vista que estas ações não podem ser pensadas isoladamente, mas somente em relação aos outros momentos de violência não propriamente física que o filme nos mostra, e que devem de novo surgir aqui como uma contraposição.

Este aglomerado de dissonâncias, que se aproximam, mas não se igualam, já nos era mostrado desde a primeira cena do filme que, neste contexto, adquire uma outra dimensão. Logo em seu início, vemos a câmera mostrando um *close* do rosto de Alex, que nos é dado a ver em todos os seus detalhes e peculiaridades. Não é um rosto como os outros. Sua imagem não é feroz, pois seus olhos extremamente azuis parecem recusarem-se a servir de suporte a um personagem demoníaco,[8] por mais que sua expres-

---

[7] Fred Hechinger diz que a visão de Kubrick é "decididamente fascista" (cf. Danny Peary, *Cult movies*, vol. 2, *op. cit.*, p. 46) enquanto Ebert nos diz que ele nos mostra uma "bagunça ideológica" (Danny Peary, *Cult movies*, vol. 2, *op. cit.*, p. 46). Jameson nos diz que o filme é "ideológico (e reacionário, antipolítico)" (cf. Fredric Jameson, *As marcas do visível*. Rio de Janeiro, Graal, 1995, p. 88).

[8] "Aplicada a um objeto, a cor azul suaviza as formas, abrindo-as e desfazendo-as. (...) Imaterial em si mesmo, o azul desmaterializa tudo aquilo que dele se impregna. É o caminho do infinito, onde o real se transforma em imaginário. Por acaso não é o azul a cor do pássaro da felicidade, o pássaro azul, inacessível embora tão próximo?" (Jean Chevalier e Alain Gheer-

Imagens da violação

são nos deixe em dúvidas. Talvez isso aumente ainda mais a sensação de desconforto que sentimos, pois as coisas não se casam muito bem com as nossas expectativas. Seu rosto é tomado de cima, com o chapéu coco a lhe cobrir toda a testa. Ele está virado para baixo ao mesmo tempo que a câmera o toma por cima. Como Alex olha para ela, esta relação acaba criando uma grande estranheza, de virar-se para baixo enquanto se olha para cima, deixando à mostra a parte branca dos seus olhos embaixo das íris. Além disso, para completar o quadro, Alex usa em seu olho direito longos cílios postiços. Seus lábios também portam uma expressão ambígua, um quase sorriso com um pouco de ar de deboche, sobre um peito que respira profundamente, como a querer nos dizer alguma coisa. Essa imagem incorpora em seus próprios elementos esta sensação de dissincronia que nos acompanhará o filme todo, como se tudo estivesse sempre um pouco fora do lugar.

Apesar de todas as agressões que efetuou, não será de graça que os únicos lugares onde vamos ver sangue escorrendo são todos eles no rosto do próprio Alex, após ser espancado por seus antigos companheiros ou quando ele recebe o troco de sua violência na sala de polícia — o que se ressalta no momento em que ele, jogado no chão e com o nariz e boca sangrando, recebe uma cuspida, de seu conselheiro correcional, que fica escorrendo em sua testa e no meio de seus lábios antes que ele passe a gaze ensanguentada para limpá-los e ao mesmo tempo sorrir maliciosamente.

Será que não é justamente o lugar nos quais estas coisas acontecem que está sendo colocado em questão, em todas as suas dimensões? Não será isso que Kubrick faz quando questiona a existência de diferenças entre os vários tipos de cerceamento que pudemos ver, alguns mais legalizados que outros, alguns mais legitimados que outros? Será que o que justamente nos incomoda mais não seria a recusa de Kubrick em hierarquizar esses lugares e aí

---

brant, *Dicionário de símbolos*, Rio de Janeiro, José Olympio, 1995, 9ª ed., p. 107).

nos dar o patamar moral que necessitamos para poder dizer que uma forma de violência é mais questionável do que outra?

Ao nos roubar essa possibilidade, Kubrick mostra que cabe a nós mesmos a responsabilidade última de tomar uma posição frente àquela multiplicidade que nos é apresentada de maneira indiscriminada, seguindo e segundo nossos próprios valores.

Assim, nesta acepção, o que nos incomodaria mais não é exatamente o que nos é mostrado, mas exatamente a forma pela qual é mostrado, algumas vezes por meio de uma ambiguidade absolutamente constrangedora. Vejamos mais de perto alguns desses momentos.

Uma cena que aparece logo no início do filme, no primeiro retorno de Alex para casa, é bastante significativa. Logo após entrar, ele se dirige para o banheiro e lá o vemos, de costas para nós e em frente da privada, com as pernas abertas, enquanto um esguichinho passa entre elas indo em direção do vaso, fazendo aquele barulho extremamente característico. Ele chacoalha as pernas e pelo movimento de suas mãos presumimos que fecha o zíper. Devemos recordar que não era muito usual, na época, mostrar alguém indo ao banheiro nas telas dos cinemas, de uma maneira tão descarada.

Como também não o era, na cena da manhã seguinte, mostrar alguém saindo do quarto usando uma cueca meio transparente e, com o andar preguiçoso e desleixado, coçando vigorosamente com as duas mãos a "bunda" por baixo dela. Com a maior naturalidade do mundo, como se ninguém estivesse olhando, como muitos fazem cotidianamente.

Como não lembrar neste momento de um dos instantes mais sublimes do filme: a sua interpretação pessoal das histórias da bíblia, que ele chama carinhosamente de *Big Book*. Alex está sentado em uma mesa, tendo à sua frente um grosso livro com passagens marcadas por pedaços de papel, o que nos sugere estar sua leitura já praticamente completa. Olha para cima, enquanto seus lábios se movem lentamente, como a repetir os ensinamentos das escrituras sagradas. Seu rosto é especial, com sua expressão beata do mais profundo comedimento e comiseração, enquanto relembra e nos conta suas interpretações do texto sagrado. Na primeira delas, Jesus aparece carregando sua cruz, com a coroa de espinhos a lhe fazer sangrar a fronte, enquanto ouvimos o barulho dos chicotes que estalam em suas costas. Até aquele momento, poderíamos realmente começar a acreditar em sua conversão a algo diferente do que ele era. Não fosse pelas cenas intercaladas, acreditaríamos nós mesmos em sua total penitência e purificação. Seu rosto apresenta a expressão mais ambígua do mundo. A partir dele nada podemos deduzir ou saber. E somente quando Alex aparece vestido como um soldado romano que chicoteia Jesus com prazer, degolando cristãos em uma luta ou deitado sobre almofadas com três mulheres nuas, é que podemos entender o seu interesse por pelo menos uma parte dos relatos do "grande livro". Quando a imagem retorna para seu rosto, ele continua cândido, em paz profunda, olhar perdido ao longe, como se estivesse mesmo em um momento de extrema comunhão sagrada. Ele até mesmo fecha os olhos e respira fundo em sinal de intensa meditação, como que em transe, com suas mãos espalmadas sobre as páginas do livro que se abre à sua frente. Só que agora podemos finalmente nos dar conta da ambiguidade de sua expressão e da real dimensão de seu sorriso plácido e introspectivo, enquanto um suave som de violinos acompanha seus pensamentos, ou pelo menos aqueles que pareciam que ele estava tendo. A expressão de seu rosto só adquire sentido pela contraposição que nos é proposta, onde algumas novas imagens refazem o significado inicial que nos era dado pelas anteriores e pela música que as envolvia.[9]

Quando vai conversar com o capelão dizendo-lhe que tem algo em particular para perguntar, Alex levanta e caminha ao seu lado lentamente, com as mãos fechadas em frente do corpo, com o mesmo rosto indecifrável de sempre. O religioso, com a mão colocada em seu ombro, tenta adivinhar o que incomoda o jovem

---

[9] Como a fazer uma releitura moderna das experiências de Kulechov.

em recuperação. Pela sua postura e resignação, pensa, erroneamente, que o que estaria incomodando Alex seria a sua atual privação de atividade sexual, e não sua intenção de participar como voluntário do novo método de "recuperação".

Como não remeter esta imagem àquela do conjunto de cristos nus que ele tem em seu quarto, todos dançando em uníssono com o punho direito levantado e fechado?

Será que não é esta desterritorialização dos lugares que incomoda tanto o espectador, que se vê privado constantemente de um terreno seguro sobre o qual se apoiar para se contrapor às proposições com as quais o filme parece querer nos envolver?

Da mesma forma, e agora já deveríamos ter desconfiado, assim o é o filme inteiro, pois ele só pode tentar ser compreendido a partir de suas contraposições, que não cansam de tentar escapar por entre nossos dedos.

A começar pelo nome de Alex, que só sabemos na verdade ser *Alex o Largo* quando ele se apresenta na prisão. Não é um sobrenome comum, que além disso nos remete inevitavelmente aos grandes conquistadores da História. Não que Alex esteja conquistando alguma coisa, mas, talvez, pelo fato de ser ele sempre um desbravador, de lugares interditos, de imagens proibidas, de atitudes morais, sempre nos lugares mais inesperados e até mesmo mais insuspeitos.

O único nu masculino que nos é mostrado surge também no momento em que ele se apresenta na prisão. Mas este nu é, ao mesmo tempo, cuidadosamente camuflado. Ele abaixa suas calças e retira sua cueca em frente de uma mesa onde um guarda encaixota os seus pertences. A tomada é feita de maneira frontal, mas a tampa da caixa de papelão que está sobre ela nos esconde completamente a visão de seu órgão sexual. Quando a tampa é retirada, apenas a metade do seu pênis se mostra, para nada mais voltarmos a ver quando ele se inclina para a frente, com a imagem tomada de perfil, para que o chefe dos guardas com uma lanterna na boca abra suas nádegas com a mão para examinar, com precisão, o seu ânus.

Imagens da violação   65

Muitas cenas vão surgindo assim, meio gratuitamente, sem nenhuma razão aparente para terem sido mostradas. Até o momento em que seu conjunto desconexo começa a adquirir finalmente algum significado.

É dentro deste registro que podemos apreciar a cena em que ele se encontra com as duas *teenagers* na frente da loja de discos. A sua espacialização é muito curiosa, pois a câmera acompanha seu andar pelo corredor das lojas até que, de repente, nós percebemos que aquele trajeto, aparentemente em linha reta, fez com que ele voltasse exatamente para o mesmo lugar por onde havia começado. Como a nos dizer que o filme é construído desta mesma maneira circular e que, para compreendê-lo, devemos vasculhar cuidadosamente estes caminhos incertos. Elas estão ali, olhando os discos, no momento em que ele se coloca entre elas, enquanto nós ouvimos a *Nona* de Beethoven. Seus dedinhos passeiam pelos discos sem nada buscar, enquanto seu olhar se dirige para elas e para os sorvetes que tomam e que servem de introdução para sua primeira abordagem totalmente insinuante.

"Está gostando minha querida?" "Meio frio e sem sentido, não acha minha linda?", olhando novamente para a outra. "O que houve com o seu, irmãzinha?", virando-se para o sorvete da primeira, que tinha um formato de cabo de guarda-chuva, ou, como ele insinua, de um pênis mole e tombado. Perguntado sobre o que deseja, "Gogol, Zhivago, Sétimo Céu?", Alex apenas dá uma lambida no sorvete entortado, respondendo ser aquilo o que ele quer. A cena que se segue é a única do filme onde vemos uma pretensa relação sexual. Ouvimos trombetas no seu quarto que está vazio. A música acelera-se vigorosamente, como aquelas que acompanham o toque de avançar das cavalarias.[10] Com as imagens superaceleradas acompanhando a música, podemos ver Alex e as duas garotas tirando a roupa e deitando-se sobre a cama, várias vezes e com as mais variadas combinações de posições e

---

[10] Temos aqui novamente Rossini, na ópera *Guilherme Tell*.

participações. Kubrick nos brinda com uma releitura da pequena relação a três que vimos de maneira mais tímida em *Blow-Up*, anos antes. Agora, ao mesmo tempo que parece que podemos ver mais, a aceleração das imagens nos impede justamente de ver os detalhes desta rápida e musicada relação, que surge e desaparece no meio de nossa história.

A cena na fazenda da saúde, da mulher dos gatos, é a mais elucidativa de todas elas. A casa é diferente das outras, uma grande e antiga construção. A primeira imagem que podemos ver é a da dona do casarão fazendo sua ginástica, deitada de costas no chão com as pernas por sobre a cabeça e voltadas abertas em nossa direção. Todas as paredes da sala em que está são decoradas com grandes pinturas *pop* de mulheres nuas, em posições provocadoras — com as pernas abertas, com as nádegas levantadas, com os seios à mostra — enquanto um monte de gatos se espalha pelo chão. A outra visão da mesma sala é mais peculiar. Vemos outras pinturas com o mesmo tema, sempre com mulheres nuas. Temos, ao lado da porta, uma grande tela com uma mulher de costas, vestida com meias roxas e nos expondo seu traseiro gigantesco. Ao seu lado, outra mostra uma mulher que está deitada sobre um sofá vermelho, com as pernas abertas e uma das mãos a tocar carinhosamente seu sexo. Em frente a esta tela, em tons de amarelo, uma outra mulher nua de costas, quase deitada, que nos mostra com detalhes os desenhos de sua vulva. No meio da parede, uma outra nos mostra um seio branco que é beijado por outra mulher, que coloca caprichosamente a língua bem na ponta de seu mamilo, tudo isso no meio de mais e mais gatos. Mas, seguramente, o item mais peculiar de toda esta decoração vai ficar por conta de uma escultura que descansa ao lado da porta, sobre uma mesa. Alex entra por ali, com sua máscara costumeira, e começa a olhá-la com um certo ar de surpresa. A imagem é absolutamente risível. Aquele nariz fálico, que na imagem do estupro assumia dimensões espetaculares, parece ficar aqui reduzido à sua própria insignificância de ser um mero apêndice nasal. A escultura a seu lado é totalmente branca, na forma de um imenso e roliço pênis em ereção, empinado para cima e acabando em duas nádegas menores que, pela proporção em que estão, são totalmente reduzidas a um acessório do *phallus* que lhes dá a sua identidade primeira. Como que a justificar a invasão de nossa visão por tão imenso órgão sexual, ela rapidamente exclama para Alex: "não toque nela. Isto é uma obra de arte muito importante". A frase surge como se fosse necessária esta justificação para que a imagem pudesse passar para o futuro sem ser decepada pelas tesouras ferozes dos censores. A tomada que é feita logo após, por trás do corpo de Alex, é ainda mais visualmente significativa. Podemos ver no primeiro plano apenas e tão somente a mão de Alex, com o dedo indicador esticado, a tocar com ele a enorme cabeça saliente daquele membro que toma um terço da imagem da tela. Mas o mais curioso vai acontecer quando ele a empurra para baixo. Esta formidável escultura tem um movimento que evolui em solavancos, subindo e descendo meio aos trancos, e que reproduz com uma incrível fidelidade aqueles que um pênis em ereção executa quando lhe foi puxado o músculo interno. Ele pula, mais do que se move, e a escultura parece reproduzir este movimento inadvertido com uma extrema e peculiar precisão.

Mas as impressões não param por aí. Ao se sentir ofendida por Alex, a senhora da fazenda resolve agredi-lo com um busto que estava sobre a mesa e este, para se defender, empunha a escultura colocando-a sobre a cintura, para manter, como um longo pênis, a distância que os separam. Dão voltas no meio da sala, com a câmera girando junto com eles, às vezes por cima de seus ombros, nos dando uma curiosa visão daquele gigantesco membro como se fosse uma ereção proveniente do próprio Alex e que parece nesta posição ser ainda maior do que realmente é. Afinal, tudo é relativo e o tamanho das coisas também depende dos olhos que as contemplam. Estas imagens, que quase equivalem a uma tourada sexual, terminam com a senhora caída no chão, com a boca aberta a gritar, enquanto a câmera nos mostra de baixo para cima, a partir da posição de seus olhos, aquela imensa cabeça fálica que se eleva e que desce em direção ao seu rosto, tudo isso novamente ao som de *La Gazza Ladra*. Novamente nada vemos do ato final, aqui representado por uma sucessão extremamente rápida de imagens de pinturas que se superpõem. A última que aparece é uma que mostra bocas vermelhas que se abrem deixando duas fileiras de dentições à mostra. Não podemos precisar quais são as imagens que por ali passaram pela rapidez com que o fizeram. Mas, com a ajuda da câmera lenta do videocassete, podemos finalmente ver o que nos era mostrado apenas como imagens subliminares há 25 anos.

São *closes* dos quadros que estão pelas paredes e que pelas distâncias em que estavam não nos eram dados a enxergar com detalhes. O primeiro, de onde sai a imagem da boca final, mostra um corpo nu de mulher que possui aquela boca peculiar, com seus olhos esbugalhados e sem pupilas. O segundo nos mostra um seio pendurado em um varal com uma mão que deseja pegá-lo. No seguinte aparece novamente aquela boca. Depois, um outro par de seios, agora em um corpo deitado do qual podemos ver apenas do umbigo até o lenço que lhe envolve o pescoço. O quadro da boca aparece de novo. Na sequência voltamos a ver os seios. E agora, o mais contundente de todos, um grande *close* da mão que acariciava aquela vulva, com seus dois dedos centrais abertos para que possamos ver os lábios que também se abrem. Boca. Vulva. Boca. Seio no varal, e boca final, completam o nosso trajeto. Tudo isso em apenas frações de segundo. Da mesma forma que na cena da relação a três tudo nos é dado a ver enquanto quase nada (naquela) ou nada (nesta) nos é realmente dado a perceber. A não ser subliminarmente. Está tudo lá, mas nada podemos ver.

Esta cena marca uma mudança radical na trajetória de Alex e o fim de sua primeira fase no filme. Ela também marca esse fim através da simulação de uma disputa pela mediação do sexo, ou melhor dizendo, do *símbolo fálico* no lugar do próprio *membro*. Levando à morte. O sexo mata ou a morte do sexo? Ou será que é a contínua exposição do sexo sem sensualidade que vai colocar alguns valores estabelecidos em questão, chocando assim a plateia, obrigada a olhar o que não estava acostumada a ver? Será que expô-los em tão dramáticas situações, sempre com aquelas valsas ao fundo, não nos fazem pensar em quais seriam realmente seus próprios lugares e as razões pelas quais estão ali, forçando-nos a perceber as maneiras pelas quais valoramos e hierarquizamos as coisas, inclusive as sexuais? Não estaria Kubrick aqui, ao manipular desta maneira fria é amoral todas estas coisas, nos perguntando sobre os valores morais que as colocaram nos lugares em que nós acostumamo-nos a vê-las, ou melhor, acostumamo-nos a não vê-las, a tê-las como interditos? Não estaria ele aqui nos fazendo reavaliar os nossos próprios valores, em todas as ordens de ação social e em todas as suas dimensões?

Levando em conta estes pressupostos, fica mais fácil compreender os desdobramentos da história a partir do momento em que Alex é preso e no qual começa a sua derradeira peregrinação.

O momento crucial de sua domesticação pelo método Ludovico nos é mostrado quando vemos as suas sessões de "terapia". Elas acontecem em uma sala de cinema como qualquer outra. O que vai distingui-la dos cinemas convencionais é o lugar de honra reservado ao nosso protagonista. Sua cadeira está isolada e postada bem à frente daquelas nas quais sentam-se as outras pessoas que lá estão. Ele está sentado, todo preso na cadeira com uma camisa de força fechada com duas cintas que lhe cruzam o peito. Nada vemos ainda de seu rosto, escondido por um assistente que se debruça sobre ele. A próxima imagem vai nos mostrar bem de perto o que está acontecendo. Sua cabeça também está presa por uma cinta sobre a testa, enquanto Sobre seus cabelos se fixam uma infinidade de fios. Mas o que nos chama ainda mais a atenção é o par de pinças que colocam em seus olhos para que eles não possam se fechar, e para que Alex não consiga fechá-los. Transformado nesta espécie de Frankenstein pós-moderno, Alex será submetido à sua terapia. Esta visão é, na verdade, uma amostra exterior do que estão fazendo com Alex por dentro, como se fosse a materialização de todos os processos de "recuperação" aos quais ele está sendo e será submetido.

Esta terapia consiste, basicamente, na apreciação de filmes que com a interferência de drogas que lhe são injetadas vão transformar-se na sua referência primeira do que não é para ser feito, uma referência negativa dos parâmetros de sua ressocialização consentida, ao mesmo tempo que forçada.

Os filmes nada têm de muito espantoso naquele contexto. Um espancamento, um estupro coletivo, um desfile no qual passa Hitler em frente de suas tropas, e até mesmo alguns bombardeios, que em si mesmos nada têm de violentos a não ser pelo que simbolizam e pela memória que despertam. O desenrolar deste tratamento nos é dado a perceber apenas pelas expressões que vão tomando conta do rosto de Alex e que, como ele está praticamente imobilizado, vão ter em sua boca o seu lugar mais significativo. Na primeira cena, mesmo tomado por todos aqueles eletrodos, seu espanto nos é mostrado por meio de sua boca que está um pouco aberta, enquanto continuamos a ouvir ao fundo a narração que nos chega através de sua própria voz, sempre calma e tranquila.

No decorrer desses filmes que lhe são mostrados, seu prazer se espelha em sua boca fechada, com os lábios apertados e retraídos em sinal de um sorriso contido, enquanto seus olhos esbugalhados nos mostram um pouco de sua apreensão. Paulatinamente, entretanto, este sorriso se transforma e sua boca começa a se curvar para baixo, demonstrando que ele começou finalmente a passar mal. Por fim, seus dentes se arreganham e seus arrotos começam a surgir, deixando-nos perceber o mal-estar que ele parece estar sentindo e que começa, também, a fisiologizar-se à nossa frente.

Tudo isso funciona para ele, mas não funciona para nós que já vimos, nas atitudes que o próprio Alex nos proporcionou, cenas muito mais fortes e impressionantes dos que estas às quais ele está sendo submetido. Este processo atingirá o seu auge quando ele escuta a *Nona* de Beethoven e começa a gritar desesperadamente. Não são seus gritos que nos chamam a atenção, mas a expressão de seu olho direito, tomado por um *close* que nos mostra de perto não só o aparato que lhe envolve a cabeça, mas também

Imagens da violação

detalhes das garras das pinças que os abrem por dentro, uma delas puxando para baixo sua pálpebra inferior pelo meio, deixando à mostra o seu interior virado para fora. Seu olho azul esbugalhado, ao lado do que ainda podemos ver de seu rosto que está todo crispado, completa-nos esta visão do horror que se constrói por meio dele, por meio de seu corpo e, em seu conjunto, constrói-se em todos nós. Voltamos aqui a insistir que esta "cara de bom menino" que Alex nos mostra é essencial para que estas sensações controversas nos atinjam com suficiente carga de ambiguidade. Se ali não estivéssemos vendo o olho azul de Alex — que lhe dá um ar angelical ao mesmo tempo em que suas expressões o transformam em algo demoníaco que, curiosamente, também é ao mesmo tempo diabolicamente atraente —, mas o rosto mal barbeado e sujo de Billy Boy, seguramente nossa reação seria muito diferente. Kubrick está nos fazendo passar por um processo semelhante ao que ele está promovendo em Alex.

Sua terapia é totalmente visual, baseando-se primordialmente em uma intervenção que tem no olho, e no olhar, o seu ponto de entrada e de referência fundamental. É o olho que está em questão, o que temos de ver e, ao mesmo tempo, o que conseguimos suportar ver, com todas as suas dimensões não imediatamente perceptíveis aos outros sentidos. Tudo tem seu centro no olho, em sua capacidade de criar sensações instantâneas antes que delas possamos nos dar conta. Não seria esta talvez uma das razões pelas quais os filmes que lhe são mostrados, e que deveriam ser a máxima expressão do horror da violência, não causem em nós nenhum espanto?

Filmes dentro de um filme, todos eles são um aglomerado de imagens que se sucedem às nossas vistas, mas que não se superpõem em nossos sentidos e em nossa memória, que as armazenam em uma ordem diferente daquela em que nos são mostradas.

Um dos pensamentos de Alex deixa claro como os parâmetros que estão aqui em jogo são os mesmos que ficaram explicitados em nossa discussão de *Blow-Up*. Deixa à mostra, também, que, às vezes, o cineasta não acredita completamente no poder de suas próprias imagens, ou na capacidade de ser compreendido visualmente pelo público, fazendo o seu personagem dizer uma frase que nada mais faz do que transformar em palavras o que os nossos olhos já haviam descortinado.

No meio de sua apreciação do primeiro filme, quando comenta a cor do falso sangue que jorra nas telas, Alex nos brinda com uma proposição exemplar: "é gozado como as cores do mundo real só parecem verdadeiramente reais quando vistas em uma tela". Pensamento jogado como quem não quer nada, é, entretanto, cheio de implicações. O que reforça a perspectiva de que, talvez, a grande força deste filme está no que nos é mostrado e não só na história que nos está sendo contada, apesar de aparentemente as duas coisas andarem juntas e ao mesmo tempo. Uma delas nós vemos, sobre a outra nós pensamos. Só que pensamos apenas depois de termos visto o que vimos. Esta diferença temporal é essencial para a construção dos significados que propomos sobre o que vimos e que marcam dois momentos diferentes daquilo que os olhos percebem.

Um outro instante em que se vai marcar esta mesma diferença é aquele crucial da terapia, quando Alex escuta a *Nona* de Beethoven, que penetra instantaneamente os seus, e os nossos, sentidos. Mais chocado aqui pelo que ouve do que pelo que vê, pois apenas é mostrada pelo filme uma suástica sob os pés da águia nazista, Alex se diz curado por ter *compreendido* o significado do que fazia, das atitudes violentas das quais participava. Seu rosto está crispado. "Vocês me *provaram* que ultraviolência e matança é errado. É errado porque é contra a sociedade. É errado porque todos têm o direito de viver sem levar porradas nem facadas." "Não, não rapaz. Você deve mesmo deixar isto por nossa conta. Você deve encarar isto alegremente", diz-lhe (nos) o médico encarregado de seu tratamento. Esta frase deixa claro, novamente, o que as imagens vêm nos mostrando, mas que os nossos olhos podem estar não querendo registrar. A terapia é visual, e é através da visão que suas proposições vão se impregnar no próprio corpo de Alex, e não em seu raciocínio. De nada adianta achar que é errado. É preciso, e somente assim o sucesso terapêutico se completa, sentir em seu próprio corpo que *é errado*, sem que possa ou mesmo precise pensar sobre o assunto.

A cena final de sua "recuperação" vai nos mostrar quais "sociedades" são estas que estão aqui sendo colocadas em questão. Alex vai naquele momento ser vilipendiado por um ator que o agride e o joga no chão, fazendo com que, em meio a uma série de arrotos, ele termine por lamber a sola de seu sapato, em uma das maiores provas de submissão a que ele é submetido. Na sequência, será tentado por uma mulher que está apenas de calcinhas. Isso faz até mesmo cair o queixo do guarda chefe da prisão, enquanto o capelão vira ligeiramente o rosto, sem porém alterar a direção de seus olhos. Alex olha de maneira fixa para os seios da atriz seminua, estendendo para eles suas mãos, sem porém conseguir tocá-los, por sentir intensas ânsias de vômito e tremor nas mãos. Passa, então, a arrotar compulsivamente. Depois de ser liberado destes experimentos, ele senta-se na beira do palco, tendo o ministro de Estado ao seu lado, louvando sua brilhante "recuperação" social. Alex responde "que está se sentindo... *muito bem*", soltando um arroto bem no meio da frase. O ministro de Deus senta-se do outro lado, questionando um método que tirou do prisioneiro o livre-arbítrio. Este método de recuperação só poderia ser sadio se estivesse fundado em uma atitude *moral*, defende o religioso — como aquela que Durkheim nos ensinou em sua *Educação moral.*[11] Cada um deles coloca sua mão em um dos ombros de Alex, como a querer tomar conta de sua existência e envolvê-lo em sua proteção, enquanto seu rosto nos mostra uma expressão de divertimento e cinismo. O primeiro ministro nos diz que foi ele que o transformou em um *verdadeiro* cristão, pronto para dar a outra face, contrapondo-se às palavras do capelão. Na verdade, aqui não está se fazendo mesmo nenhuma diferen-

---

[11] Émile Durkheim, *L'éducation morale*. Paris, Presses Universitaires de France, 1963.

ciação substancial, pois Alex está lá, sentado, ladeado e esmagado igualmente por duas das mais importantes "forças" sociais: o Estado e a Igreja.

Ao voltar para casa, a terceira delas irá, ao excluí-lo, também dar o ar de sua graça. Mesmo recuperado, ele acaba sendo recusado pela Família, que foi até mesmo recomposta pela "aquisição" de um outro filho que assumiu o lugar de "protetor" de seus pais. Na sequência, seus ex-companheiros vão excluí-lo novamente com um brutal espancamento, para, finalmente, retornar pela última vez, fechando o derradeiro círculo espacial que o leva de volta àquele *Home, not so sweet home*. Esta circularidade, à qual ele está submetido, mostra-se na própria cena que segue o momento em que Alex, novamente, toca a campainha daquela residência. As imagens se reproduzem exatamente iguais às que nós havíamos visto anteriormente, com os mesmos elementos da biblioteca e a mesma posição de câmera.

Vemos outra vez o escritor que, ao som da campainha, vira-se para a nossa direita e em direção à sala ao lado, indagando-se, exatamente como havia feito antes, sobre quem é que poderia ser àquela hora. Cena quase exatamente igual, na verdade, pois a máquina de escrever que antes era de cor vermelha, como a roupa de sua esposa, sinal de sua virilidade, agora nos é mostrada em cor cinza, sinal de alguma transformação que ainda não pudemos perceber. A câmera se desloca lateralmente, como antes também havia feito, só que agora até parar sobre um halterofilista que se exercita com pesos onde antes sua esposa se dedicava à leitura. Podemos também perceber, enquanto a câmera se move, que nosso escritor senta-se agora sobre uma cadeira de rodas, consolidando a visão de sua impotência que a cor da máquina e a presença do halterofilista insinuavam. Mas é somente no desdobramento destas cenas que o mais importante vai aparecer, quando o escritor se dá conta, ao ouvir Alex cantando na banheira, que foi ele que o espancou e que levou sua mulher a se deixar morrer. A câmera, por baixo, mostra o seu rosto estufado e avermelhado, com os olhos esbugalhados de horror pela descoberta musical,

Imagens da violação

fazendo um paralelo com a própria fisiologia que o método Ludovico fez incorporar em Alex. Mas é sua atitude posterior que será colocada em questão. Ele serve um vinho com sonífero a Alex, que será então trancado em um quarto no alto de uma outra casa. Sob ele, na sala de bilhar, dois grandes alto-falantes virados para cima tocam em uma altura ensurdecedora a *Nona* de Beethoven que Alex não suporta mais ouvir. A ideia, bem pensada e mal realizada, era fazer com que ele se atirasse pela janela e que seu suicídio se transformasse em uma bandeira de campanha de um setor da esquerda, contra o governo representado no filme pelo ministro.

Aqui talvez apareça um dos fundamentos do fato de o filme ter sido taxado de fascista com tanta facilidade. A base para tal interpretação advém, obviamente, da apresentação de Alex como um personagem pelo qual os espectadores vão adquirindo uma certa simpatia com o passar do filme, o que aparentemente legitimaria a violência estilizada que ele pratica contra os outros, igualada neste contexto à "violência" que a Igreja, o Estado e a Família também perpetraram sobre ele. Se todas estas violências equivalem-se, sem que exista uma valoração relacional e diferencial entre elas, aparentemente estar-se-ia justificando e, no limite, glorificando, a existência e a aceitação desta violência individual que ele antes executava.[12] Preferimos, entretanto, olhar em uma outra direção. Ao invés de percebermos as suas proposições desta maneira generalizadora, será que ele não estaria colocando em questão o fato de alguns pensarem ser possível construir-se um mundo diferente utilizando-se os mesmos métodos e artifícios que são condenados quando utilizados pelos adversários? Neste prisma, as imagens que estamos vendo não nos deveriam fazer reavaliar nossos próprios pressupostos e valores sociais, políticos, religiosos e morais?

---

[12] Assim nos diz Kael: "nos fazendo estranhos às suas vítimas, Kubrick nos faz *gostar* dos estupros e dos espancamentos" (Pauline Kael, *Cinemania*, 1995, CD-ROM, Microsoft).

O fato de as atitudes amorais de Alex deixarem tão em evidência a moralidade de todos os seus controladores nos mostra que não é exatamente sobre violência que se fala constantemente, por mais que ela seja o móvel principal de todas as ações de todos os personagens. Neste sentido, muito mais do que um filme sobre a violência, o que Kubrick nos mostra são imagens sobre a dissidência e, consequentemente, sobre todos os artifícios que se fazem para controlá-la. Alex é isso antes de tudo, um dissidente. E o filme nos mostra as várias tentativas de domesticar esta dissidência, pelos mais variados meios e caminhos que, curiosamente, mostram-se todos repulsivos, tanto em seus métodos como em seus resultados, do adestramento corporal pavloviano aos arrotos que sobram como efeito colateral. Do seu rosto enfiado no prato de macarrão à sua imagem todo arrebentado na cama do hospital. Por ser um dissidente, Alex será também constante e sucessivamente excluído de todos os lugares e por todas as pessoas. Lugares esses que ele, com a sua postura camaleônica, um verdadeiro mercador amoral da moralidade, parece inserir-se e adequar-se instantaneamente. Pois, afinal, não podemos esquecer o que lhe diz o médico quando ele reclama da associação da *Nona* com as cenas do mal: "Não se esqueça Alex, você está aqui *porque quer!*".

Nesta direção, ao nos fazer olhar insistentemente para a sucessão de violências que mudam de mão e de forma o tempo todo sob nossas vistas, pode-se fazer com que percamos de vista o potencial questionador que Alex parece encarnar e que suas atitudes parecem mostrar em dois níveis diferentes: num primeiro momento, dirigidas aos outros personagens que encarnam instituições no decorrer do filme; num segundo, dirigidas também a nós mesmos que assistimos ao filme, no sacrossanto papel de espectadores.

Sua forma distante e seca de fazer tudo o que faz, sua violência não visualmente violenta, sua sexualidade sem sensualidade e sem erotismo, sua adesão amoral a qualquer moralidade que se apresente, sua narração monotônica e avalorativa, tudo isso ressalta para nós os critérios e parâmetros com os quais construímos a nossa própria moralidade, bem como com quais valores nos percebemos e orientamos nossa própria inserção no mundo que nos cerca. Ao nos mostrar alguém aparentemente sem valores, Kubrick acaba nos forçando a reavaliar os valores que orientam a nossa própria conduta e a sua homogeneização. Nos mostra até mesmo aqueles valores que nem percebíamos que tínhamos, e que ele coloca em questão com aquelas imagens para as quais não havíamos encontrado nenhuma importância e ligação coerente com o próprio desenrolar da história. Imagens que só por existirem invadem lugares escondidos de nossa visualidade, e — por que não? — de nossa própria moralidade. Ao associar constantemente sexo a violência, ele parece nos mostrar o potencial de violência questionadora que o próprio sexo parecia ter então.

Ao mostrar o *phallus* engrandecido que parece matar, e a mistura dos suspiros de Alex na cama do hospital com aqueles emitidos pela enfermeira que está "transando" com o médico na maca ao lado, descortinam-se e se colocam em jogo, além dos padrões morais propriamente ditos, os padrões de visualidade e os valores visuais que temos, que orientam a apreciação das imagens que vemos, e que não são os mesmos que são questionados pela violência e pelos métodos de cura que nos foram apresentados.

Como a porta de seu quarto, que tem um segredo de cofre no lugar da fechadura, outras portas parecem começar a se abrir e nos mostrar outros lugares insuspeitos nos quais reside silenciosa a nossa própria moralidade, longe do alcance dos discursos literários que parecemos aceitar com mais facilidade. Sua importância questionadora vai situar-se também neste nível, do questionamento de proposições visuais, e não naquele de uma ação política direta. *Laranja Mecânica* parece dar forma visual aos escritos de Marcuse, em especial quando ele afirma que "a ruptura com a continuidade do poder tem também de ser uma ruptura com o vocabulário do poder",[13] com o seu imaginário que, sem perce-

---

[13] Herbert Marcuse, *Um ensaio para a libertação*. Lisboa, Bertrand, 1977, p. 51.

ber, fazemos também ser nosso, nos dizendo sobre as coisas e nos apontando os seus devidos lugares.

Devemos colocar, por fim, estes próprios lugares em questão, pois não podemos nos esquecer que "quem é necessariamente um criador, no bem e no mal, precisa ser antes de tudo um negador por onde, primeiro, despedacem-se todos os valores".[14]

---

[14] Friedrich Nietzsche, *Par-delà bien et mal*. Textos e variantes organizados por Giorgio Colli e Mazzino Montinari. Tradução de Cornélius Heim (DPF — Des préjugés des philosophes). Paris, Gallimard, 1971, DS, p. 149.

3.
IMAGENS DO ENTARDECER
(*Morte em Veneza*, Luchino Visconti, 1971)

Para se tentar descobrir os mistérios que envolvem esta morte em Veneza, faz-se necessário investigar o que está por trás das imagens que nós vemos e das músicas que ouvimos, como que a tentar desvendar um pano de fundo que se insinua constantemente por meio delas, mas que não aparece claramente materializada em nenhuma individualmente.

Morte em Veneza nos apresenta uma construção visual sinuosa que nos permite perceber ao mesmo tempo várias dimensões surgidas a partir de uma mesma proposição. Apenas duas cenas nos vão dar uma leve pincelada do que é que permeia os encontros incessantes e, ao mesmo tempo, inesperados de Gustav Von Aschenbach, cenas estas que aparecem justamente nos momentos em que tudo indicava que suas buscas haviam não só terminado, mas ainda o feito de uma maneira absolutamente inglória.

São cenas rápidas que, curiosamente, são ainda as únicas no decorrer do filme nas quais o que se fala não é totalmente recoberto pelo que se vê. Isso nos chama a atenção por serem momentos de diálogo intenso que permeiam todo um filme construído para obter das imagens que nos são mostradas o seu referencial seguro da constituição de significados possíveis. Poder-se-ia mesmo dizer que *Morte em Veneza* é um filme que dispensa totalmente os diálogos em sua construção primordialmente visual. São de suas imagens que tudo tiramos, e mesmo as suas poucas frases nada nos dizem de algo que nossos olhos já não tiveram por si mesmos a chance de descortinar. Isso se mostra ainda mais intrigante se levarmos em conta o fato de ter esta obra de Visconti sido feita a partir de um pequeno conto de Thomas Mann.[1]

Mas vamos parar de escrever da mesma forma que Visconti constrói suas imagens e dizer qual é, a nosso ver, a malha invisível sobre a qual Aschenbach vai navegar em sua última viagem. Inserções do passado no presente, são dois os momentos onde, no desenrolar de suas desventuras no Lido, Aschenbach se vê frente ao seu amigo e companheiro de jornadas musicais, momentos em que ficam evidentes as flagrantes diferenças que possuem nas concepções dos fundamentos estéticos a respeito da elaboração e criação de obras de arte, suas obras de arte.

Como não foi intenção de Visconti alongar-se sobre esta discussão, não iremos nós aqui trair o espírito de sua obra e tecer sobre este tema infinitas divagações. Como ele, nós nos ateremos ao que nos parece fundamental para os desdobramentos visuais que nos serão laboriosamente mostrados.

Um grande contraste existe entre as concepções que Aschenbach e Alfred, dois músicos, defendem como momentos essenciais do processo de maturação e criação artística. Suas percepções polarizam-se em torno de uma questão fundamental: qual seria o lugar e a importância dos sentidos na concepção e criação artísticas? Em outras palavras, em que se fundaria a possibilidade de o homem elaborar obras de arte e quais seriam os momentos decisivos de sua criação que permitiriam a ele obter algo que fosse, ou que se aproximasse, o máximo da perfeição? Isso, na verdade, já implica um ponto de partida que seria o de pensar-se a possibilidade de se criar o perfeito e o belo por meio de um laborioso e cuidadoso trabalho de elaboração. Uma busca densa e criteriosa que somente poderia ser atingida por meio de muito, e ao

---

[1] Isso, em si só, também já é curioso, pois Thomas Mann era um escritor que, pela densidade de suas proposições, costumava escrever livros sempre muito volumosos, sendo raras as suas incursões pelo terreno dos contos. Cf. Thomas Mann, *Tônio Kroeger/A morte em Veneza*. São Paulo, Abril, 1979.

mesmo tempo árduo, trabalho. Além disso, este deveria ser um trabalho extremamente especial, pois teria que deixar de lado todas as relações com a vida e com o mundo, vistos ambos como uma fonte de impurezas e armadilhas para o livre desenvolver do espírito que se materializaria nas obras de arte.

Nesta acepção, seria apenas pela completa e total dominação dos sentidos que pareceria ser possível alcançar a pureza e, por meio dela, a perfeição. Assim, isolado de todos os elementos da realidade e da vida, anestesiado em seus sentimentos, liberto dos condicionantes que interferem e causam turbulências em sua criação, o artista poderia se deixar levar pela atividade de esculpir no tempo a obra perfeita. Pois, para Aschenbach, é somente por meio da completa dominação de todos os sentidos que se poderia atingir a meta de todo artista: a sabedoria, a verdade e a dignidade humana. O artista seria, além disso, e, na verdade, somente por meio disso, um modelo inelutável de força e equilíbrio, o que teria que se desdobrar, também, e não menos importante, em todas as dimensões de sua vida, transformando-o assim em um ser de moralidade rígida e imaculada, que não comportaria ambiguidades de qualquer ordem.

Alfred vai nos colocar diante de uma concepção radicalmente oposta a esta. Em seu modo de se aproximar do problema, não existiria a possibilidade de se criar qualquer coisa sem a interferência direta dos sentidos, interferência esta que, além de tudo, seria absolutamente necessária e, ainda mais, desejada pelo artista. Para ele, a arte não seria jamais o resultado final de um processo de trabalho, por mais rigoroso que o fosse, mas sim fruto de um ato de criação que escaparia completamente das mãos do artista, fruto de um dom divino que apenas o utilizaria como meio de se efetivar. Ou, como ele explicitará melhor, fruto mesmo de "uma aflição divina". Nesta acepção, a criação seria diretamente vinculada a uma imersão dos sentimentos e do artista na realidade e na vida. Ambos concordam com o fato de serem estes elementos como que fontes de contaminação e corrupção do artista e de sua obra. Mas o significado que darão a esta corrupção será oposto.

Imagens do entardecer

Para Alfred, esta corrupção não é vista como algo a ser abolido e excluído, mas, pelo contrário, como a *única* fonte inesgotável da criação artística. Seria apenas pela imersão dos sentimentos e pela sua contaminação na obra que ela poderia adquirir o caráter propriamente artístico que dela se espera. Assim, o que alimentaria a geniosidade seria justamente o pecaminoso, o mal, encarados como alimento do talento e não como o seu destruidor. O belo surgiria, portanto, como fruto espontâneo do gênio movido pelo demoníaco e nunca por meio de uma criação laboriosa de um ascético trabalho espiritual e da pureza existencial do artista.

O artista, por sua vez, ao invés de buscar a aridez e a secura de uma boa saúde e de uma retidão moral como fonte de suas criações, deveria se deixar levar pela contaminação da corrupção e da doença, da aflição que cria e não da moralidade que esmaga.

Como não lembrarmos aqui de Munch, que nos disse certa vez: "eu herdei dois dos mais perigosos inimigos da humanidade — a tísica e a insanidade —, doença, loucura e morte foram os anjos negros ao lado de meu berço".[2] Ou mesmo de Nietzsche, ao nos falar de Dioniso: "o ser mais rico em abundância vital, o deus e o homem dionisíacos podem se oferecer não somente a visão daquilo que é terrível e problemático, mas mesmo também cometer uma ação terrível e se entregar a todo luxo de destruição, de decomposição, de negação: neles o mal, o absurdo, o hediondo parecem, por assim dizer, permitidos em virtude de um excedente de forças geradoras e fecundantes, capazes de transformar não importa qual deserto em um terra fértil".[3]

Será entre estas visões opostas a respeito da criação artística e, principalmente, do *Belo*, que veremos Aschenbach mergu-

---

[2] Edvard Munch, "Words and images". In: Bente Torjusen, *Words and images of Edvard Munch*. Londres, Thames and Hudson, 1989, p. 50.

[3] Friedrich Nietzsche, *Le gai savoir*. Textos e variantes organizados por Giorgio Colli e Mazzino Montinari. Tradução de Pierre Klossowski. Paris, Gallimard, 1982, # 370, p. 278.

lhar em sua inesperada aventura pelos mistérios de Veneza. Sua arte e sua vida, que haviam se transformado de uma só vez em elegia e caminho de sua decaída, vão aqui se ver frente a um outro tipo de desafio que deixará transtornadas as suas próprias concepções a respeito do Belo e das possibilidades de atingi-lo por meio da criação artística.

Mas, sob essa história, uma outra ao fundo irá surgir, implacável, a esgueirar-se entre todas as cenas, a dar-lhes consistência e densidade. Na primeira conversa que Aschenbach tem com Alfred, ele nos falará, pela única vez, de algo que se lembra da casa de seu pai.

Enquanto ouvimos uma música lenta, suave e melancólica, ao fundo, Aschenbach olha fixamente para uma ampulheta que está em cima do piano. "O orifício por onde sai a areia é tão fino, que parece que a parte de cima... nunca muda. Aos nossos olhos parece que a areia só acaba... ... quando está no final. E, até que aconteça, não vale a pena pensar nela. Até seu último momento, ... quando já não há mais tempo, quando não há mais tempo para se pensar nisto." Veremos, mais à frente, como esta lembrança vai se desdobrar em sua própria história, em seu próprio tempo, em sua própria existência.

O filme inicia-se de uma maneira peculiar. Começamos, antes de tudo, a ouvir uma música clássica ao fundo, suave, doce, penetrante e, ao mesmo tempo, triste, profunda, melancólica, enquanto nossos olhos nada veem a não ser os letreiros que passam sobre o fundo preto da tela e que reforçam ainda mais a densidade da música que escutamos. Lentamente, uma luz azul, meio acinzentada, vai tomando conta de nossa vista enquanto a música vai crescendo ao fundo, como que a embalar as formas que nossos olhos se esforçam em perceber. A *Quinta Sinfonia* de Mahler nos atinge antes mesmo que a imagem assuma alguma forma reconhecível para os nossos olhos. Com o passar do tempo, nossos olhos começam a vislumbrar algo no horizonte que, pouco a pouco, vai assumindo a forma de um navio a vapor. Essa cena inicial dura vários minutos, onde só ouvimos a música e acompanhamos o

Imagens do entardecer

lento navegar do vapor que se dirige para Veneza. O céu, em um dado momento, aparece manchado por um avermelhado que escapa por detrás das nuvens, como a nos dizer serem aqueles os raios de sol de um amanhecer que se mostra com cautela, acompanhando os acordes suaves que ouvimos e a lentidão das imagens que apreciamos. O navio passa por eles para depois novamente se perder na imensidão azul que envolve agora a todos. Se compararmos essa cena com o que acontece nos primeiros minutos de filmes como *Os Caçadores da Arca Perdida, Duro de Matar* ou *Pulp Fiction*, entre outros, teremos uma consistente base de referência para perceber como as imagens que vemos trabalham o tempo de uma outra maneira e com uma outra temporalidade. Esta cena de *Morte em Veneza* é uma cena que exige cuidado, degustação, imersão, como de resto o exige o filme inteiro. Não são imagens feitas para olhos apressados, ávidos de aventura e agitação. Realizado com pouquíssimos diálogos, o filme de Visconti vai deixar praticamente apenas os nossos olhos e ouvidos em ação, recusando-se completamente a possibilidade de se oferecer como uma leitura literária, dialógica.

Vemos, por meio de suas imagens — imagens de tempo — o tempo escoar-se com vagar, fluir tão lentamente que temos nós mesmos sempre a impressão de que nada se passa, como na ampulheta, que constrói com profunda lentidão a sua mais completa dissolução. Mas, e ao mesmo tempo, tudo está sendo minuciosamente elaborado. Estes longos minutos de imersão inicial, que nos preparam para esta densa viagem, serão interrompidos pelo longo apito do vapor que vemos passar ao longe, e que vai se somar à sensação, também melancólica, do barco navegando em um azul profundo ao som de Mahler.

De suas relações com a construção de um presente, que articula diferencialmente pedaços de passado, pedaços de memória,[4]

---

[4] Sobre isso ver, entre outros textos: Henri Bergson, *Matéria e memória*. São Paulo, Martins Fontes, 1990; Gilles Deleuze, *L'image-temps*. Pa-

da maneira pela qual se trabalha este tempo que flui, este tempo que é a um só tempo presente e passado, vão brotar, entre outras (pois, afinal, o que não é inesgotável?), duas possibilidades de percepção e incorporação do passado: a nostalgia e a melancolia.

Tomamos a distinção entre estes dois conceitos como duas formas diferentes de se relacionar com o passado, portanto, de se relacionarem tempo e memória. Se nos afastamos da perspectiva ingênua onde o cinema é um mero duplo do real, repetindo em luz e sons os atributos de um suposto "real" que ele espelha e reproduz, com maior ou menor perfeição, não podemos também adotar a perspectiva tradicional de ser a relação com a memória apenas uma forma de recuperar e lembrar, tal como teria sido, um passado distante no espaço e no tempo.

Termos indissociáveis, o que dificulta sua definição em separado, devem tentar ser percebidos em suas sutilezas diferenciadoras.

"A nostalgia é um conceito de má reputação entre os sociólogos. Para eles a nostalgia, sendo forma de fuga (escape) e o corte do real, embeleza e suaviza o passado, pura e simplesmente. (...) Tudo o que passou é irremediavelmente belo: a velha canção, o relógio clássico, os brinquedos de antigamente, o velho álbum de família, o retrato da mãe ainda moça com roupa de domingo... Esse tempo aparentemente reencontrado é na verdade manipulado para que se esqueça o presente."[5] Esta versão sociológica da nostalgia, ligada segundo Hosokawa à Escola de Frankfurt, veria na nostalgia um encobrimento da realidade e do

---

ris, Les Éditions du Minuit, 1985 (especialmente cap. IV — "Les cristaux de temps", pp. 92-128 e cap. V — "Pointes de présent et nappes de passé (quatrième commentaire de Bergson)", pp. 129-37); e Walter Benjamin, "A imagem de Proust". In: *Obras escolhidas: magia e técnica, arte e política*. São Paulo, Brasiliense, pp. 36-49.

[5] Shuhei Hosokawa, "Por um bom viajante nostálgico". *Imagens*, Campinas, nº 2, agosto de 1994, p. 96.

presente por uma mistificação do passado, mascarando suas crises e velando seus conflitos. O passado, recuperado desta maneira, transformar-se-ia em um elemento de constrangimento a pesar sobre o presente e a impedir o seu desdobramento enquanto futuro. Nova interpretação para a famosa frase de Marx, "a tradição de todas as gerações mortas oprime como um pesadelo o cérebro dos vivos",[6] reforçaria entretanto seu momento encobridor e seu lugar como essencialmente negativo, como empecilho para a compreensão do momento presente e para uma ação com vistas ao momento futuro.

Devemos, no entanto, voltarmo-nos para outras direções. Segundo Vladimir Jankélévitch, a nostalgia é uma *algia* (dor) que não pode ser pensada como sendo completamente desprovida de motivos e, por conseguinte, absolutamente indeterminada. Para ser percebida deve levar em conta três dimensões através das quais pode ser apreendida: o espaço, a consciência da finitude, o tempo. Na primeira estarão em jogo espaços diferenciais. Na segunda, a percepção dos limites e momentos que envolvem a presença e a ausência. Na terceira, os jogos com o tempo em sua irreversibilidade e irrevogabilidade.[7]

Ele nos afirma ser esta *algia* uma dor que não pode restar por muito tempo inominada. Ela vai surgir em seu vir a ser como uma ausência específica que poderá ser nomeada como o "mal do país".[8] Este mal, esta dor, vai ter, nesta primeira aproximação, uma percepção espacial a partir do momento em que o *país* é

---

[6] Karl Marx, "O 18 Brumário de Luís Bonaparte". In: Karl Marx, *Textos 3*. São Paulo, Sociais/Alfa-Ômega, s.d., p. 203.

[7] Tarkovski diz que "o cinema vive de sua capacidade de fazer ressurgir na tela o mesmo acontecimento, vezes e vezes — por sua própria natureza é uma arte, por assim dizer, nostálgica" (Andrei Tarkovski, *Esculpir o tempo*, *op. cit.*, p. 170).

[8] Vladimir Jankélévitch, *L'irréversible et la nostalgie*. Paris, Flammarion, 1974, p. 340.

percebido como uma entidade de constituição espacial, que se diferenciaria do espaço dos geômetras por não ser abstrato e homogêneo e, portanto, por não ser intercambiável. Este espaço nostálgico constituiria uma "topografia mística da qual a única toponímia, por sua força de evocação, coloca já em movimento o trabalho da reminiscência e da imaginação. (...) para todos os homens, é a cidade natal, aquela na qual a fumaça, à sombra do campanário, brota da chaminé da casa materna".[9]

Esta valorização da terra natal, do lugar de origem, vai fazer com que o homem que se desloca, que muda de lugar, sinta este deslocamento como um dilaceramento de si mesmo, como algo que o consome por dentro, sem nunca encontrar um lugar de repouso. Este é sem dúvida o lugar do exílio, e do exilado, pois esta dor é "como em toda condição de exílio, o mal de um país, o mal de uma origem, o mal de uma fonte, que se busca reencontrar. A possibilidade deste reencontro é o retorno, o *nostos*".[10]

Assim, nesta acepção, este mal comporta ao mesmo tempo um remédio que o cure. Se a dor é devida a um deslocamento no espaço, portanto, a uma ausência definida, um retorno ao espaço original, um retorno à terra natal e às suas origens, seria o lenitivo procurado e encontrado, a um só tempo compensador e tranquilizador. "A liquidação do exílio não deixa nem pesar nem rancor. (...) Se a nostalgia fosse uma simples falta, uma necessidade ou um tropismo, o retorno tamparia o vazio da ausência; o desequilíbrio, após sua satisfação, daria lugar ao equilíbrio, a instabilidade e inquietude à imobilidade, a tensão ao repouso."[11]

Nesta primeira aproximação, a um só tempo simples e otimista, o *nostos* é suficiente para aniquilar a *algia*. A ausência mar-

---

[9] Vladimir Jankélévitch, *L'irréversible et la nostalgie, op. cit.*, p. 341.

[10] Irene Cardoso, "Maria Antonia: a interrogação sobre um lugar a partir da dor". *Tempo Social*, São Paulo, vol. 8: 2, 1996, p. 6.

[11] Vladimir Jankélévitch, *L'irréversible et la nostalgie, op. cit.*, p. 349.

Imagens do entardecer

cada pelo lugar vazio pode ser preenchida sem deixar restos, anulando completamente o espaço que anteriormente era recoberto pela dor. A isso Jankélévitch vai chamar de *nostalgia fechada*.

Entretanto, uma outra mediação vai complicar de maneira acentuada esta percepção. O que torna possível à nostalgia aparecer como tal é a consciência dos homens sobre a sua finitude. A realização de seus limites deixa claro aos homens sua incapacidade de estar em vários lugares diferentes ao mesmo tempo. Seu deslocamento é possível, mas ele só pode ocorrer como uma sucessão de lugares, cada um após os outros, mesmo que a eles se retorne. Isso implica também a percepção de sua finitude temporal, pois a sucessão implica também realizações sucessivas enquanto tempo, temporalidades que se desdobram sem se misturar, uma escala cronológica que deixa como marca as referências da história, e de nossa própria história.

Estamos condenados em nossa humanidade finita, a um eterno estar *aqui* e um infindável sempre *agora*. A percepção de nossa não ubiquidade vai vir junto com a percepção de sua finitude. "A nostalgia é uma melancolia humana tornada possível pela consciência, que é a consciência de alguma outra coisa, consciência de um outro lugar, consciência de um contraste entre passado e presente, entre presente e futuro. (...) A nostalgia é ao mesmo tempo aqui e lá, nem aqui e nem lá, presente e ausente..."[12] Isso se exprimiria de maneira indelével no exilado, que se sente moralmente presente e, ao mesmo tempo, realmente ausente de seus lugares queridos.[13] Ele partiu, mas ao mesmo tempo ficou. Este é o fundamento essencial de seu dilaceramento, de sua separação de si mesmo. Não é mais o espaço que estará aqui em jogo, mas a *percepção* de que se está em um *outro* espaço, não mais a consciência do deslocamento, mas a *sensação* de se estar em um lugar distante e estranho, por mais perto e reconhecível que ele possa ser.

---

[12] Vladimir Jankélévitch, *L'irréversible et la nostalgie*, *op. cit.*, p. 346.

[13] Como o personagem de Tarkovski em *Nostalgia*.

"O exílio, segundo Victor Hugo, é uma coisa moral — *cosa mentale*, como diria, falando da pintura, Leonardo da Vinci."[14]

A isso se soma o fato de a nostalgia ser irracional no sentido de ser "desproporcional em relação às suas causas".[15] O tamanho e as dimensões da ausência não são diretamente proporcionais àqueles que nos eram dados pela presença. Isso pode levar à situação absurda de nos prendermos a coisas das quais deveríamos ter horror e que deveriam causar em nós a mais profunda aversão. Será que não é isso que pode causar em nós a tão complexa sedução pelo carrasco? A consciência nostálgica sonha com o lugar e o passado, sonha com o *seu* lugar e o *seu* passado, não porque eles são importantes, mas porque eles são *seus*. "O exilado sonha com o seu humilde vilarejo: não por ser ele um vilarejo memorável, mas porque este vilarejo é seu, porque este vilarejo é o lugar de seu nascimento e de sua infância."[16] Não tem, portanto, uma relação de avaliação em relação a ele. Ele apenas o é. Seu.

Isso vai levar a se pensar em uma outra aproximação para o conceito de nostalgia.

Temos, portanto, que apesar de a nostalgia não ser uma *algia* inteiramente imotivada ou indeterminada ela o é em certa medida. Em consequência, ela é sempre fundada em uma indefinição. E é isso que vai causar, naquele que retorna, um profundo sentimento de decepção. Ele volta, como sempre quis. Mas o lugar que ele reencontra, as pessoas que lá estão, não são mais aquelas que ele esperava. Ele não mais se reconhece no lugar natal. Para elas, como para ele, o tempo passou, inexoravelmente. O que antes era falta de um lugar e desejo de retorno, desdobra-se em um desejo indeterminado, pois, carregado com as categorias do tempo, seu lugar transmutou-se em *situação*. "A terra natal se

---

[14] Vladimir Jankélévitch, *L'irréversible et la nostalgie, op. cit.*, p. 361.

[15] Vladimir Jankélévitch, *L'irréversible et la nostalgie, op. cit.*, p. 352.

[16] Vladimir Jankélévitch, *L'irréversible et la nostalgie, op. cit.*, p. 353.

disfarça em terra estrangeira"[17] e prega na consciência nostálgica sua peça final.

Nem bem chegou, o nostálgico já quer novamente partir. O retorno passa a ser o desejo secreto do partir, de novo. "A finalidade do viajante nostálgico não é voltar ao ponto de partida, mas derivar sempre, partir perpetuamente."[18] Esta inquietude é fundada na irreversibilidade do tempo, o que faz com que a nostalgia se coloque como uma reação contra esta irreversibilidade, pois é o tempo que não volta que impede que o nostálgico volte para o mesmo lugar de onde saiu, ou, mais precisamente, que o lugar de retorno seja o exato clone do lugar de partida. Ele gostaria de reencontrar não só o lugar de sua origem, mas reencontrar-se a si mesmo naquele momento distante, ver-se a si mesmo como era antes. "O verdadeiro objeto da nostalgia não é a ausência por oposição à presença, mas o passado em relação ao presente; o verdadeiro remédio para a nostalgia não é o retorno para trás no espaço, mas o retroagir em direção ao passado no tempo."[19] Aí está a razão do fracasso do nostálgico ao voltar. A nostalgia é um mal que precisa de um remédio, o retorno (*nostos*), ao mesmo tempo que é também a percepção da insuficiência deste remédio, que força uma nova partida. "Um *nostos* sem *algia* é decididamente uma quimera."[20]

Aqui não temos mais um passado que retorna como lembrança, como recordação, como outro. Temos, ao contrário, uma evocação do passado no presente, um desdobramento do presente em presente e passado, um ir a ele, uma dissolução da separação que o transformava em coisa. Se, como quer Nietzsche, "não

---

[17] Vladimir Jankélévitch, *L'irréversible et la nostalgie, op. cit.*, p. 362.

[18] Shuhei Hosokawa, "Por um bom viajante nostálgico", *op. cit.*, p. 97.

[19] Vladimir Jankélévitch, *L'irréversible et la nostalgie, op. cit.*, p. 368.

[20] Vladimir Jankélévitch, *L'irréversible et la nostalgie, op. cit.*, p. 371.

existem fatos, somente interpretações",[21] esta evocação do passado pelo presente, como uma interpretação, "é um meio de se tornar senhor de qualquer coisa",[22] é um meio de nos tornarmos senhores de nosso passado, de escaparmos da escravidão que ele exercia sobre nós. Mesmo que seja através da decepção, do *desencanto*. Por isso, o nostálgico "vai para a frente, mesmo quando volta".[23] O tempo não é mais apenas irreversível. Ele é também irrevogável. O que evocamos não é apenas algo que passou. É, principalmente, algo que *fizemos*.

"Na *nostalgia aberta*, a memória é um *acontecer* nostálgico; enquanto força de evocação e de produção de lugares e de figurações, a força de nominação, não é uma força que *fixa* mas uma força que imprime um *tornar-se*, produtora de *mudanças de lugares* que são também *mudanças de tempo*."[24] Unidade de pesar e desejo, a lassidão do nostálgico se diferencia do tédio amorfo, pois ela se "dinamiza pela esperança do retorno".[25] Não constitui, portanto, uma força paralisante como o tédio. Pelo contrário, é uma força que impulsiona, que dilacera, mas que ao dilacerar torna-se vida. "É o limite absoluto da vida. Enquanto se tem consciência nostálgica, a vida continua."[26]

---

[21] Friedrich Nietzsche, "Fragments posthumes: début 1888 — début janvier 1889". In: Friedrich Nietzsche, *Oeuvres philosophiques complètes*, vol. XIV. Textos organizados e comentados por Giorgio Colli e Mazzino Montinari. Tradução de Jean-Claude Hémery. Paris, Gallimard, 1977, 7 (60), pp. 304-5.

[22] Friedrich Nietzsche, "Fragments posthumes: début 1888 — début janvier 1889", *op. cit.*, 2(148), p. 141.

[23] Vladimir Jankélévitch, *L'irréversible et la nostalgie*, *op. cit.*, p. 385.

[24] Irene Cardoso, "Maria Antonia: a interrogação sobre um lugar a partir da dor", *op. cit.*, p. 6.

[25] Vladimir Jankélévitch, *L'irréversible et la nostalgie*, *op. cit.*, p. 366.

[26] Shuhei Hosokawa, "Por um bom viajante nostálgico", *op. cit.*, p. 102.

Veremos, agora, as aproximações possíveis para se pensar a melancolia e suas possíveis diferenças em relação ao que vimos a respeito da nostalgia. Julia Kristeva nos previne que entraremos em terreno pantanoso, pleno de limites imprecisos. "Chamaremos de *melancolia* a sintomatologia psiquiátrica de inibição e de assimbolia que, por momentos ou de forma crônica, se instala num indivíduo, em geral se alternando com a fase, dita maníaca, da exaltação. (...) Tem o temível privilégio de situar a interrogação do analista na encruzilhada do biológico e do *simbólico*."[27] Afastando-nos do biológico, devemos procurar sua dimensão social no simbólico. Mais à frente, Kristeva nos propõe uma outra explicitação. "Fixado no passado, regressando ao paraíso ou ao inferno de uma experiência não ultrapassável, o melancólico é uma memória estranha: tudo findou ele parece dizer, mas eu permaneço fiel a esta coisa finda, estou colado a ela, não há revolução possível, não há futuro."[28] Nesta acepção, o melancólico parece estagnar-se sob o peso do passado, que inviabiliza suas buscas e suas possibilidades de futuro. Cimentado ao passado, torna-se algo acabado que não vive, apenas vegeta. Neste sentido, este melancólico nada teria em comum com nenhum dos nostálgicos de Jankélévitch, pois tanto na nostalgia aberta como na fechada existe *atividade*. Estaria mais próxima de algo da qual a melancolia e a nostalgia de Jankélévitch se distinguem: o *spleen*, a falta de alegria de viver.

Ele nos disse que "a nostalgia é uma melancolia humana tornada possível pela consciência, que é consciência de qualquer outra coisa".[29] Por aí poderíamos pensar a melancolia por sua negação, como a não consciência desta separação, deste outro, deste

---

[27] Julia Kristeva, *Sol negro: depressão e melancolia*. Rio de Janeiro, Rocco, 1989, p. 16 — grifo meu.

[28] Julia Kristeva, *Sol negro: depressão e melancolia*, *op. cit.*, p. 61.

[29] Vladimir Jankélévitch, *L'irréversible et la nostalgie*, *op. cit.*, p. 346.

"contraste entre passado e presente".[30] Assim, a melancolia é comandada por uma indeterminação, como a nostalgia, mas que aqui se transporta para uma situação limite, o limite de sua própria indeterminação. "Para que a nostalgia e o amor sejam 'puros', eles não devem ter causa nem razão extrínseca. E é porque a nostalgia é imotivada que sua razão verdadeira permanece inominada."[31]

Aqui parece se traçar uma linha que vai da nostalgia fechada à melancolia, passando pela nostalgia aberta, sempre no sentido de uma maior indefinição de seus fundamentos. O que as difere é o seu objeto. "O objeto da nostalgia não é tal ou qual passado, mas é muito mais o fato do passado, sua *passeidade*"[32] que se contraporia à consciência do *hoje*. E mais à frente, "o fato indeterminado do passado em geral — aqui está o objeto impalpável de nossa melancolia".[33] Da forma como foi colocada, esta nostalgia pura se coloca em um limite onde ela mesma se dissolve em melancolia, não se distinguindo mais dela.

Tanto na nostalgia como na melancolia estão presentes uma relação com o passado e com a memória. O que as diferenciaria é justamente a percepção ou não daquilo que ficou para trás, preso na irreversibilidade do tempo. Na melancolia, o olhar para trás parece ser feito de olhos vendados, pois não se consegue encontrar os motivos de sua apreensão. "Na aproximação melancólica a perda é desconhecida ou não se pode ver claramente o que foi perdido. (...) Algumas vezes, até, existe a consciência que sabe *quem* perdeu, mas não o *que* perdeu nesse alguém."[34] Nesta últi-

---

[30] Vladimir Jankélévitch, *L'irréversible et la nostalgie*, op. cit., p. 346.

[31] Vladimir Jankélévitch, *L'irréversible et la nostalgie*, op. cit., p. 354.

[32] Vladimir Jankélévitch, *L'irréversible et la nostalgie*, op. cit., p. 357.

[33] Vladimir Jankélévitch, *L'irréversible et la nostalgie*, op. cit., p. 357.

[34] Irene Cardoso, "Os acontecimentos de 68: notas para uma interpretação". In: Maria Cecília L. dos Santos (org.), *Maria Antonia: uma rua na contramão*. São Paulo, Nobel, 1988, p. 233.

Imagens do entardecer

ma acepção, já se estaria, segundo Jankélévitch, aproximando-se da nostalgia aberta.

Mas, se a nostalgia funda-se na *esperança* do retorno, a melancolia parece abandonar-se numa *desesperança*, ou na impossibilidade de toda esperança. "O nostálgico se instala em uma invencível esperança pois ele se reconhece cidadão de uma outra cidade e de um outro mundo (...). Mas, como a esperança é aquela de um Paraíso perdido, e irremediavelmente perdido, é necessário admitir que a esperança futurista constitui a própria essência da nostalgia passeísta."[35] Ao ser privado de sua esperança, mesmo que seja esta "esperança" pouco esperançosa, o ser nostálgico dissolve-se completamente em sua melancolia.

A completa indeterminação realiza no exilado melancólico os seus últimos acordes. A nostalgia está ligada à questão da origem ou, no limite, do reconhecimento da origem como tal, colocados como referência de sua própria identidade, de sua localização no mundo e da percepção dos lugares de sua própria dor. Nesta aproximação, o tempo de então se contrapõe ao tempo de antes, que reaparece depurado de seus desastres e de suas dores. A perda definitiva é a perda ou a dissipação deste lugar, A melancolia fixa um lugar que não é mais perceptível como tal e portanto envolve o melancólico em uma dor que por sua própria indefinição toma conta de seu ser de uma maneira a um só tempo irrevogável e indelével.

Simmel separa o viajante do estrangeiro por uma contraposição de espacialidades e temporalidades. Ambos são a liberação de um ponto fixo no espaço. Ambos não estão no seu lugar de origem. Mas entre um e outro, duas temporalidades diferentes constituem-se. O viajante é aquele "que chega hoje e parte amanhã".[36]

---

[35] Vladimir Jankélévitch, *L'irréversible et la nostalgie, op. cit.*, p. 384.

[36] Georg Simmel, "O estrangeiro". In: Evaristo de Moraes Filho (org.), *Simmel*. Coleção Grandes Cientistas Sociais, vol. 34. São Paulo, Ática, 1983, p. 182.

O estrangeiro, por seu lado, é alguém "que chega hoje e amanhã fica", mas que sempre pode ir embora. O exilado seria, a partir daqui, alguém que chega hoje e que *não* pode partir amanhã. E como se pensaria, então, o melancólico?

Pela constituição da indeterminação de seu passado, o melancólico vai perder suas ligações com o presente e, a partir de então, parecerá viver uma vida que não é a sua, ou que não é mais a sua. Sua busca é fadada ao fracasso, pois ele nem mesmo tem mais as referências do que procurar. Mas ele procura assim mesmo, revira sua memória (que memória é esta?), incessantemente, no sentido de tentar determinar alguma coisa que lhe devolva pelo menos algumas referências. Assim, se podemos pensar o nostálgico como um exilado, que participa de diferentes espaços e de diferentes tempos, sendo um estrangeiro que não tem mais o poder de retornar, o melancólico experimenta o exílio *dentro de si mesmo*, não existindo diferentes espaços nem diferentes tempos que pudessem ser recobertos. É um *errante*, pois é um estrangeiro em seu próprio lugar. Sua *desesperança* advém justamente do fato de não ter mesmo para onde voltar, como o nostálgico, pois o melancólico, no limite, nunca saiu do mesmo lugar. Ou, o que é ainda pior, privado da relação com suas raízes, ele é um estranho em qualquer lugar. Portanto, na melancolia, o dilaceramento é acompanhado da impossibilidade do retorno, pois o seu lugar é aquele mesmo em que ele está, como tempo e origem, mas ao mesmo tempo ele não se sente lá. O melancólico, nesta acepção, não experimenta nem desejo nem decepção: afinal, para onde voltar se estou aqui e se daqui eu nunca saí?

Estas reflexões nos remetem novamente ao início que Visconti propôs para sua *Morte em Veneza*. Como dissemos, uma longa cena embalada pela música de Mahler cuja imagem escura e difusa dificulta de imediato a percepção do que vemos e de onde estamos, e que só começa a se deixar perceber lentamente, sem pressa, sem violência, sem muita precisão. Até o momento em que nossos sentidos são atingidos e tomados pelo profundo e envolvente som de um apito a vapor de um navio.

Imagens do entardecer

É curioso como a sensação do apito de um navio quase sempre nos remete a uma partida e não a uma chegada. Talvez aí resida sua característica mais melancólica, pois o sair para o mar carrega consigo sempre o peso de uma grande indeterminação: a dúvida da possibilidade de um retorno, a incerteza de se conseguir voltar. Mar, ele também, azul, infinito e cheio de mistérios. Imersos nesse clima, com uma sinfonia de sonoridade grave e introspectiva, banhados que estamos por estas imagens sempre azuis, e depois pelo barco que navega lentamente ao fundo (e do qual ainda não sabemos se parte ou chega), nosso corpo e nosso espírito se preparam para o que veremos em seguida.

Prostrado sobre uma cadeira, sem que ainda saibamos quem é, a câmera vai nos mostrar Gustav Von Aschenbach, com o corpo largado, sem ânimo, com o seu olhar vago e perdido em direção ao nada. Um livro tomba displicentemente sobre o seu colo. Ele lhe dirige um breve olhar, mas logo o retorna para o nada, para o seu nada, acompanhado de um leve franzir do rosto e um ligeiro movimento de sua cabeça, como a indicar não só a falta de vontade de se entregar à leitura, mas, e principalmente, como se nos anunciando a mais profunda inutilidade daquela vã tentativa de fixar-se em algo. Ele parece não estar lá, com o seu rosto recolhido entre suas mãos enluvadas que lhe ajudam a esquentar o pescoço envolto por um cachecol cinza. Seus olhos voltam-se para o chão, fazendo-nos perceber a mais viva imagem da falta de esperança que parece ter tomado conta de sua existência e, com ela, também de todo o seu corpo. Aschenbach se parece com as folhas do livro que segura. Parece estar vivendo apenas ao sabor do vento, levado somente pela mais infinita e profunda vontade de não fazer nada, de deixar as coisas correrem por si só, antítese absoluta de todo o seu eterno esforço em calcular e realizar a obra perfeita, atingir o belo absoluto. Esforço este que se mostrou a um só tempo inútil e estéril.

Soltando um profundo suspiro, percebemos ao mesmo tempo seus olhos se entristecerem. Apito. Sinais de uma chegada anunciada. Aqui, todos os elementos se misturam, pois a sua chegada, que deveria marcar o término definitivo de uma jornada, de uma viagem, o fim de algo que ali se esvai e que ao mesmo tempo se encerra, vai acabar sendo, pelo contrário, o lugar e a hora do seu oposto, de um novo e também definitivo começo. Por mais que, ao mesmo tempo, este novo início termine, fatalmente, por levá-lo definitivamente ao fim, ao seu fim. Talvez seja justamente em virtude disso que as imagens de seu início, do início de seu fim, tenham demorado tanto para definir para nós que Aschenbach está de fato chegando, pois, na verdade, sua chegada será, ao mesmo tempo e de forma irrevogável, também uma partida, a sua última partida.

Podemos ver agora o barco que o leva de frente. Ele é largo, com o casco todo pintado de preto, ostentando apenas o seu nome em grandes letras brancas: Esmeralda. Temos aqui, mesmo que ainda não possamos saber, mais uma ligação com o futuro e, ao mesmo tempo, com o passado de Aschenbach.

Chegando perto do porto, um outro barco, pequeno, aproxima-se do Esmeralda. É um barco muito estranho, todo preto como a nuvem de fumaça que vemos escapar de suas chaminés, marcado com duas cruzes circulares em suas laterais. Vai criar em nós, com sua aparição, um misto de expectativa e de mau agouro, uma velada e incômoda sensação de união entre chegada e morte.

Esta estranha sensação se completará com uma risada deslocada que escutamos ao longe e que chegará a nós antes da figura caricatural de um velho que veremos logo a seguir. Sua figura é grotescamente patética. Ele é magro demais para as roupas com as quais se veste. Seu chapéu, que envolve sua cabeça como se fosse uma auréola branca, como nos afrescos de Giotto, encontra-se porém amarrotado, contrastando-se com o cabelo ruivo que lhe cobre metade da testa. Seu rosto é pálido e enrugado. Seus olhos deixam à mostra grandes olheiras que os circundam, ligeiramente disfarçadas pela maquiagem que lhe ressuscita alguma cor às faces. Seu bigode é recortado, em uma forma fina e artificial, com as pontas descuidadamente voltadas para cima. Seus lábios, também finos, ressaltam-se em seu rosto, pois estão retocados com

Imagens do entardecer

um batom de coloração avermelhada. A cintura de sua calça cobre-lhe quase até a altura do peito e sob ela se prende a sua larga gravata vermelha, como que a combinar com a fita, também ela vermelha, que lhe enfeita o chapéu. Seu corpo entorta-se para trás e se apoia em uma claudicante bengala de madeira. Seu andar é vacilante e suas palavras deixam transparecer o estado ébrio que o envolve enquanto dirige, por iniciativa evidentemente própria, palavras a Aschenbach. O significado delas é incerto, apesar de aparentemente desejarem-lhe boas vindas. *"Au revoir, excusez, bonjour, your excellency..."* ele repete, meio cambaleante, enquanto passa dois dedos na língua. É uma figura que beira o grotesco, retocada para tentar parecer mais jovem e que, pelas suas atitudes pouco convenientes, recebe um olhar de escárnio e repugnância de nosso compositor, que tenta não lhe dar a menor atenção.

Esta velha figura, expressão aguda de um tempo descentrado, que distingue com vigor uma imagem que se desdobra, ao mesmo tempo, em passado e presente — aqui o passado recolocado como maquiagem do presente que, sarcasticamente, acaba por se redobrar em seu contrário, em uma velhice degenerada em sua própria imagem — é, ironicamente, o aparecer da presença futura da temporalidade do próprio Aschenbach, seu reverso imperfeito. Uma imagem distorcida de si mesmo, na qual o reconhecimento se fará, sem dúvida, ao se duplicar enquanto imagem de seu próprio rosto, no final do filme, como que a constituir um indelével e inevitável *fake* de um *fake*.

Para completar esta chegada imperfeita, um gondoleiro se recusa a levá-lo para o porto dos *vaporetti*, resmungando frases sem sentido enquanto ele reclama por não poder ser levado para onde desejava ir. Mal sabe nosso compositor que isso nada mais é do que um prenúncio de que ele será levado, inevitavelmente, por caminhos que não deseja e que nem mesmo esperaria trilhar, apesar de suas incessantes e inúteis tentativas de mudar de rumo, de fugir às peças que o destino parece estar lhe pregando.

Os dados estão lançados e, pelo que tudo indica, a contaminação é iminente, espelhada por esta sucessão de imagens que

100 À meia-luz

o perseguem em sua chegada e que não mais o deixarão descansar. Seus esforços são sempre constantes, como nos mostram os movimentos de suas mãos, ao carregador de bagagens no porto, aos cantadores no hotel, ao garçom no restaurante, bem como à distância que ele esboça todas as vezes que crianças ou jovens se aproximam barulhentamente de sua pessoa, pelos corredores e elevadores do hotel. Aschenbach tenta manter-se sempre longe do contato das pessoas, em constantes mas inúteis tentativas de se preservar, como teremos a chance de apreciar.

A cena da primeira refeição no *Hôtel des Bains* é construída com primor. A câmera se move vagarosamente por toda a sala, mostrando-nos com detalhes os abajures com suas cúpulas coloridas, os vasos repletos de hortênsias, os vitrais que compõem os biombos, proporcionando-nos um lento passeio pelo mobiliário e pelos cristais, para então passar pelas pessoas, pelas suas elegantes e ricas roupas, pelo fausto de suas joias que refletem a nobreza de seus espíritos. Mesmo Aschenbach parece ter recomposto sua imagem, recuperada pelo impecável smoking preto e pela gravata borboleta branca. Uma orquestra de cordas toca docemente, acompanhando com seus acordes nossos olhos que se perdem neste lento e suave navegar, como se nos levasse a perscrutar e a partilhar a imperiosa corrosão que o tempo deixou impresso nas coisas e nas pessoas, o "desgaste natural da matéria, o fascínio da antiguidade, a marca do tempo, ou pátina".[37] Mas, de uma forma repentina, o passeio resolve se deter sobre um pequeno grupo de pessoas. Acompanhamos lentamente sua evolução sobre os rostos das meninas, três ao todo, elegantemente arrumadas e vestidas com o mesmo modelo de vestido azul, que possui um pequeno e branco bordado como lapela. Nesta derradeira trajetória, acompanhamos com vagar os detalhes de cada um dos objetos, de cada uma das pessoas, até, finalmente, pou-

---

[37] Andrei Tarkovski, *Esculpir o tempo*. São Paulo, Martins Fontes, 1990, p. 66.

sarmos com o carinho necessário em um último rosto, que se encontra ao lado de um biombo também feito em vidros predominantemente azuis.

É um rosto quase adolescente, de traços muito finos e que deixa escapar um leve sorriso por entre seus lábios, reluzindo ao lado de seus cabelos muito loiros, separados ao meio de uma maneira um pouco displicente, em flagrante contraste com a formalidade excessiva que compõe a imagem que acabamos de ver de suas irmãs. Apoia seu queixo sobre a mão, enquanto seus olhos nos mostram um certo desalento pela espera aparentemente inesperada. Aschenbach abaixa levemente os olhos, como que envergonhado, escondendo-os e a si mesmo por trás de um jornal estrategicamente levantado à frente deles. Mas, atraído como um ímã, Aschenbach não consegue se furtar a retornar o olhar para o rosto daquele jovem, enquanto seus dedos traiçoeiramente começam a passear pelo queixo e pelos lábios, como a duvidar não só do que via, mas também de sua própria e inexplicável atração por aquela visão que atingia de forma incontrolável seus sentidos, aqueles sentidos sempre tão cuidadosamente protegidos e resguardados pelos seus retos e claros princípios.

Tomado por esta sensação estranha, Aschenbach não consegue disfarçar o seu ar profundamente aturdido pelo que observa sem conseguir se desviar, envolvido que está pela suave perfeição dos traços que compõem aquele rosto de uma beleza quase grega — por seu formato apolíneo, atraente e sedutor: um convite a se perder no "agradável prazer da contemplação das formas",[38] mas, também, pela tenra idade que ele resguarda e exala, por meio da qual se expressa a pureza que só aquele momento de uma sensualidade advinda de uma sexualidade ainda não muito definida poderia nos mostrar.[39] Esta percepção se redobra em detalhes de

---

[38] Friedrich Nietzsche, *El nacimiento de la tragedia*. Madri, Alianza Editorial, 1985, # 16, p. 133.

[39] Não conseguimos concordar com as interpretações de Ebert (*Ci-*

outros dois momentos do filme. O primeiro, quando Tadzio, sujo de areia da praia, é envolto pela governanta com uma toalha totalmente branca que em sua borda possui um padrão de estamparia que é extremamente semelhante aos detalhes geométricos retangulares, labirintos em linhas retas, muito usados pelos gregos na decoração de seus vasos. O segundo, mais insinuante e sugestivo, quando, em outra cena, Tadzio passa diante de Aschenbach, que está sentado em sua mesa na areia, enrolado na mesma toalha branca que está com um dos lados cobrindo seu ombro enquanto o outro passa por baixo de seu braço, colada ao corpo, numa alusão absolutamente inquestionável à maneira de se vestir os mantos na Grécia antiga.

Aschenbach imaginou, do alto de sua laboriosa experiência, não ter sido notado em nenhum dos momentos pelos quais seus olhos se pousaram naquele rosto de uma beleza para ele arrebatadora. Porém, ao olhar para a família que se levantou e que se afastava em direção à sala de jantar, foi pego de surpresa pelo jovem rapaz que, vestido de marinheiro e com as mãos fechadas às costas, se volta para ele e o olha diretamente, ao atingir a proximidade da porta pela qual em seguida se retira.

Ainda incompreensíveis, suas atitudes começam, no entanto, a serem reveladoras. Durante o jantar, não consegue retirar os olhos de Tadzio, tendo até mesmo afastado o vaso de flores que enfeita a sua mesa para poder apreciá-lo melhor. Envolvido pela atenção que lhe é demandada, lembra-se de suas conversas sobre o Belo com Alfred, que surgem como se fossem uma iluminação dos sentimentos que agora experimenta e que o fazem pensar sobre

---

nemania, 8/11/1995), que vê no filme apenas uma grande digressão sobre a homossexualidade, nem com Pauline Kael (*Cinemania*, 1995, CD-ROM, Microsoft), que vê em Tadzio um rosto andrógino. Estas duas abordagens sexualizam de uma forma unilateral a história, enquanto Visconti, na minha opinião, tenta captar exatamente a dimensão contundente da ambiguidade não só de sua imagem, mas também dos sentimentos de Aschenbach pelo belo e pelo masculino em sua forma nascente.

Imagens do entardecer

as suas próprias convicções.[40] Poderia mesmo o Belo ter surgido assim do nada, do puro acaso de uma combinação genética maravilhosamente realizada, mas que não demandou, na verdade, nenhum trabalho do espírito em sua elaboração? Mas, se negar esta possibilidade com fundamento em suas concepções artísticas, como explicar aquilo que ele tem sob seus olhos, para seu profundo deleite e prazer, fruto proibido do pecado e irresistível convite à paixão? Como explicar este súbito arrebatamento dos sentidos que não é fruto de nenhum trabalho ou exercício do espírito?

Os efeitos desta experiência inusitada vão logo se fazer sentir. Novamente, na manhã seguinte, o entrar de Tadzio na sala onde se serve o café da manhã se fará como se fosse uma aparição. Vestido com uma calça preta e uma blusa de malha branca, que se cola ao seu corpo franzino, senta-se à mesa enquanto seu olhar procura pela sala até encontrar-se com o de Aschenbach, novamente meio escondido por trás de um jornal, para, então, lançar-lhe um leve sorriso que, apesar de ser apenas esboçado em seus finos lábios, vai estourar com potência nos olhos e nos sentidos de nosso curioso compositor.

Seu andar modifica-se, e com ele sua postura, abandonando a forma quase arrastada com a qual se movimentava até então, para, em seguida, dirigir-se à praia onde continua a observar aquele que agora detém toda a sua atenção. Tadzio se veste, neste momento, com um maiô colante de listas finas, azuis, que deixa à mostra o torneado de seu corpo alongado e frágil. Este sinal de aparente fraqueza contrabalança-se com a posição de comando que assume em todos os lugares nos quais aparece. Nesta cena na praia, por exemplo, é chamado pelos amigos para orientar a colocação de uma ponte sobre a entrada de um castelo de areia. No café da manhã, é o único membro da família a quem é

---

[40] Como não lembrar aqui da memória involuntária de Proust, da "rememoração espontânea, em que a recordação é a trama e o esquecimento a urdidura"? Cf. Walter Benjamin, "A imagem de Proust", *op. cit.*, p. 37.

104   À meia-luz

permitido chegar depois de sua mãe. Na sala de espera do jantar, sua postura na cadeira, com os braços apoiados no espaldar, o que deixava as mãos tombarem displicentemente, enquanto suas pernas restavam abertas com descaso, contrasta com a de suas irmãs, todas sentadas com uma postura rígida, estudada e, além de tudo, exigida. Aschenbach levanta os olhos e sorri com imenso prazer ao avaliar que tão bela imagem só poderia se mostrar afinada com uma posição superior que lhe estivesse à altura.

Mais tarde, ao subir para o quarto, nova possibilidade. Seu constrangimento é evidente e toma conta de todo o seu rosto quando um bando de garotos invade o elevador rodeando-o ruidosamente. Seu olhar só muda de expressão quando, por acaso, ele percebe estar Tadzio ali com ele, a uma curta distância, quase como se pudesse tocá-lo, e a lhe sorrir suavemente quando a cumplicidade de seus olhares se encontram, para sua incontida alegria. Quando a porta se abre no segundo andar, Tadzio sai enquanto o olha profundamente, para ele e para dentro de sua alma, enquanto caminha de costas para depois se virar e desaparecer. Desaparecer apenas da vista, pois impregnado em todos os outros sentidos, faz Aschenbach recostar a cabeça sobre a porta de seu quarto que ele fechara rapidamente, como a tentar deixar do lado de fora aquelas sensações que se apoderam dele e que ele tenta, inutilmente, entender e controlar. Seu estado é uma mistura de vontade e desespero, que se expressa na água fria com que lava vigorosamente o rosto e desarruma os cabelos, antes de se jogar com o ar desesperado sobre uma poltrona que lá o espera. O desespero se expressa também na rapidez com que arruma suas coisas, enquanto se lembra novamente de Alfred afirmando ser a sua vida marcada por uma retidão moral que buscava um equilíbrio absoluto. Sua tentativa de fuga daquele lugar é inevitável, dividido que está entre os fundamentos de sua percepção do mundo e os sentimentos que o invadem, que ele pensou ter conseguido controlar em todos esses anos de ascetismo e comedimento.

Seu último sorriso de "vitória" sobre os seus próprios sentimentos se dá quando ele, ao cruzar com Tadzio na porta do restaurante, comenta para si mesmo que "foi tudo tão breve". Mas o acaso vai se interpor novamente em seu caminho, desviando--lhe as malas de destino e fazendo também com que o seu próprio destino tenha, finalmente, a chance de se fazer cumprir. A alegria contida na estação de trem, que toma conta de seu rosto por completo ao ser "obrigado" a esperar até que seu baú retornasse da cidade de Como, para onde havia sido enviado por equívoco, fará um estranho par com o rosto de um mendigo que, tomado pela cólera, cai no chão enquanto seu corpo treme sucessivamente sacudido pelos calafrios que o envolvem. Felicidade e morte. Novamente se juntam os indícios que associam, como no começo, sua vontade inconfessável de ficar com a possibilidade inevitável de contaminação, antes anunciada pelo barco preto que se aproximava, agora pelo homem doente que despenca pelo chão. Aschenbach parece, em um movimento contrário ao que desenvolveu em toda a sua vida, não querer dar mais as costas para o problemático, para o que o impele para terrenos não trilhados, desconhecidos e cheios de saborosas armadilhas, para o corpo e para os sentidos.[41] Relutando em seus desejos de escapar, encontra mesmo assim a razão lógica para ficar, o que justifica ao seu espírito o caminho a que o levam os seus sentimentos, até então sempre tão recolhidos e minuciosamente controlados.

Imagem crua de seu envolvimento final serão as volutas que Tadzio fará, à sua frente, na cobertura que liga o hotel à praia. É de manhã. Vemos Aschenbach caminhar a passos decididos pelo tapete que se estende em direção à praia. Mas ao perceber que Tadzio está ali à sua frente, conversando com dois amigos, Aschenbach diminui o seu passo olhando ligeiramente para o chão, até parar completamente em baixo do portal, sem saber

---

[41] Sobre esse "dizer sim" ao problemático e suas relações com o trágico grego, consulte Paulo Menezes, "A pintura trágica de Edvard Munch: um ensaio sobre a pintura e as marteladas de Nietzsche". *Tempo Social*, São Paulo, vol. 5: 1-2, pp. 67-111, novembro de 1994.

muito bem o que fazer, sem saber como disfarçar, para si mesmo e para os outros. Seu rosto é a expressão profunda da indecisão, que só se afasta quando com ela vão também os amigos de Tadzio que lá estavam. Pode então retomar o seu caminho, aproximando-se de Tadzio que começa a cruzar o tapete e o caminho à sua frente. Seu corpo se encolhe e seus braços parecem se cerrar sobre a pasta que carrega junto ao peito, aparentemente o último refúgio de seu coração despreparado para explodir através dele. Tadzio está com um maiô de listas finas que, agora, são vermelhas, da cor da paixão que vai lentamente tomando conta de Aschenbach, de seu espírito, de sua dignidade, de todo o seu ser. Um chapéu tomba ligeiramente inclinado sobre a cabeça de Tadzio. Ele, sem se voltar, parece pressentir de longe a presença de Aschenbach, pois, imediatamente, começa a fazer voltas em torno das pilastras, bem à sua frente, como um pavão que abre suas lindas penas para enfeitiçar os olhos que lhe contemplam. Aschenbach é obrigado a reduzir a velocidade de seus passos, já totalmente vacilantes, para não correr o risco de trombar em Tadzio, de tropeçar sobre ele. Percebendo sua aproximação, Tadzio o fita profundamente nos olhos, cruza o tapete e vai dar outra volta na pilastra que se encontra do outro lado, atraindo para si como um magneto o andar capengante de Aschenbach. Ainda não satisfeito, cruza novamente à sua frente, como se estivesse terminando um desfile para ele e no qual pode, em sua última passada, quase permitir que ele o toque, que seus corpos se toquem, antes de sair correndo infantilmente em direção à areia. Aschenbach é obrigado a dar uma parada em seus passos, tropeçando no próprio ar, para ficar depois ali, apoiando-se ele mesmo no pilar para não cair ao chão. Suas pernas, que perderam completamente o controle, fraquejam, como o faz seu coração, enquanto Tadzio parece ter levado gentilmente com ele suas últimas forças e suas últimas resistências. Esta dança suave de sedução — que ele executa com maestria deixando-se ver em exibição com a naturalidade de quem o faz por saber das emoções que evoca, com sua sinuosidade envolvente e sua promessa oferecida para ser no último momento recusada,[42] deixando no final ali prostrado o nosso compositor sem qualquer fôlego para continuar o seu caminho e sua vida — marcará a inflexão definitiva que tomará conta do corpo e da alma de Aschenbach, como a ária suave que naquele momento se canta e que penetra nossos ouvidos sem que contra ela nada possamos nem tentemos fazer. Vê-se, tomado de tão complexos sentimentos e sensações, obrigado a mudar a direção de seu trajeto, para esconder-se e apoiar--se envergonhado atrás das cabines de praia onde, em um dado momento, respirando fundo e retirando os óculos, aperta seus olhos como a se convencer de que aquilo mesmo pudesse estar acontecendo com ele, com o homem que não se permitia sentimentos, com o homem de uma rigidez moral calculada tão criteriosamente quanto o eram os acordes de sua própria música.

Naquela noite, novamente, seu passado ressurgirá como um momento de seu presente, embalado por um dedilhar desajeitado no piano que vai unir temporalmente dois momentos tão distantes e tão inesperados de sua vida. Ouvimos primeiro a música, *Pour Élise*,[43] antes que possamos ver de onde ela emerge, a sala de espera do hotel onde todos se encontram antes do jantar. Aschenbach entra no ambiente cautelosamente para, após ser atraído pela música que o envolve, poder ver ao piano que é Tadzio quem a executa. Seu rosto se contrai acentuadamente, tomado por lembranças vivas que esmagam seu presente como outrora haviam esmagado o seu passado, reação inesperada que ele tenta a todo custo disfarçar, perguntado ao gerente do hotel que por ali passava

---

[42] Para um interessante estudo sobre as artimanhas da sedução, veja-se *Psicologia do coquetismo*. In: Georg Simmel, *Filosofia do amor*. São Paulo, Martins Fontes, 1993, pp. 93-111.

[43] Não deixa de ser irônico que esta música, dedilhada por Tadzio e por Esmeralda de maneira tão sofrível, o que deve ser ainda mais acentuadamente ruim para os ouvidos de um maestro como Aschenbach, ligue-o justamente aos dois amores complexos de sua vida, às suas grandes e definitivas torturas.

sobre uma epidemia que diziam assolar Veneza. Visconti associa novamente as tentações que incomodam e confundem Aschenbach com as possibilidades de queda em um mundo dos sentimentos, do perigo iminente de sua contaminação, de sua perda do controle de si. O compositor não obtém qualquer sucesso. Em ambas as tentativas, pois a música continua sendo ouvida e na cena seguinte o vemos sentar-se em um sofá, ao lado de uma mulher gorda, vestida apenas com as roupas de baixo, com as pernas abertas e com meias azuis-escuras. Estamos em outro lugar, em outro tempo. Um grande espelho na parede nos mostra outra senhora abrindo uma porta e chamando por Esmeralda, que está ao piano, tocando a mesma *Pour Élise*. Aschenbach se levanta e vemos a seguir seu rosto aparecer ao lado do batente da porta daquele quarto, meio escondido, olhando detidamente para as costas daquele outro piano, o piano da possibilidade de sua inflexão anterior.

A imagem nos mostra um suave movimento de cabeça por trás dele, e um coque que se inclina para a direita antes de podermos finalmente vislumbrar o rosto ao qual pertence, e que se mostrará, como o faz o dele, apenas pela metade. É somente no próximo compasso que aquele rosto se dará totalmente a olhar, portando, além disso, um leve sorriso nos lábios que o convidam a entrar, e que vai finalmente convencer seu olhar pensativo e vacilante, expressão patente de sua vontade aplacada e de seu espesso desconforto interior. Esmeralda se levanta e anda em sua direção, pois ele continuava ali estático ao pé da porta, colocando a mão de leve em seu ombro para, com o pé, bater a porta às suas costas. Voltando-se para o espelho, retira a blusa vermelha ficando apenas com um corpete. Aproximando-se de seu rosto, passa suavemente o braço em suas faces, colocando a mão com cuidado em seus cabelos e esboçando um leve e tímido sorriso recolhido, a um só tempo carinhoso, amável, gentil e apaixonado. Isso nos mostra não estar acontecendo ali apenas uma relação casual entre um cliente e uma moça, mas algo de dimensões e implicações muito mais profundas. Vemos surgir, por baixo da imagem, a mão vacilante de Aschenbach que se dirige tremendo

Imagens do entardecer

para o seu rosto, para, apesar do esforço, não conseguir tocá-lo, expressando o interdito de sentir e de manifestar quaisquer sentimentos. Nada vemos acontecer até que a imagem se desloque novamente sobre o rosto da moça. Seus cabelos estão desfeitos e escorrem encaracolados sobre os ombros. Mas sua expressão está mudada. Seu olhar para o lado e para baixo deixa transparecer uma certa apreensão e tristeza que lhe tomam as faces e que alteram a imagem que nos era mostrada, como podemos ver quando a câmera se afasta, por aquele espelho que pende ao lado da sua cama. Ela está lá deitada, com as pernas abertas e os pés cruzados, em meio às anáguas que lhe cobrem totalmente o corpo, mas que ao mesmo tempo a fazem parecer uma *Olympia* viscontiana. Sua meia é especial, com grossas listas alternadas azuis e brancas, com babados a prender as coxas. Ela olha para ele que está de pé, caminhando para o seu lado e depositando um maço de dinheiro sobre o seu criado-mudo. Ela lhe dá mais um sorriso, mas ele continua sem dizer uma só palavra, perdido em um silêncio que parece lhe corroer o espírito. Em seu último ato, ela segura a sua mão suavemente, mas ao mesmo tempo com alguma firmeza, como a querer retê-lo ali para sempre, como a querer fazê-lo deixar-se levar por seus sentimentos, que o atingem mas que, entretanto, também o afugentam. Vemos apenas sua mão, esforçando-se para se soltar, e a porta daquele quarto se abrindo para que Aschenbach consiga sair após desvencilhar-se de seu aperto; com o olhar incerto, lá deixando Esmeralda, sentada solitária na cama. Seu olhar cabisbaixo, ainda mais entristecido, faz-nos perceber a dimensão e a importância do que acabou de acontecer. A imagem volta-se para Aschenbach, que recosta seu rosto, apertado entre as mãos no batente da porta, como havia feito no hotel, pensativo e amargurado, para depois abri-la e sair, sair dali, mas também sair da vida de Esmeralda para sempre. Porta repleta de espelhos quadrados que refletem não a sua imagem de hoje, mas, justamente, o seu desdobramento, o seu passado e presente em imagens que se parecem sem se recobrir, que se assemelham sem se superpor. Esta cena é extremamente significativa para que possamos compreender as profundas implicações e desdobramentos que possuem as atitudes e os princípios de Aschenbach. Não só pelo espanto que nos causa termos visto Aschenbach, tão reto de caráter e de comportamento, sentado no sofá na sala de um bordel, mas, e principalmente, por presenciarmos a angústia e a dúvida que lhe acompanham a decisão da qual ele não parece ter uma inelutável certeza. Além disso, também, por percebermos que esta, com Tadzio, não é a sua primeira encruzilhada afetiva, seu primeiro momento de tentação, vacilo e dúvida. A imagem doce de Esmeralda contrasta com o ar pesado e pensativo de Aschenbach. O seu passado se torna presente no momento em que o presente coloca as mesmas questões e os mesmos impasses de outrora. Ouvimos uma música e vemos por sons e imagens um reencontro de paixões que só a memória poderia nos possibilitar, poderia nos fazer sentir. Se nos lembrarmos daquele navio no qual Aschenbach chegou em Veneza, e que se chamava também Esmeralda, finalmente podemos compreender ao que ele estava nos levando, ao que ele remetia. Ao chegar pelas mãos de uma Esmeralda, Aschenbach se reencontra com a de outrora pelas mãos de Tadzio, sua esmeralda de agora. Dentro daquele quarto, no outro piano, está a primeira Esmeralda, a primeira passagem para uma viagem que Aschenbach se recusou a efetivar. Levado pela segunda ao seu destino final, sem que ele disso tenha se dado conta, Aschenbach agora se vê novamente frente aos impasses dos quais tentou incessantemente escapar. Porém, desta vez, a atração por Tadzio será mais forte e suas resistências muito mais frágeis. Aschenbach se vê, de maneira incontornável, tomado pelo irrecusável. A paixão, tantas vezes afastada, desta vez parece persegui-lo e não querer mais deixá-lo em paz.

As imagens que nos vêm de seu passado não nos são mostradas como os tradicionais *flash-backs* do cinema, como uma rememoração de algo distante no tempo e no espaço, que viria agora apenas iluminar e esclarecer algo obscuro que deixamos para trás perdido no tempo. Elas surgem, ao contrário, como uma evocação, como um reviver e um reexperimentar constante das dores do passado no presente que vão readquirir, aqui, uma outra dimensão significativa.

É neste registro, também, que nos é mostrada a morte de sua filha,[44] aparentemente o momento de ruptura com o mundo das sensações e o momento de início da reclusão definitiva de seus sentimentos. Da mesma forma que o são as conversas sobre arte, que ele tem com o amigo Alfred: arte — absorção ou abstenção dos sentidos, da sensualidade. Vai ser também através deste mesmo artifício que o enigma terá as chances de se desfazer, dando-nos a dimensão crucial de sua relação com as pessoas e com o mundo.

A partir deste momento Aschenbach está lançado à sua própria sorte. Ele ainda tem a chance de repetir os mesmos trajetos de outrora, de continuar a sua fuga magistral em direção a uma perfeição que ele já atingiu em sua obra, matando-a, como veremos. Mas o destino desta vez não parece estar mais disposto a lhe dar escapatórias e, naquela mesma noite após o jantar, no momento em que caminha apreensivamente pela varanda lateral do hotel, ao cruzar-se novamente com Tadzio que por ali passeava, Aschenbach finalmente teria de reconhecer para si mesmo as desventuras que seu coração inadvertidamente lhe havia propiciado, justamente quando parecia que nada mais em sua vida o levava para lugar algum. Contaminado por um sorriso singelo e arrebatador que Tadzio lhe lançou ao passar, saindo de um lugar escuro que mais parece o desdobramento da escuridão que assola e que confunde Aschenbach, ele aperta os braços em volta de seu próprio corpo, como havia feito em outro momento com a sua pasta, para ir sentar-se rapidamente em um banco no jardim, sem fôlego, sem forças, sem controle, sem saída. Neste momento, de

---

[44] No livro, quem morre é a sua esposa. Muitas diferenças existem entre a história do livro e a que o filme nos mostra. Como apenas estamos preocupados com o que se transformou em imagens, não nos interessa discutir a propriedade e as implicações destas modificações. São duas linguagens diferentes que surgem e articulam momentos e efeitos que não se igualam nem se recobrem.

profunda e intensa agitação sentimental interna, com a imagem fixa em suas feições que parecem ainda mais tomadas pelo tempo, Aschenbach diz para si mesmo, com a voz embargada, que Tadzio... não deveria sorrir assim para ninguém.[45] E, com o rosto aturdido e transtornado pela sua derradeira descoberta, com o olhar perdido na escuridão, com as mais intensas dificuldades que lhe apertam e estraçalham a alma, Aschenbach finalmente consegue confessar para si mesmo o inelutável: "Eu te amo...".

Este é o momento derradeiro que marca a contaminação de Aschenbach pelos sentimentos dos quais ele tanto tentou fugir. Não é por acaso que a cena que segue a esta se passe exatamente dentro de uma igreja onde Aschenbach olha furtivamente a Tadzio no momento da comunhão, em meio a um cenário repleto de inúmeras velas que tomam o ambiente com uma luz ocre, ao mesmo tempo que o deixam cheio de reflexos. União complexa entre a expiação e o "pecado", entre o desejo inconfessável e a absolvição de sua abstinência e castidade anterior.

Este amor marcará também um triplo movimento que ele, a sua imagem e a imagem de Veneza começarão a percorrer. A partir deste instante, inebriado pela sensação que lhe entorpecia o espírito, Aschenbach passará a seguir Tadzio por todos os lugares por onde ele anda. Vemo-lo passeando pelas estreitas ruas que cortam os estreitos canais de Veneza, com suas irmãs e sua governanta, sempre andando um pouco mais lentamente para ficar para trás e permitir que Aschenbach o siga sem ser muito

---

[45] Thomas Mann descreve assim este sorriso inebriante: "sorriu para ele, falando, íntimo, gracioso e sem rodeios, com lábios que no sorriso se abriam lentamente. Era o sorriso de Narciso que se debruça sobre o espelho de água, aquele sorriso profundo, encantador, prolongado, com o qual estende os braços para o reflexo de sua própria beleza — um sorriso ligeiramente desfigurado, desfigurado pela inutilidade de seu desejo, de beijar os lindos lábios de sua sombra, galante, curioso e ligeiramente atormentado, seduzido e sedutor". Cf. Thomas Mann, *Tônio Kroeger/A morte em Veneza*, *op. cit.*, p. 143.

Imagens do entardecer

percebido, para poderem trocar seus olhares furtivos sem a presença incômoda de testemunhas. Mas, ao mesmo tempo, vemos os muros e pontes serem aspergidos por um líquido leitoso e branco, um desinfetante qualquer, que tenta dar conta da epidemia que parece tomar conta de tudo e sobre a qual ninguém fala. É curioso perceber que a contaminação pelo amor de Aschenbach acompanha a contaminação pela cólera de Veneza, que se desdobram na contaminação também de sua própria imagem, do que vemos de seu rosto e corpo, as três levando inevitavelmente e irremediavelmente à morte. A partir deste momento, Aschenbach não poderá mais, mesmo que queira, alterar o rumo dos acontecimentos que atingem a sua vida. Nem da cólera, nem da paixão. Entretanto, e ao mesmo tempo, sua decrepitude será, também, o seu próprio renascimento.

A cena noturna que nos mostra a invasão do jardim do hotel pelos quatro cantadores é mais um sinal desta contaminação que abraça Aschenbach implacavelmente por todos os lados. São músicos que apresentam uma imagem contrastante e destoante com a nobreza do ambiente em que se encontram. Suas roupas são puídas e ordinárias, e a música dissonante que tocam contrasta com as calmas sinfonias e peças que ouvíamos até então. A imagem de seu cantador principal é não menos estranha, com seu colete apertado e seu dente pintado de preto. Seus atos são rudes e grosseiros, causando naqueles hóspedes algumas risadas apenas demonstradoras de compaixão e condescendência. Mas é indisfarçável o mal-estar que causam a cada passo que dão. Quando se aproximam da mãe de Tadzio, esta respira mais fundo ao sentir que ali se encostava um daqueles cantadores. Quando este se aproxima de Tadzio, que se encosta no parapeito da varanda bem em frente de Aschenbach, sua reação de repulsa é muito mais evidente, não sendo ainda tão trabalhada por meio da educação como o foi a de sua mãe. Tadzio vai simplesmente recuar o corpo, como por instinto de preservação, olhando nitidamente na direção de Aschenbach em sinal de aflição e ao mesmo tempo como se enviasse um pedido silencioso e imediato de socorro urgente.

A reação de Aschenbach em relação ao que o invade não deixará de ser, também, extremamente incomum e especial. Na agência do banco, quando finalmente o gerente apesar de temeroso demonstra a dignidade de lhe confessar o que já era evidente para todos, menos para os turistas, o rosto de Aschenbach, ao contrário do que seria de se esperar, vai se iluminando e se enchendo de vida, ao mesmo tempo em que vai ouvindo o trajeto da disseminação da cólera que naquele momento avassalava Veneza. Experiência nova para ele, a sua decaída é também, e ao mesmo tempo, a sua ascensão, à qual ele parece se entregar com prazer, com um prazer definitivo de cair no amor que lhe envolve os sentidos e que lhe tira o controle de sua própria vida. Amor, que é a morte de seus princípios, que é a morte anunciada de sua própria vida. Uma cena nos comprovará isso de maneira exemplar.

Vemos agora uma Veneza diferente, pois todas as ruas nos dão mostras de sua decadência e deterioração, tomadas que estão por fogueiras que queimam incessantemente os dejetos ali deixados, pelas marcas dos venenos que se derramam por suas paredes e se empoçam em suas ruas, pelo lixo que se espalha por todos os lados, como a expressar na imagem visual do próprio ambiente o que tomava conta invisivelmente de todas as pessoas, a contaminação da cólera para alguns, a contaminação do amor para Aschenbach e Tadzio. Ele continua a segui-lo novamente pelas ruas, já não demonstrando ter os mesmos cuidados que tomava antes, mas mesmo assim escondendo-se por trás das colunas das casas e das esquinas, tentando ingenuamente esconder-se de todos, mas como a esconder-se também de si mesmo. Acaba sendo visto pela governanta da família, que acompanhava as crianças em seu passeio, e para a qual se trai de maneira indisfarçável ao recuar inadvertidamente seu corpo quando ela o olha, suando sob o colarinho branco de sua camisa e já com o andar novamente cansado e cambaleante. Pela primeira vez anoitece, sobre Veneza e sobre Aschenbach, que segue Tadzio sem cuidado, mas com paixão, como alguém que se atira já sem medo e sem disfarces sobre a própria volúpia, sobre a própria moral. Tomado pelo cansaço, termina seu percalço sentando exaurido no meio daquela sujeira, ao lado de uma cisterna no centro de uma pequena praça, abrindo finalmente aquele colarinho que lhe incomodava a garganta, duplo de um incômodo muito mais profundo e destrutivo, mesmo que redentor. Seu olhar cansado e angustiado começa lentamente a transformar-se em um sorriso indeciso, para converter-se, então, em gargalhadas que ele solta ao ar e que atestam, inelutavelmente, que Aschenbach está definitivamente contaminado da maneira mais profunda, mais indelével e mais avassaladora. Só que, desta vez, ele se entrega a esta contaminação com o prazer, com a paixão, com a emoção que ele escondeu durante todos aqueles anos, e que valeram a obra de arte perfeita, o equilíbrio perfeito, que fizeram o homem e o artista transformarem-se em um só, uno, mas ao mesmo tempo, morto. Tadzio revela em seu próprio rosto a sensualidade indubitável que faltava à sua obra, à sua música, mas da qual só agora ele, velho e contaminado, consegue dar-se conta. Sua queda é também a sua redenção. Ele está ébrio, como aquele velho patético do começo, mas ébrio de amor. Pensamentos que o lembram que a sua castidade era inútil em sua luta contra a contaminação, pois ela só faria sentido se viesse da pureza e não apenas da recusa. "E não há em todo o mundo impureza tão impura quanto a velhice", lhe disse Alfred. Que além de tudo, agora, comparada à imagem adolescente, radiante e iluminada de Tadzio, torna-se ainda mais impura, mais opaca, mais velha.

Neste momento, os compassos se invertem, os sentimentos tomam conta de seu ser e podem até mesmo o levar ao fim. Vida e morte finalmente se unem. Mas agora Aschenbach não mais se importa. Ele se deixa tomar por eles sem resistir, sem lutar, ou, até mesmo, ao contrário, lutando para mergulhar cada vez mais neles, para se entregar a eles, como nunca havia feito antes, descobrindo o prazer na contaminação, na velhice, na pureza de um amor impuro, no amor por um quase adolescente, atraído de uma maneira incontestável e irremediável pela doença, pelo mal, pelo pecaminoso. Aschenbach não deixa de ser coerente com os seus princípios mais arraigados, pois, até em sua queda, em sua ascensão, ele busca ser perfeito, como o é também o rosto de Tadzio.

O que é interessante ressaltar é que o movimento de ascensão da paixão de Aschenbach é acompanhado, ao mesmo tempo, pelo movimento radical de queda de sua própria imagem. Para, por fim, transformar-se no que inicialmente ele olhou com desprezo, naquele velho no barco de sua chegada. Sua paixão vai aumentando, e o mundo à sua volta vai se desmanchando. A Veneza onde ele chegou, com suas lindas e sinuosas ruelas que perpassam e recortam os seus canais, sem quaisquer barulhos que não os dos pedestres que por lá caminham, interrompidos apenas pelos eventuais barcos e lanchas que por ali podem passar, vai se transformando de uma maneira assustadora com o passar dos minutos e com os desdobramentos de seu amor. A deterioração visual vai se construindo calmamente, primeiro com os desinfetantes leitosos que vão sendo espalhados pelas ruas, depois com os cartazes que vão sendo colados em todas as paredes para, por fim, tomar conta de todas as vielas, inicialmente claras e limpas, onde agora se acendem fogueiras em meio a um lixo espalhado por todos os cantos. Isso tudo vai nos dar a sensação de total degeneração, expressão visual do beco sem saída espiritual no qual se encontrava nosso compositor.

A própria imagem de Aschenbach vai se transformando com o passar do tempo, vai cada vez mais se desalinhando. Doentia desde sempre, mas austera como seu comportamento, essa imagem vai sofrer uma mutação fundamental a partir do momento que ele confessa para si próprio o amor que sente pelo jovem Tadzio. O tempo o atinge, não mais como um suave envelhecer e sim como uma lufada de vento que deita por terra todas as possibilidades de retorno à sua imagem "correta" anterior. Após uma passada pelo barbeiro, ele se transforma no duplo imperfeito de sua maturidade perdida, na falsa imagem de si mesmo. Seu cabelo recebe o negro de uma tintura a esconder alguns cabelos brancos que lhe tomavam a cabeça. Seu bigode, antes espesso, é recortado de maneira a afinar em ponta, com um ligeiro e ridículo

Imagens do entardecer

retorcido para cima. Suas faces são cobertas por um pó de arroz branco, o que lhe dá um aspecto cadavérico, em contraste com o vermelho vivo do batom cuidadosamente passado sobre seus lábios. E, como que a terminar, a faixa de seu chapéu, que desde o começo do filme era preta e sóbria, é substituída por uma outra, vermelha, cor de sua paixão, mas também de seu inferno. Sua gravata também se altera, tornando-se vermelha, com um brilhante que lhe adorna o meio e que reflete a impropriedade de sua participação. É como se, em sua última recaída, transformasse sua própria imagem em um desdobramento da perdida busca do controle, por meio de sua "beleza" reconstruída. Ao tentar se mostrar belo, e jovem, pelo artifício de um recobrimento, parece não querer perceber que sua própria história estava lhe mostrando a inutilidade de suas teorias e de sua busca em atingir o Belo apenas por meio de uma laboriosa construção do espírito. O Belo estava lá, à sua frente, fruto de um acaso impensado, atraindo-se por ele em sua velhice natural, o que comprovava a inutilidade de toda tentativa de modificar o que se mostra como tal e que, como era, também possuía a sua beleza, mesmo que impura. Entorpecido em seus sentidos, ao olhar-se no espelho não percebe ter-se transformado em um reflexo invertido de si mesmo. Unidade final entre amor e doença. Unidade perfeita entre imagem e sentido, expressão completa de um dizer sem falar.

No meio do filme, Visconti, com pena do espectador, diz em palavras o que os nossos olhos estão sempre descortinando. Sua reconstrução temporal, sua e de Aschenbach, parte de um dilema essencial. O mistério da ampulheta.

Conversando com seu amigo compositor, Aschenbach chama-lhe a atenção para o movimento curioso do escoar do tempo em uma ampulheta, como vimos. Fino orifício, permite a passagem de uma quantidade tão pequena de areia a cada vez que se a olhamos sem parar temos sempre a sensação de que o tempo está parado, de que nada se escoa. Até que, subitamente, sem que nós nos déssemos conta, de um só golpe, a areia, e o tempo, chegam ao fim. Paráfrase de nós mesmos e de nosso tempo, este tempo de Visconti é um tempo ardiloso. Só percebemos que ele está no fim quando não há mais tempo para se fazer nada, quando ele nos mostra decisivamente a inutilidade desta nossa última descoberta, que só se dá precisamente no momento em que não temos mais tempo, em que não temos mais nada. Se a busca de Aschenbach é melancólica, pela indeterminação de pressupostos que vão aos poucos sendo constituídos pelas descobertas do amor, e principalmente daquele amor, no momento em que aparece algo que poderia finalmente transformar os descaminhos de suas trajetórias na inflexão de sua existência, seu tempo ironicamente se esgota e, com ele, também, esgota-se o tempo de suas buscas e as possibilidades de suas transformações.

Aqui, podemos ver o artifício cruel da inversão de expectativas que Visconti nos propunha desde o começo do filme. Aschenbach, que deveria estar partindo, para o descanso, na verdade estava chegando, para o amor. Mas chegava, ao mesmo tempo, para uma curta e última viagem, pelos sentimentos. O que aparece para nós como um começo, a percepção da beleza no sensual, eternamente negada por Aschenbach em sua música, bem como em sua vida, e que se realiza por meio da descoberta da paixão e do amor que ele sente por Tadzio,[46] vai ser, ao mesmo tempo, a realização mais cabal de sua própria impossibilidade, não só por serem quem são, pelas suas diferenças, homem e adolescente, relação duplamente impura para Aschenbach, pela velhice e pela homossexualidade, mas, e principalmente, pelo fato crucial de que ele chegou, como sempre, tarde demais, quando o tempo de que dispõe já não lhe dá mais tempo para fazer nada.

Não temos mais tempo de viver, não temos mais tempo de nos arrependermos. O barco que o traz para Veneza possui o misterioso nome de Esmeralda. Demoramos muito tempo para nos

---

[46] Deleuze nos diz ser este momento o da revelação sensível e sensual de uma unidade entre Homem e Natureza. Cf. Gilles Deleuze, *L'image-temps*. Paris, Les Éditions du Minuit, 1985, p. 126.

darmos conta de sua relação com a nossa história. É o barco que transporta Aschenbach para um novo espaço e que vai se mostrar também ser um novo tempo. É o barco que vai lhe propiciar sua última descoberta, o encontro do Belo e o redescobrimento do amor, tantos anos encoberto a partir da outra Esmeralda, por razões que nos são (e o são também para o próprio Aschenbach) e permanecerão desconhecidas, por mais que possamos pressupô-las a partir dos conceitos propugnados por Aschenbach.

Todas estas descobertas só poderiam terminar na mais profunda dor, na dor de descobrir que o inatingível não o é, só que tarde demais, quando já não mais há tempo para se fazer nada, quando a descoberta do amor só pode ser melancólica por atestar a possibilidade da existência do sentimento, ao lado do reconhecimento cruel da impossibilidade de sua realização.

A cena que finaliza o filme é exemplar e nos mostra as imagens derradeiras desta profunda incapacidade. Aschenbach, após saber na recepção do hotel da partida iminente de seu amado, arrasta-se cambaleante para a praia com a intenção de ver, pela última vez, aquele que fez renascer em seu coração uma chama que há tanto tempo se apagara. Senta-se em uma cadeira no meio da areia, deixando sua pasta tombar ao chão, enquanto olha Tadzio brigar com um daqueles garotos que o acompanhava nas brincadeiras durante aqueles dias. Tenta em vão levantar-se, mas não consegue, enquanto seu rosto é tomado pela imagem da desolação, reflexo inquestionável de sua própria impotência, de ajudar, de amar. Seu rosto começa a tremer enquanto de suas costeletas podemos vislumbrar a espessa tinta preta que começa a escorrer de seus cabelos e lhe cortar a face.

Senta-se, largado, com os braços tombados, enquanto olha Tadzio ao longe caminhar lentamente em direção ao mar, até parar com a água a tocar-lhe à altura dos joelhos. Sua imagem se confunde e se funde com os reflexos do sol na água, transformando o jovem amado de Aschenbach em uma visão quase impalpável daquilo que de fato Tadzio já era para ele. Sua desagregação interna vai transformando-se na desagregação externa de sua própria visualidade. Sentado sob o sol, sentimos em nós o calor que vai tomando conta de sua existência, como se fosse o desdobrar do calor que havia tomado conta de seus sentimentos e o lançado àquela paixão, ao amor de Tadzio. Mesmo sendo este amor um amor que nunca se permitiu o toque, pois o único momento em que Aschenbach se permite encostar em Tadzio, ele o faz apenas em sua própria imaginação.[47] Amor que é a um só tempo apolíneo e platônico. Amor que faz com que a imagem de Aschenbach vá transformando-se na própria imagem do tempo que escoa e que nesse escoar leva com ele também o nosso tempo, com suas marcas e seus detalhes, com o assombro de tomarmos consciência de que, naquele momento, nosso presente se apresenta como a impossibilidade do futuro, como a impossibilidade de qualquer futuro.

Quando a câmera retorna para o seu rosto, vemos a tinta de seu cabelo escorrer grosseiramente por baixo de seu chapéu e marcar angustiantemente as suas faces gotejantes de suor, enquanto seus lábios pintados de vermelho vão se tornando tão pálidos quanto elas. A deterioração de seu ser toma conta de toda a imagem que nos é mostrada e que se deteriora junto com Aschenbach. A tinta de seus cabelos continua a escorrer sobre suas faces, enquanto ele até tenta levantar-se para apreciar Tadzio. Seu rosto já é a expressão de suas forças que se esvaem, o que contrasta ainda mais com a rosa amarela que porta caprichosa e desoladoramente em sua lapela. Uma máquina fotográfica que está ali esquecida por todos parece querer nos lembrar que o tempo não se paralisa, que o seu escoar é inelutável e que o tempo de Aschenbach é, também, o nosso próprio tempo. Quando Tadzio volta-se para ele e, com uma mão na cintura, aponta para o infinito, o destino então se torna inevitável. A eternidade termina hoje, inelutavel-

---

[47] No momento em que se imagina avisando a mãe de Tadzio da contaminação de Veneza e implorando para que ela parta imediatamente e o leve, junto com a família, para longe dali.

mente. Já sem forças nem para levantar o braço trêmulo, Aschenbach vai desfalecer enquanto sua imagem acaba de se derreter às nossas vistas. Seu tempo, como o da ampulheta, cruelmente terminou, dissolveu-se como dissolveu-se a sua imagem, para nós e para ele mesmo. Já não há, agora de maneira definitiva, mais nenhum tempo para se fazer absolutamente mais nada. O homem que um dia havia unido vida e obra terminou por conseguir unir o que dele menos se esperava: amor e morte. Sua última e derradeira sinfonia, sua obra sensual, foi também e ao mesmo tempo sua obra mais bela e mais perfeita. Insuperável de maneira definitiva, pois que coroada pelo amor que carregou consigo a sua própria destruição.

4.
IMAGENS DO NOVO E DO VELHO
(*Último Tango em Paris*, Bernardo Bertolucci, 1972)

Desde o início, em sua abertura, o filme de Bertolucci tem já o poder de ir nos causando alguma apreensão. A música forte e introspectiva de Gato Barbieri constitui uma estranha composição com o desfile das inquietantes pinturas dos corpos retorcidos de Francis Bacon, que acompanham os letreiros.

Um barulho de trem ensurdecedor cobre esta música quando a primeira imagem do filme surge aos nossos olhos. Tomada de cima, vemos uma pessoa de costas que tampa os ouvidos e, inclinando a cabeça para trás, grita em meio a todo este barulho: "*Fucking God!*". A câmera desce sobre sua cabeça, cortando para a imagem de um trem de metrô que passa sobre uma das pontes suspensas sobre o rio Sena, para retornar sobre este rosto, que se inclina para a frente tentando inutilmente escapar daquele barulho que o atormenta. Quando retira as mãos da cabeça, percebemos um rosto cansado que porta um olhar baixo e perdido, com os cabelos desarrumados que balançam ao sabor do vento, enquanto este homem recomeça sua caminhada lentamente, aparentemente sem destino prévio. Seu olhar é profundo, desiludido. Seu corpo caminha sem vontades, parecendo se mover apenas porque não pode mais ficar parado. Podemos, agora, vislumbrar o espaço pelo qual anda, por baixo de uma ponte metálica, com suas colunas que se afastam e que separam esta passagem das ruas que a ladeiam. Todo este ambiente é um pouco confuso, o que reforça a apreensão em torno do homem que por ali caminha. Vestido com um casaco bege, sobre uma calça preta, encolhe o rosto e aperta os lábios, enquanto suas mãos, que agora se encontram em

seus bolsos, abrem a capa como a se perguntar o porquê de alguma coisa que seguramente o incomoda. Sua imagem chama a atenção, não só a nossa, mas também a de uma jovem que por ali está
passando. Vestida com um casaco branco, com a lapela em peles
a envolver-lhe o pescoço, segurando levemente um chapéu preto,
ornado com três flores, duas rosas e uma azulada, não consegue
deixar de voltar-se para trás, diminuindo o passo, para olhar com
vagar este homem que parece tomado pela dor. Continua seu
caminho, e, marcada pelo que viu, seu rosto passa também a demonstrar uma certa inquietação, no olhar pensativo, nos lábios
entreabertos, na cabeça que se volta para o chão. Jovialidade,
velhice. Alegria, desespero. Desde este primeiro momento, alguns
elementos nos são jogados, em direção à constituição de um con-
flito visual e sonoro que nos permita perceber o que sente o personagem vivido por Marlon Brando. Aquele barulho, do qual ele
tenta inutilmente fugir, provém de dentro de sua história, que ele
tenta matar como um passado. Seu grito, entretanto, coloca-nos
em um outro campo de questionamentos valorativos. Ao se refe-
rir a Deus com esta expressão pouco respeitosa, marca sua posição em relação a uma determinada perspectiva de mundo que
obviamente não é a sua.

Nada mais estranho do que este primeiro encontro — o que
só poderemos saber depois — que já parece ter reunido misteriosamente os dois personagens principais de nossa história. Ligados
pelo acaso e por um silêncio que terá muita dificuldade em se
dissipar. As estranhezas continuam. Um carro do esquadrão antibombas está estacionado ali ao lado da ponte, e um de seus guardas olha para a moça que passa, da qual ouvimos apenas o sons
dos passos, enquanto alguns pedaços de papel picado caem sobre ele. Seu andar, rápido e faceiro, faz com que ela tenha de pular
rapidamente sobre a vassoura de um gari que por ali trabalha. Sua
imagem, agitada e jovial, contrasta violentamente com a daquele
homem que segue seu caminho a passos lentos. Ao olhar suavemente para cima, podemos vislumbrar o brilho singelo de uma
lágrima que parece ter fugido pelo meio de seus olhos, antes que

ele os levante para um edifício, antigo, de esquina. Vemos de perto suas janelas, os andares que descem, e a jovem que se encontra parada em frente à sua alta porta — desenhada em ferros que nos deixam ver seus vidros amarelos-ocre — olhando para cima e ainda segurando seu chapéu. Ela se aproxima e toca a campainha. Só que, antes de esperar que alguém apareça, sorri para si mesma e desce as escadas que existem ali ao lado para entrar em um *bistrô*. Seu rosto, arredondado, tem um ar primaveril, como seu chapéu. Sua rapidez e sua pressa, com que vai de um lado para o outro, mostram-nos uma certa impaciência. Parece querer tudo, e logo.

Procura um telefone. A cabine, também, tem em sua porta um grande vidro amarelado. Podemos vislumbrar, através dele, apenas uma imagem difusa de um pedaço de capa que se dobra sobre um joelho. Um corte abrupto nos mostra uma dentadura superior sendo limpa por uma escova sob o fio de água que escorre de uma torneira aberta. O rosto pensativo da jovem reaparece, enquanto vemos um senhor de óculos recolocar em sua boca aqueles dentes postiços. Novamente vemos o rosto da jovem que, ao olhar para um espelho, estufa as bochechas e franze o nariz, enquanto aguarda a sua vez para falar ao telefone. A porta se abre, e de lá sai aquele homem que já havíamos visto anteriormente, sob a ponte. Esta junção constante de elementos, aparentemente dissonantes, deixa-nos na expectativa de uma recomposição de suas vidas, como a dentadura, que, após ser limpa, retorna ao seu lugar de sempre, mesmo que se trate de algo postiço.

A garota telefona para sua mãe — descobrimos nesse momento seu nome, Jeanne. Enquanto abre a porta da cabine, seu pé esquerdo, apoiado sobre um banquinho, deixa-nos à mostra suas belas pernas, que terminam se escondendo em um vestidinho muito curto, também amarelo-creme. É uma imagem de imensa sensualidade, reforçada pelo ar casual e descompromissado com que se oferece para os nossos olhos.

Novamente no prédio de apartamentos, novamente através de vidros translúcidos, presenciamos o estranho diálogo que ela tem com a *concierge*, que alega nada saber sobre a placa e nem

Imagens do novo e do velho

sobre o apartamento que ela deseja ver para alugar. É uma figura peculiar. Uma mulher gorda, negra, vestida com um robe repleto de flores de um rosinha esmaecido, com uma touca de redinha vermelha, que reclama sem parar enquanto enterra o seu cigarro em um cinzeiro. Seu sotaque carregado nos remete às colônias francesas na África. Por ter medo de aranhas, oferece-lhe a chave no caso de querer subir sozinha. Mas também não acha a chave. "Acontece cada coisa estranha." Ouvimos uma porta que se abre e vemos uma mão depositar uma garrafa vazia ao lado do batente. O estranho é que esta senhora, que parece não saber nada de nada, diga a Jeanne que eles bebem seis garrafas por dia. Jeanne levanta os olhos e suspira, em tom de reprovação, não só pelo comentário impertinente da *concierge*, mas também pelo fato de não conseguir ver o apartamento, como ela gostaria. Quando começa a se afastar, ouve-a dizer-lhe que ela deve ter uma duplicata da chave em algum lugar. Jeanne retorna e, com o ar displicente e aborrecido, tomba a mão pela pequena janela da sala onde a outra se encontra, à espera da chave. O que ela não esperava é que a senhora agarrasse a sua mão com muita força, enquanto soltava fortes risadas e comentava que ela devia ser muito jovem. O ambiente é sempre todo muito escuro, parecendo que a luz sempre o invade de fora. O hall do edifício, mal iluminado por uma janela à esquerda, não nos deixa ver com detalhes o elevador que se ergue pelo meio das escadas que o circundam. Assim, as luzes que entram são sempre filtradas por um vidro que acaba impedindo que as coisas que elas iluminam se tornem claras para nós. Duplicam, como uma característica dos próprios objetos, as experiências também não claras pelas quais Jeanne está prestes a passar. É um elevador antigo, como todo o prédio, de ferro, com porta pantográfica, como a nos mostrar um detalhe do fausto de um passado esquecido. Sua própria existência o distingue e o realça em uma cidade onde a maioria dos edifícios é antiga e a própria presença de elevadores uma prova de luxo. Quando a imagem do filme acompanha o elevador que se eleva, a música retorna lentamente para crescer em altura e cessar, ao mesmo tempo em que nossos olhos estacionam em um globo redondo de uma luz acesa, tão estranha quanto tudo, pois lá está, clara e forte, mas aparentemente nada iluminando. Este começo cria um clima de instabilidade que veremos se redobrar lá em cima. Este é o momento crucial, aquele do acaso, que, num passe de mágica, transforma um pequeno detalhe em encontro, e um pequeno encontro em história.

O quadro de referências está todo montado. Confuso, mas montado. Temos aí já presentes todos os ingredientes que atraem misteriosamente nossa atenção, pelos mais variados lados, e nas mais variadas intensidades, elementos estes que passaremos o filme inteiro tentando desvendar. Por mais escuros e confusos que sejam. Quem são e o que são essas pessoas, quais são as suas histórias, seus conflitos, seus desejos e suas angústias, são perguntas que acabam surgindo no centro de nosso interesse, ao nos serem negados por um lado e pincelados por outro os indícios de sua precária existência. O próprio ambiente do filme nos leva a este clima de incerteza, com suas imagens recortadas e contrastantes, sem que nunca possamos ver nada de maneira clara e absoluta, sem que nunca nos seja dada uma completa percepção do que se passa, como estas luzes que invadem continuamente os espaços, mas que nunca nos iluminam de maneira razoável as perspectivas. Esta somatória de indefinições acaba por lançar o espectador na mais profunda e escura expectativa. De fato, a relação entre Paul e Jeanne se fará, como veremos, na base de um interdito essencial, que os retira do fluxo de suas histórias individuais, de suas vidas até então, para inseri-los inelutavelmente em *sua* própria história, esta sim, aparentemente sem limites e interditos, por mais que as primeiras tentem constantemente esgueirar-se na segunda, mesmo que por baixo das portas. Dois espaços, duas temporalidades. Que nunca nos são dados de imediato a perceber. Várias existências, que não se misturam, mas que se fundem. Para nós e no fim. Apenas.

O primeiro encontro efetivo entre eles é fundamental para detonar o desdobramento destas várias histórias paralelas que teimam em se cruzar, desafiando suas impossibilidades.

Imagens do novo e do velho

Imersa nesta simbiose envolvente de histórias, ambientes e músicas, Jeanne entra no apartamento. Na verdade, quem entra mesmo é a sua sombra. Vemos apenas uma nesga de luz que penetra fracamente o chão de um recinto todo escuro. Acompanhamos seu movimento e deduzimos ser este o movimento de uma porta que se abre. Ao vermos o casaco de Jeanne, branco como nunca em contraste com tudo que o envolve, é que percebemos que o que víamos não era o chão, mas o teto daquele apartamento. Somos levados novamente a olhar para algo que as imagens que nos são apresentadas não permitem que os olhos descortinem claramente. Como conseguir saber, se mesmo o que nos é mostrado não vai se dar imediatamente a perceber?

Iluminada como está, Jeanne caminha diretamente para a janela. Luz. Desde sempre o que ela procura é luz. Uma luz que lhe ilumine o caminho com Tom, seu namorado, uma luz que lhe explique a atração misteriosa por Paul, uma luz que lhe permita viver com segurança. Mas, afinal das contas, quem vive?

O levantar da persiana nos permite vislumbrar, pela primeira vez, algo do ambiente no qual se encontra. Ele é velho, como de resto o é todo o edifício do qual faz parte. Suas persianas estão quebradas, com algumas de suas hastes tortas e caídas. Restos de cortinas rasgadas pendem de alguns trilhos. Seu chão é marrom. Suas paredes foram brancas, algum dia. Agora, estão amareladas pelos vestígios da passagem do tempo que parece ter se impregnado nelas. Mostram-nos, também, uma faixa marrom irregular que se eleva até a altura da cintura de Jeanne, e que termina por ressaltar algumas rachaduras que a cortam. Velhos objetos se espalham pelo chão, sem que possamos identificá-los muito bem. Seus outros cômodos se assemelham. Grandes espaços que não podemos perceber muito bem em virtude dos móveis deixados e espalhados por lá — armários, estantes, cadeiras — que entulham o ambiente. Todos estes espaços são repletos de sombras, em um curioso e significativo contraste com as inúmeras portas-balcão que lhe tomam as paredes, como se fossem uma promessa não realizada de imensa claridade que evita penetrá-las, por mais que

Jeanne as abra a cada um de seus passos. Ao lado de uma delas, um grande e imenso espelho quebrado cobre toda uma parede, coberto de nódoas que ressaltam as marcas do tempo. Este espelho nos mostra inúmeras imagens de Jeanne, todas incompletas, como uma antecipação premonitória dos momentos que se desdobrarão no que eles vão viver ali dentro. Curiosa reapropriação da tradição holandesa dos espelhos, que redobram como imagem na pintura o reverso do que suas tintas nos permitem contemplar, completando, mesmo que distorcendo, os elementos ali apresentados ao olhar. Vemos aqui várias imagens de Jeanne que se somam sem jamais conseguirem se recobrir, completarem-se. Reflexo precário e parcial, mas não desvelamento, pois suas imagens caminham para a direita enquanto vemos Jeanne surgir caprichosamente pelo outro lado, como a ressaltar para nós a impropriedade de sentidos pressupostos para a compreensão do que acontece e acontecerá entre eles neste apartamento. Imagens de uma imagem, como a anular a cada instante as possibilidades de sua completa percepção e significação. Por mais que Jeanne se dê o tempo todo a perceber.[1] Antigo, cheio de vidas passadas, pleno de memórias, carrega em suas paredes as marcas indeléveis de sua história. Temos ali também uma lareira, ao lado da qual encontra-se Paul, mesmo que ainda não o tenhamos visto, com seu envelhecimento e sua angústia, como se fizesse ele também parte

---

[1] Bertolucci parece estar montando até aqui um quebra-cabeças visual, com imagens que se assemelham às pinceladas de Rembrandt, que nada parecem dizer em si mesmas e que só poderão adquirir sentido pela sua reunião indivisa, pela sua unidade, e não pela soma de partes que seriam autônomas entre si e que teriam, portanto, identidade própria. É somente por meio da compreensão desta configuração, que não se confunde com qualquer tipo de mosaico ou conjunto, que podemos tentar apreender os significados de um filme. Pois, como nos diz Merleau-Ponty, "um filme não é pensado e, sim, percebido" ("O cinema e a nova psicologia". In: Ismail Xavier (org.), *A experiência do cinema*. Rio de Janeiro, Graal/Embrafilme, 1983, p. 115).

Imagens do novo e do velho

silenciosa e misteriosa desta mesma paisagem. Seu casaco se mistura com a cor cansada das paredes, seu estado de espírito se redobra nos objetos que ali estão, nos cacos que a sua vida carrega, ressaltando, pela negativa e de uma só vez, a luz jovial e rejuvenescedora que Jeanne tenta fazer ali entrar incessantemente, e que o seu casaco branco refletirá como e com ela.

Espaço tão cheio de passados será, curiosamente, o palco perfeito de uma luta pelo esquecimento.

Cheio de silêncios, mesmo quando a música suave nos penetra os ouvidos, os diálogos ali se constroem muito mais como monólogos. Cabe sempre a Jeanne toda iniciativa, inicialmente, ela se assusta ao deparar-se, após abrir a primeira persiana, com a figura de Paul sentado ao lado da lareira. A velocidade de suas perguntas, unidas à contundente impaciência em esperar de Paul as suas respostas, deixam transparecer a apressada tentativa de Jeanne em colocar todas as coisas em seus devidos lugares, o que se contrasta ainda mais com os sempre lentos movimentos de Paul, que parece ter as coisas totalmente e completamente fora do lugar. Expressão cuidadosa de seu racionalismo cartesiano, ela mesma responde as perguntas que parece formular ao outro, na sua eterna busca de explicação para tudo que a cerca. "Como você entrou?" "Pela porta", responde-lhe Paul, após alguns segundos. Ela irá rapidamente completar: "ah, eu deixei a porta aberta", antes que ele possa lhe dizer que já estava lá, para ela de novo completar rapidamente: "ah, então foi você que a pegou", referindo-se à chave desaparecida. "Você é americano?" E, enquanto Marlon Brando coloca a perna no chão para se levantar, ela já encontra a justificativa e responde assim à própria pergunta: "Seu sotaque é americano".

A postura de Paul, ao contrário, é extremamente reservada. À excitação de Jeanne, ele responde com o silêncio. Caminha lentamente de um cômodo para outro, olha com calma os móveis por ali deixados, levanta os lençóis que cobrem alguns deles como a procurar por ali suas respostas desaparecidas. Ou nunca encontradas. Caminha como se não notasse a presença de Jeanne. Esta, por sua vez, não cessa de se demonstrar intrigada com as atitudes de Paul. Na verdade, parece cada vez mais atraída por elas, que a envolvem com um mistério silencioso que a sua jovem vida parece não ter. Ela está muito à vontade no apartamento. Caminha displicentemente de um lado para outro, como se estivesse em sua própria casa. A cena que vai nos mostrar isso, de uma maneira absolutamente inquestionável, é aquela na qual ela vai ao banheiro.

Paul sentou-se em um dos cômodos, ao lado de algo muito alto que parece ser um armário, coberto por um lençol, espremido entre um canto da parede e uma cômoda que está em pedaços, como ele. Segura entre as mãos uma pequena cúpula velha de abajur, ao mesmo tempo que olha para o outro lado. Jeanne, que o espreitava curiosa, da outra sala, pergunta — pela primeira vez falando em inglês, e com uma entonação que conota ao mesmo tempo seu estranhamento — o que ele estava fazendo. Paul nada responde. Jeanne fica ali parada, com o seu rosto emburradinho, fazendo biquinho, com cara de menininha contrariada, exclamando por fim uma das mais típicas expressões francesas: "*hou là là!*". Paul continua imerso em seus pensamentos, não lhe dando a menor atenção.

Vemos, então, Jeanne atravessar o corredor do apartamento, girando sua bolsa por sobre o ombro, até chegar ao banheiro. É um banheiro antigo, sem paredes e sem portas, com a iluminação vindo diretamente de janelas que estão no teto inclinado, que é também ao mesmo tempo a lateral da fachada do edifício. Temos ali uma banheira, e uma pequena divisória com um vidro transparente que nos esconde o vaso sanitário. Jeanne entra, vira-se de costas para nós e, sem nenhuma cerimônia, abaixa a calcinha sentando-se sobre ele. Enquanto ouvimos o som de sua urina bater na água no fundo do vaso, ela olha investigativa para todos os lados daquele banheiro, instigante e peculiar. Um telefone começa a tocar. Ao terminar, levanta-se e puxa a descarga. Ela não parece estar nem um pouco intimidada pelo fato de não haver divisórias que separem seus atos mais íntimos de um estra-

Imagens do novo e do velho 131

nho que sabe estar por ali. Indo para a outra sala, olha para Paul e lhe pergunta se deve atender o telefone.

Ele continua lá, imóvel, e ela novamente utiliza outra das tradições comunicativas francesas: levanta os braços e bufa, antes de finalmente tirá-lo do gancho. Vemos Paul atender, ele também, o telefone e, quando a câmera se afasta, podemos ver Jeanne encostada na parede, olhando para o lado da sala em que ele está, ao fundo, mas sem vê-lo, tentando apenas matar a sua curiosidade ouvindo o silêncio de Paul pelo telefone. Paul se levanta. Podemos escutar a respiração forte de Jeanne, presa ao fone, tentando ouvir, tentando compreender. Paul deixa o fone pendurado em uma cadeira, aproximando-se lentamente pelo corredor, enquanto Jeanne continua sentada no chão sem nada perceber, intrigada. Quando ela se dá conta, ele já está ao seu lado e Jeanne, pega de surpresa no auge de sua curiosidade, fica completamente sem jeito, tentando colocar de novo o telefone no gancho, fazendo um barulhão, toda atrapalhada, enquanto começa a falar com ele sobre o aluguel, levantando-se meio assustada e envergonhada, como quem foi pega com a boca na botija, uma botija para a qual ela não queria estar demonstrando ter dado alguma atenção.

É evidente que ela já está totalmente envolvida por aquela situação, enigmática e imponderável, misteriosa e fascinante, circunstâncias que Jeanne ao mesmo tempo não consegue entender e nem avaliar. Ela está ali parada, com os dois braços encostados na parede, sem demonstrar muita ação, quando Paul lhe diz, de forma ríspida, para refletir rapidamente se ela gosta, ou não, do apartamento.

Paul se afasta e some de nossas vistas. Jeanne caminha para o meio da sala, onde está o seu chapéu no chão, quando ouvimos a porta bater. A câmera muda de posição e nós podemos ver, antes dela ouvir seus movimentos, que Paul ficou para dentro do apartamento. Ele caminha em sua direção, sem nada dizer, enquanto ela solta mais uma de suas frases inúteis. Chega ao seu lado, retira o chapéu de suas mãos e o joga longe. Olha detidamente dentro de seus olhos, depois para o seu corpo, antes de abaixar os braços para pegá-la no colo. Somente quando ele chega perto da janela é que podemos nos dar conta de que ele a pôs no colo de uma maneira extremamente especial. Um de seus braços a pegou pelo meio das pernas, e não por baixo delas como corriqueiramente se faz. Como os noivos de antigamente, carrega a noiva nos "braços" para entrarem juntos em uma nova vida. Só deles. Jeanne não reage, aceitando impassiva o seu comando, demonstrando sua profunda atração por aquela situação inesperada e sedutora. A cena que segue é antológica. Eles se beijam efusivamente. Paul arranca sua calcinha em um só golpe, abre a sua calça e começam a relação sexual ali mesmo, em pé, encostando-a na parede. Somos tomados pelos gemidos dos dois, enquanto ela agarra furiosamente seu pescoço. Gozam e, sem forças, deitam-se sobre o chão, suspirando sem fôlego.

Ela rola o seu corpo por ele, mostrando-nos seus pelos pubianos através do casaco aberto. Até colocar o braço entre as pernas. Sem trocar uma palavra, os dois estão deitados pelo chão, recuperando-se desta explosão de prazer que tomou conta de seus corpos. O corte é abrupto, e estamos de novo olhando a porta de vidro do edifício por fora, quando sombras se aproximam, abrem a porta, ele andando mais rápido, colocando o casaco, olhando para o céu, mexendo a boca e começando, rejuvenescido, a viver de novo. Ela, mais para trás, com passos vacilantes, o rosto cabisbaixo. Ao sair, fecha sobre o casaco os dois braços, na altura da cintura, não para esconder-se do frio que vem de fora, mas como a guardar-se do desconhecido calor que a tomou por dentro, e com o qual ela ainda não sabe como tentar conviver. Ela desce as escadas, ele passa por cima da passarela. Cada um segue o seu caminho, que nunca mais será o mesmo de antes. O silêncio continua a tomar conta de seus atos, como se nada houvesse para ser dito, ou melhor, como se nada precisasse mesmo ser dito.

É curioso perceber a sensualidade desta cena de amor casual, ou, se quiserem, de relação sexual casual, de atração incontrolável, que toma conta dos sentidos antes que nossos pensamentos possam ter a chance de se dar conta. Este sexo, inesperado e imprevisto, atinge a sensualidade de todos nós, nossas vontades não percebidas. Esta pura atração sem relação, leva-nos ao mesmo tempo a perceber uma profunda atração pelo desconhecido, sua beleza e seus encantos. Se fomos tocados por esta cena, o poder do acaso muda de importância e passamos a olhá-lo com outros olhos. Afinal, por que conosco também não?

Seus elementos são díspares. Ela é jovem, daquela época em que a gente ainda acha que não tem passado. Ele, por sua vez, aparenta ser mais velho do que é, esmagado que está pelo peso doloroso de seu passado, que ele tenta em vão esquecer.[2]

Esta cena sem palavras inicia a história sem história que tomará conta de uma parte de suas vidas. Paul parece ter encontrado uma reserva de forças para continuar tocando o que ainda não temos a menor ideia do que possa ser. Jeanne parece desnorteada, não só pelo inesperado ocorrido, mas, e principalmente, pelo inesperado desejo de realizar este acaso que, ao fim de sua efetivação, modifica os lugares assentados e delimitados de sua vida. O seu passar diante do caminhão antibombas da polícia francesa não deixa de ser uma irônica referência à bomba que acabou de explodir dentro de seu corpo, e que abalou todos os alicerces seguros de sua ainda curta existência. Nada mais será como antes, nada mais poderá transcorrer impunemente.

Indo para a estação de trem esperar Tom, seu namorado, é primeiro a sua história que nos será dada inicialmente a conhecer. O filme vai passear de uma história para outra, numa sucessão de imagens que se alternam, compondo gradativamente uma pintura que só se tornará inteiramente significativa perto de seu final. Não cansaremos, o leitor com esse vai e vem, pois sua beleza só tem sentido enquanto imagens que se sucedem e se superpõem incessantemente.

---

[2] Apesar das referências dizerem que ela tem vinte anos e ele 45, a construção visual dos personagens aumenta esta distância.

Saberemos um pedaço da vida de Jeanne por meio do que nos é mostrado de sua relação com Tom. A cena de sua chegada na estação de trem é essencial para compreendermos como é o relacionamento entre eles. Tom realiza, sem que ela saiba, um filme sobre a vida de Jeanne, um pouco ao estilo de um "cinema-verdade" reapropriado. Ela chega correndo, esbaforida, um pouco por estar atrasada por ter ficado mais tempo do que previa no apartamento, um pouco porque ainda não digeriu o que lá dentro acabara de acontecer. Ao vê-lo sair do vagão, pula em seu pescoço e o cobre de beijos, como que querendo apagar com seus afagos efusivos as dúvidas que surgiram naquele encontro inesperado e que tomam conta de seu corpo e de seu ser. Abrindo um sorriso calculado, Tom olha para o lado enquanto vemos uma câmera de cinema rodar em torno deles. Tom começa a recitar os seus diálogos ridículos — "estamos em um filme, se eu te beijo, é talvez cinema, se eu te acaricio os cabelos, é talvez cinema". "Que história é essa?" ela pergunta irritada. É um filme para o cinema: "Retrato de uma jovem... e a jovem é você!".

Parece que Jeanne tem uma certa facilidade em ter gente comandando a sua vida, sem lhe pedir muito a opinião. Mas ela, também, parece nunca oferecer muitas resistências. Primeiro vimos Paul, depois Tom. Os dois pareciam fazer com ela o que bem entendessem e ela parecia tudo aceitar ao sabor dos ventos. Esta imagem vai se completar na primeira vez em que a vemos em casa com sua mãe, no momento em que vai anunciar o seu casamento com Tom. Em uma das salas, veste um casaco militar e coloca um quepe sobre a sua cabeça. Pela conversa com a mãe sabemos ser esta a farda de seu pai, um militar morto na Argélia em 1958, um pai que, portanto, ela conheceu apenas enquanto era criança. Mas que ficou impresso em sua memória por ter tentado ensiná-la a atirar, sinal de sua potência, de pai, de militar. Sua posição na casa não deixa dúvidas. A importância da arma que a mãe guarda e da qual não quer se desfazer, pois ela pode "ser útil". Como também em relação às botas que ele usava, que sua mãe agarra com vigor dizendo sentir com elas um "calafrio estranho". Jeanne puxa

Imagens do novo e do velho

o ar com força e, tremendo os olhos e soltando um suspiro, confirma-nos ironizando a atração de sua mãe por este símbolo da virilidade masculina.[3] Mas, ela também, vai lembrar-se dele a partir das mesmas e envolventes referências. Em um dos encontros com Paul, no apartamento, ela começa a falar de seu pai, como a memória o reteve: "O coronel tinha os olhos verdes e as botas brilhantes. Amava-o como a um Deus. Como ele ficava bonito em seu uniforme!", antes de ser interrompida por ele, com "delicadeza": "*Bullshit!*".

Mas, voltando à sua mãe, Jeanne não vai perder a oportunidade e, mostrando a ela uma foto de uma *berbère*, uma etnia da Argélia, pergunta jocosamente se esta era uma das "ordenanças" de seu pai. A expressão de sua mãe, bem como a resposta desconversadora com que ela nos brinda — "raça forte essa... mas como empregados domésticos um desastre..." — confirma o óbvio das outras "andanças" distantes do militar. "Essas coisas militares que não envelhecem jamais." Esta frase de sua mãe deixa claro que não são só as "coisas" militares que não envelhecem jamais, mas, e principalmente, a nossa própria relação com elas é que continua viva dentro de nós, viva em nós (nelas) e por meio de nós.

Tom, por sua vez, a vê como uma bonequinha de presépio, como uma imagem que pode ser trabalhada a seu bel-prazer, segundo um enredo apenas por ele previamente traçado. "Será uma história de amor", ele lhe comunica na estação, enquanto pergunta o que ela fez na sua ausência. Fazendo uma cara cínica de dar inveja, entrando no registro daquele jogo ridículo de imagens, ela responde olhando em seus olhos e sem pestanejar, de maneira absolutamente teatral e exagerada: "Pensei em você dia e noite e chorei... Amor, eu não posso viver sem você". "Magnífico, corta, genial!", ele diz, para então tentar beijá-la. Ela responde friamente.

---

[3] Wilhelm Reich explora de maneira instigante esta atração sexual pela vestimenta militar em *Psicologia de massas do fascismo*. Lisboa, Escorpião, 1973.

Jean-Pierre Léaud está, ele sim, magnífico, na superficialidade com que carrega seu Tom, na sua forma de ver em Jeanne uma pura imagem pura. Ele faz da sua história com Jeanne uma espécie de metaimagem do próprio cinema, que é, neste caso, completamente destituída de sua substância fundadora. Tom realiza, neste registro, uma história onde as imagens não possuem história. A versão invertida de um *fake*. Ao mesmo tempo, vai idealizar o seu "retrato de uma jovem" como a mais convencional história de amor romântico feliz e harmônico do mundo, a matar de inveja até mesmo os escritores do início do século XIX. Esses diálogos, carregados de uma superficialidade banal e açucarada, contrastam com o silêncio profundo de sua relação com Paul, densa em sua imprevisibilidade cortante, imagem radical e contundente de seu extremo oposto.

Mas o filme de Tom continua, aprofundando-se em suas proposições epidérmicas. Estão na casa de campo que pertencia ao coronel, lugar onde Jeanne passou vários anos de sua infância. Sua entrada naquele lugar se faz como se fosse uma aparição. Seu cabelo está agora todo encaracolado, brilhando ao sol que se reflete por trás de sua cabeça, como a criar-lhe uma auréola e a ressaltar-lhe a alegria descompromissada. Seu rosto arredondado se realça e, com ele, sua expressão adorável e pueril, como que saída de um quadro de Renoir. Seu sorriso se transforma ligeiramente, enquanto seus olhos expressam uma ponta de decepção com a reação de Tom que nós não pudemos ver, mas que se estampa como nunca em seu rosto imediatamente entristecido. Tom não gostou desta sua nova imagem, que não estava prevista e que não foi obra sua, continuando com seu rosto pálido de expressões a recitar o seu *script*, como se nada tivesse acontecido. "Está diferente, mas é a mesma", e ele começa a nos dizer que já vê a nova cena se construindo: a câmera desce sobre o seu rosto etc., etc., etc. Tudo para ele é este filme. As imagens de um nada, incapaz que é de perceber as mudanças que estão ocorrendo com Jeanne naquele exato momento. Uma música de orquestra surge lentamente ao fundo. O túmulo do cachorro e a antiga babá. Servil e racista, como o cachorro, que sabia distinguir entre os pobres, os árabes, e os outros. Tom continua a ver tudo como uma sequência de planos, de cenas, de enquadramentos, como se somente por meio desses lhe fosse permitido perceber a (in)consistência de sua própria história. Mesmo quando não está filmando, ele vê tudo sob o prisma de um filme do qual ele espera ter sempre o mais absoluto controle, como se fosse o desdobramento do controle que, na sua cabeça, ele imagina ter sobre Jeanne.

A cena na estação de metrô é exemplar. Jeanne, abalada em suas certezas pelos acontecimentos que lhe entorpecem a vontade, encontra-se com ele. Estão lá os dois, cada um em uma plataforma diferente da estação, separados pelos trilhos dos trens que não cessam de passar entre eles. Jeanne grita, lá do outro lado, que ele precisa encontrar outra pessoa. Outra pessoa para quê? Para o seu filme. Por quê? "Porque você se aproveita de mim, você me faz fazer coisas que eu nunca fiz. Você rouba o meu tempo. Obriga-me a fazer não importa o que, tudo que você quer. Teu filme acabou, entendeu, acabou (passa um trem, vemos os trilhos novamente vazios que não parecem levar a parte alguma). Estou cansada de ser explorada!" Separados como sempre por alguma coisa, Jeanne parece estar falando de tudo, menos de sua relação com Tom. Ela acabou de sair do apartamento, onde Paul a deixou falando sozinha, e sua reação é uma tentativa desesperada de se libertar deste incompreensível que a desconcerta ao mesmo tempo que inelutavelmente a atrai. É Paul que faz o que quer com ela. É ele que a faz fazer coisas que ela nunca fez. E pior, é ele que a faz *gostar* dessas mesmas coisas que ela tem medo de reconhecer para si mesma. Ao falar a Tom ela fala na verdade para si mesma. Jeanne expõe os seus temores e nos mostra suas vontades, negadas pela mesma fala que confirma os seus atos.

Tom, como sempre, junta os polegares e indicadores das duas mãos, montando uma referência para o enquadramento visual de mais uma cena, em sua eterna tentativa de transformar tudo em imagens compreensíveis pelo simples fato de estarem enquadradas. Expressam sua forma de ver Jeanne e a relação que consti-

138   À meia-luz

tuiu com ela. Sempre como se fosse um desfilar de imagens, sempre pela mediação de um filme, como se as próprias imagens não portassem em si mesmas uma certa ambiguidade. A cena termina com Tom e Jeanne se esbofeteando alucinadamente, para, após isso, agarrarem-se e se abraçarem.

Ao tentar transformar tudo em imagens, Tom acaba transformando-se a si mesmo em um pálido reflexo de uma história sem conteúdo, para a qual ele deseja arrastar Jeanne com o cálido sabor da construção visual de seu próprio filme, que tenta enquadrá-la, sem parar, em um roteiro do qual ela se distancia cada vez mais.[4] Ao mesmo tempo, reforça a sensação de atuação em que vivemos, segundo preceitos que fogem de nosso controle, mas que nós podemos, às vezes, manipular.[5]

É dentro deste contexto que vamos conhecer algo mais da história de Jeanne, que ela mesma nos conta enquanto a câmera passeia pela casa de campo, cheia de objetos, cheia de lembranças, cheia de memórias. Uma imagem externa desta casa vai nos mostrar as suas dimensões. Apesar de já estar cercada por uma vila, ela mantém sua imponência, tendo à sua volta um enorme jardim, que carrega em seu ar descuidado a marca de um tempo que já passou. A casa é imensa e a cada passo de Jeanne a um pedaço de sua própria história ela vai retornar. Ao mostrar uma foto de sua antiga classe da escola, aponta para a professora que

---

[4] Amina Maggi, em "*Último Tango em Paris*: áreas secretas" (*IDE*, São Paulo, n° 8, 1980), qualifica como um triângulo a relação que se forma neste filme. Isso não nos parece muito apropriado, principalmente tendo-se em conta a esterilidade e impotência da relação de Jeanne com Tom. Ele, nesta acepção, surgiria mais como um apêndice do que como um vértice.

[5] Weber abre portas para esta possibilidade no começo da *Ética protestante* ao dizer que a aparência de honestidade basta para os efeitos de assegurar o crédito, segundo as máximas utilitaristas de Franklin (cf. Max Weber, *A ética protestante e o espírito do capitalismo*. São Paulo, Pioneira, 1981, p. 32). Erving Goffman leva esta perspectiva às últimas consequências em *A representação do Eu na vida cotidiana*. Petrópolis, Vozes, 1975.

Imagens do novo e do velho

se chamava Mme. Sauvage (Madame Selvagem). Nome mais que sugestivo, quase dispensa o comentário de que ela era muito severa e religiosa. Isso ressalta que tipo de educação ela teve na infância, além também do fato óbvio de ser filha de um pai militar, e deste tipo de militar.[6]

Ao mostrar as imagens de seu passado como se fossem cenas de um filme, é como se Jeanne estivesse recuperando o movimento do fluir temporal daquele passado, aparentemente paralisado e imortalizado nas fotografias, mas que vai retornar como uma aparição sobre o seu presente, inserindo-se nele e ressignificando a ambos. Isso nos leva a perceber a importância desta questão em seu relacionamento com Paul. Jeanne acha estranho este olhar para trás, este "retorno" ao passado, e seu comentário arranca de Tom a mesma atitude de sempre. "Está formidável. Já vejo o novo plano, retorno para trás, a marcha a ré", enquanto vai abrindo as portas de todas as salas, numa busca incessante de descobrir no passado as explicações para os enigmas do presente. Irônica relação, quanto mais portas ele abre, menos caminhos ele parece perceber. Para Tom, tudo está claro e tudo se encaixa perfeitamente. Para Jeanne, a estranheza vem do fato que quanto mais ela mergulha em suas memórias, mais elas passam a *compor* o seu presente e não iluminá-lo com as respostas que ela também parece estar procurando para desvendar o obscuro que o envolve.[7] Tom nos proporciona uma "regressão temporal" para que Jeanne se sinta à vontade com as suas memórias de infância. Ela começa a ler seu livro de composições da escola primária. "Redação: Campo. Desenvolvimento: O campo é o país das va-

---

[6] Não podemos nos esquecer que na época citada, justamente o final da guerra de libertação da Argélia, os militares franceses para lá enviados eram os mais severos e rigorosos, bem como os ligados às tropas de elite da Legião Estrangeira, conhecida como aquela que lida com os casos perdidos e famosa pela sua violência muitas vezes incontrolável.

[7] Cf. Walter Benjamin, "A imagem de Proust", *op. cit.*

cas. A vaca é inteiramente revestida de couro. A vaca tem quatro lados: o da frente, o de trás, o de cima e o de baixo." Suas risadas ingênuas nos mostram o seu mergulho neste mundo infantil, um mundo que ela já está compartilhando com Paul, mas de outra maneira. Mas o que vem a seguir é que é especial, mistura singela de sua ingenuidade com sua sexualidade. "Fonte da cultura: o dicionário Larousse. Menstruação: substantivo feminino. Função fisiológica consistindo no fluxo menstrual. Pênis: substantivo masculino, órgão da copulação, no homem, medindo de 5 a 40 cm. Esta, eu aprendi com o Petit Robert."[8] Jeanne se transforma na terna narradora da história de seu primeiro amor, enquanto um dedilhar suave de piano faz fundo à imagem, tomada de dentro da sala de jantar, que acompanha a todos que saem para caminhar pelo jardim. Esta pequena amostra das recordações infantis de Jeanne nos mostra como em sua infância os jogos sexuais apareciam de uma maneira ingênua e pura, de uma certa forma coerente com as frases que Paul lhe dirá na cena famosa que discutiremos mais à frente. Isso se reforça ainda mais no momento em que ela lhe conta sobre o seu primeiro namorado, seu primo, que, curiosamente, também se chamava Paul. Ambos são fontes de descoberta. Ambos os caminhos levam a lugares insuspeitos e acalentadores, mesmo que às vezes áridos. Isso fará uma ponte com o relacionamento que ela irá travar com Paul, com a incorporação deste lugar do infantil, entendido por eles como um lugar de descobertas, sem maldades e sem barreiras morais, e que se distingue radicalmente do relacionamento que Jeanne possui com Tom, como vimos no final do filme, que se recusa a conti-

---

[8] A tradução dos diálogos deste filme é, em geral, muito ruim. Mas, neste momento, o tradutor se supera ao colocar na boca de Jeanne que ela aprendeu sobre o pênis com um tal de "Robertinho". Esta "licença" poética absurda transformou o famoso dicionário em uma "pessoa", mudando completamente e de forma absolutamente ridícula o sentido do que estava sendo dito.

nuar a ser, em qualquer momento e em qualquer dimensão, criança, por mais que ele aja o tempo todo como se fosse ele mesmo o mais infantil de todos.

Logo após o primeiro encontro com Tom, teremos, também, o primeiro encontro de Paul com a sua própria história.

Vemos um lençol coberto de sangue. Ao lado dele, um balde dentro do qual uma mão mergulha um pano também sujo de sangue, enquanto uma voz nos diz que a polícia demorou a acreditar no suicídio, pois havia sangue por todos os lados. Novamente vemos alguém por trás de um vidro, a limpar as manchas de sangue, como se o que constantemente nos impedisse de perceber as razões de nossa história fosse apenas a opacidade desta mediação que teima em se interpor entre nós e as coisas que fazemos, entre nós e as pessoas com as quais convivemos. Os vidros são sempre translúcidos, como translúcida é a nossa percepção das coisas que nos cercam, parece querer nos afirmar Bertolucci.

A empregada vai contando todo o trajeto que a mulher de Paul percorreu naquele cômodo antes de morrer, enquanto a câmera nos faz acompanhar este mesmo lúgubre trajeto. Uma cortina de plástico respingada, duas torneiras sobre uma banheira, tudo coberto de sangue, de um sangue vermelho, rubro, nauseante, enquanto a água escorre por elas na tentativa incessante de limpá-lo. A empregada conta toda a história, as perguntas dos policiais, as suas longas respostas, sobre ele, sobre eles. Ouvimos o som de um saxofone ao fundo, enquanto vemos Paul se transformando em personagem de sua própria história, que a moça nos conta meticulosamente. Ela, sentada sobre a borda da banheira, ele de costas olhando para a parede, ambos separados pela divisória de vidro que ela limpava, enquanto o constante barulho da água que teima em escorrer parece não nos deixar esquecer da fluidez destas memórias que se esvaem como o líquido pelo ralo. Estamos em um hotelzinho cuja dona era casada com Paul. Ela nos diz, repetindo como contou à polícia, que ele tinha sido pugilista, ator, tocador de bongô (Paul está agora olhando em direção à banheira através do vidro que nada deixa ver), revolucionário na América do Sul (ela abre uma navalha e passa o dedo em sua lâmina cheia de sangue — ele olha para o chão, enquanto puxa um fio solto da cortina, como a desnovelar sem nenhum sentido sua própria história), jornalista no Japão, foi para o Taiti, aprendeu francês, veio para Paris, conheceu uma mulher rica, casou-se com ela e não fez mais nada (ela limpa a navalha, ele fecha o casaco e vira de costas, para depois olhar pela janela). Paul caminha para o lugar onde está a banheira, mas nós continuamos a ver a empregada por trás do vidro, como duas imagens que não estão no mesmo espaço, apesar de estarem no mesmo lugar. Pede, irritado, que a empregada feche a água, pois, ele também, quer tentar descobrir o que aconteceu, e, para isso, aquela água e aquela história precisam parar de fluir. Ela lhe passa uma navalha. A navalha com a qual sua esposa, Rosa, cortou os pulsos naquele banheiro. Paul a olha e comenta sem espanto que aquela navalha não é a dele. Temos aí um caminho aberto para conhecermos uma outra dimensão da vida de Paul. No momento em que ele sai dali, a moça abre novamente a água, pois o fluxo não pode parar, independente das vontades de seu patrão.

Esta busca incessante parece tomar conta de todos. Algumas imagens à frente, veremos duas mãos que remexem, em um armário, uma pilha de camisas. O rosto de Paul, de perfil, está iluminado por cima, por uma lâmpada que pende da parede, mas, estranhamente, permanece completamente na sombra, no escuro de uma busca inexoravelmente inútil. Aquelas mãos continuam a mexer angustiadamente nas prateleiras, nos pertences, nas caixas, procurando... Pela primeira vez presenciamos o encontro de Paul com sua sogra, que continua a remexer em todas as coisas que eram de Rosa, buscando algo que explicasse a atitude para ela inaceitável de sua filha. A relação entre os dois é fria e distante. A mãe continua seu interrogatório e Paul continua respondendo sem muita paciência. Ele entra irritado no banheiro ao lado, onde ouvimos novamente o barulho de água que continuava a escorrer, em outra banheira, enquanto a mãe abre uma valise repleta de acessórios de velório. Eles brigam quando a mãe insiste em cha-

Imagens do novo e do velho

mar para lá um padre. Paul se irrita de novo e, falando em inglês, diz que Rosa não acreditava nisso e que isso ele, não irá permitir. Percebemos, neste momento, a real dimensão das palavras com as quais se abriu o filme. A mãe, que parece procurar por razões as mais escondidas, deixa claro o seu desconhecimento dos mais visíveis indícios da existência de sua filha, de suas vontades, de seus valores, de seus relacionamentos. Sua busca não visa compreender, não visa nem mesmo compreendê-la. Visa apenas encontrar um lenitivo exterior para a dor que lhe atinge, independente da vontade e dos sentimentos dos outros.

No encontro posterior entre ambos, estes elementos se desdobram. A mãe reclama da música, que não a deixa dormir. Paul lhe conta que havia entrado naquele hotel para passar uma noite e que havia ficado cinco anos. Ela encosta em Paul. Ele pede a ela que retire dele a sua mão. Ela insiste em tocá-lo e ele irritado subitamente a agarra e a morde. "Você é louco! Começo a compreender..." É claro, é muito fácil compreender o que não se quer nem de longe entender. É fácil encontrar uma razão, suficientemente forte e frágil, para achar e colocar a culpa em alguém para então não termos mais que pensar sobre o assunto. Mas Paul não permite esta fácil iluminação. Para deixar explícito de maneira contundente que nada está claro, ele se levanta e desliga a luz do hotel inteiro. Frente ao susto da mãe de Rosa, ele começa a falar com ela rapidamente em inglês. "*Mother, don't be upset... Do you want to know what they are afraid of? Come on, I'll show you* (pega-a pelo braço e a carrega para a porta). *They're afraid of the dark, imagine that!*" Enquanto isso, abre a porta do hall, apresentando à "mamãe", todos os seus "amigos", nossos hóspedes: Sr. Chefe dos Drogados, Sr. Saxofone, nosso fornecedor, a linda Miss Sexo Oral 1933, que ainda faz algum dinheiro quando tira a dentadura, "*Say hello to mom, everybody!*". Tudo isso no escuro, ele falando em inglês, a língua de seu controle. Ouvimos uma gritaria nos corredores. Para a mãe, que tudo parecia querer compreender, ele oferece justamente no meio daquela escuridão um pouco de iluminação sobre a vida de sua filha e do hotel que ela dirigia, muito diferente do que fora no tempo de seus pais, da mesma forma que ela também era muito diferente das memórias amareladas que eles dela guardaram. A cena se fecha com o elemento que faltava em nosso passeio pela vida de Paul. Um senhor de meia-idade entra pela porta do hotel, levanta o seu chapéu em cumprimento à mãe de Rosa, que havia se voltado assustada, pega sua chave e sobe as escadas, lentamente e cabisbaixo. Com seu olhar indagador e com a sua fala baixa, a mãe de Rosa pergunta-lhe quem seria aquele hóspede tão diferente dos demais. Paul, cocando o queixo e com um olhar meio jocoso, indaga-lhe se ele lhe agradaria e, sem esperar qualquer resposta responde, sem nenhuma cerimônia, que aquele era o amante de Rosa.

Este é sem dúvida uma figura muito especial. A visita que Paul lhe faz em seu quarto, a seu próprio pedido, vai-nos mostrar que ele também está procurando respostas para o que está acontecendo, como todos estão, se bem que de uma forma muito peculiar. A cena é patética. Vemos Paul entrar pela porta do quarto de Marcel, na verdade Marcello. Eles vestem um roupão idêntico, da mesma cor, com a mesma estampa xadrez. Ambos presentes de Rosa que os queria iguais, os roupões, e por que não, os amantes. Marcel recorta, sem cessar, quase obsessivamente, pedaços de jornais. Seu quarto é, como tudo também na vida de Paul, sombrio e entulhado, cheio de lugares indefinidos e obscuros, repleto de incertezas e indefinições. Livros por todos os lados, recortes e fotografias coladas pelas paredes, que são de uma cor bege, escura, envelhecida. Paul diz tudo conhecer sobre Marcel, sobre sua vida com Rosa, e não poupa comentários irônicos sobre as suas coisas e sobre o que ele faz. Entretanto, sua atitude seguinte o irá desmentir. Paul acende e apaga continuamente uma lâmpada de cabeceira, sem com isso, como sempre, nada iluminar. Sentindo-se com sede, levanta-se em direção à porta, perguntando a Marcel se este não tomaria um gole com ele. Neste momento, não consegue disfarçar seu espanto ao ver que até mesmo o bourbon que ele toma existe enquanto duplicata no quarto de Marcel. Fica sabendo então que aquele bourbon, que Marcel bebe mesmo sem gostar muito, havia sido ele também um presente de Rosa. Como se Rosa tivesse que ter dois semelhantes para tentar possuir apenas um. Tivesse que ter dois iguais para tentar ter um inteiro. Como se a cada momento, desde o suicídio, Paul se desse conta atordoado do quanto desconhecia de uma Rosa que ele imaginava, ao contrário, ter conhecido profunda e completamente.[9]

Marcel, aturdido, procura nas coisas sem importância, nos pequenos detalhes, por menores que sejam, alguma pista que explique, alguma pista que lhes permita reconstruir, que os faça compreender, *juntos.* Mas o que eles não percebem, e que é tão evidente, é que a sua própria semelhança os impede de saber algo realmente novo, algo além do que cada um individualmente já sabe por si mesmo. Como se os dois lados da mesma moeda tentassem desesperadamente descobrir por que é que eles estão tombando ao chão. Eles sentam-se, lado a lado, e conversam sobre suas vidas iguais com Rosa. Iluminados pelos lados, apesar de estarem encostados, entre eles nada resta a não ser uma grande sombra, metáfora daquela que se abate sobre suas tentativas de acreditar que Rosa realmente se suicidou, de tentar saber o porquê. Marcel lhe pergunta por que Rosa o enganava com ele. Paul, ao sair, diz que gostaria de saber o que é que Rosa havia visto nele. Marcel recorta os jornais e junta os pedaços, como se tentasse recompor a si mesmo, como se por meio disso conseguisse reconstituir o que ocorreu com Rosa para tentar, finalmente, compreender o que havia acontecido com ele, e com eles. Paul não percebe que sua pergunta final se redobra sobre ele mesmo. Ao tentar descobrir o que Rosa poderia ter visto em Marcel, Paul procura ao mesmo tempo descobrir o que ela poderia ter visto nele mesmo. Procura, na duplicata do marido, as respostas que não encontra em si mes-

---

[9] Também é curioso este nome dado à sua esposa, Rosa, o de uma flor que costuma simbolizar o amor, e que também não costuma ser, como as orquídeas, portadora de nenhum mistério.

mo e para si mesmo. A desolação de Marcel é a sua desolação. Nem mesmo juntando dois iguais poder-se-ia chegar a um sentido. Imagens do mesmo, parecem ser a imagem duplicada de um espelho que nada mostra, reflexo pálido e vazio de valores pelo meio dos quais nada se mostraria ou se revelaria.

A relação entre Paul e Jeanne é construída neste duplo registro de vidas passadas.

Ela parece surgir como um par negativo de tudo isso que alimentava aquelas vidas. Jeanne tenta, desde seu segundo encontro com Paul, inseri-los dentro do fluxo de sua própria história. Ela volta ao apartamento sempre sem saber muito bem o porquê, sempre atraída pelo desconhecido. Quando ela para lá retorna, coloca primeiro a mão que balança as chaves pela abertura da porta antes de mostrar seu rosto, quase como se estivesse pedindo licença para entrar. Ao ver um gato que estava lá dentro, porta-se como ele. Engatinha pelo chão vazio, suavemente, até se voltar repentinamente e dar de cara com um carregador de móveis que está entrando com uma cadeira, que ela põe perto da lareira. Seu jeito faceiro ressalta a luminosidade que parece brotar de dentro de si. O apartamento também parece agora estar mais claro, mais iluminado, menos cheio de coisas e mais cheio de vida. Paul entra vigoroso, colocando os móveis em seus lugares, para lá e para cá, não poupando nem mesmo a cadeira na qual ela está sentada, que ele arrasta para perto da janela. Pede sua ajuda, e ela obedece sem pestanejar. Ela continua com o mesmo casaco e com o mesmo chapéu. Só o seu vestido mudou. Mas ele é tão curto como o anterior, praticamente da mesma cor, um bege amarelado. Todos estes amarelos, que nos perseguem desde o começo, fazem com que o que poderia surgir árido e agressivo acabe aparecendo sempre como quente e acalentador. O próprio apartamento, que tinha tudo para se mostrar como um ambiente refratário e depressivo, em sua solidão repleta de histórias mortas dos outros que por ali passaram, e que impregnam os restos que eles ali deixaram, transforma-se em um aconchegante espaço cálido de coisas inesperadas para aqueles que ali vão viver a sua história

Imagens do novo e do velho

sem história, completamente embalada pelos tons quentes das coisas que os cercam e que acabam se desdobrando no calor que exala de seus próprios corpos e de sua união.

Paul, desde o início, imporá todas as regras, suas regras. É curioso perceber que mesmo depois daquela primeira relação sexual, Jeanne ainda se dirige a ele como "Senhor". Ela quer lhe devolver as chaves e ele lhe diz que não liga o mínimo para elas. Ali, aquele lugar, não é o lugar das trancas e das amarras e sim o lugar ilimitado e irrecusável das vontades. Ninguém está ali porque tem as chaves. Ninguém permanece ali porque não as tem. O que os liga deve ter muito mais força do que o mero virar e trancar de uma fechadura. "Eu não sei como chamá-lo", ela diz. "Eu não tenho nome" é a sua resposta, brusca e rápida, instaurando um primeiro e derradeiro interdito. Eles estão perto de uma janela fechada no quarto de "dormir", por onde entra apenas uma tênue luz filtrada pelas persianas, que a tudo aconchega, quando Jeanne lhe pergunta se ele não gostaria de saber o seu nome. A reação de Paul é agressiva, andando em sua direção e tapando-lhe a boca com rapidez enquanto segura fortemente em seu braço. "Eu não tenho nome, você não tem nome. Nenhum nome aqui. Eu não quero saber nada de você." Jeanne se encosta na outra parede, assustada, com medo. "Nós vamos nos encontrar aqui sem saber nada do que se passa fora daqui." Ao querer saber o porquê, Paul simplesmente responde que eles não precisam de nomes ali. Que eles devem esquecer tudo o que viveram, todas as pessoas, todos os lugares, tudo. Um começo sem passado. Um começo sem história. "Eu não posso! Você pode?", pergunta-lhe inocentemente Jeanne. "Não sei", responde indeciso pela primeira vez. "Você está com medo?" Jeanne responde que não, afastando-se da janela e, olhando ligeiramente para trás, chama a Paul com sua voz doce.

Desde este começo, Paul tenta aniquilar radicalmente daquele espaço sua história, que entretanto não o larga, e que, naquele momento, nós ainda não sabíamos em detalhes. Tenta ali começar um tempo e uma vida que surjam pura e simplesmente a partir de si mesmos. Um novo tempo mediado por outras coordenadas que não aquelas das quais ele quer se libertar a qualquer preço. Procura instaurar naquele ambiente um novo fluxo que lhe permita viver sem o passado, sem o seu passado. Paul imagina conseguir isso aniquilando todas as referências que nos fazem ser e perceber o que somos. Nosso nome, nossa identidade primeira. E, principalmente, nossa história, que dá consistência e densidade àquela identidade vazia, sem a qual um nome nada mais seria do que apenas um nome, mera escolha do acaso linguístico de uma sucessão de letras. Pois não podemos esquecer que é a nossa memória que nos define como somos e que nos mostra o nosso lugar no mundo. Sem ela, nada somos, nada possuímos. Sem ela não temos idade, não sabemos o que somos, pois não sabemos o que fizemos. Sem ela nada mais somos do que um receptáculo sem humanidade. Pois só somos o passado que construímos. Passado que é eternamente presente em todos os momentos em que nos lembramos dele, que se torna aí, portanto, como diz Benjamin, um tempo sem limites.[10] Ele não sabe se pode e ela não tem medo. Desta mistura inesperada muitas surpresas podem surgir para inverter a ordem a um só tempo pressuposta e estabilizada das coisas.[11]

Ouvimos uma música suave e Jeanne entra novamente no apartamento. É interessante ressaltar que é sempre ela que entra, com seus vestidos beges e seu inseparável casaco branco. Ao passar pela porta, olha para a direita e vislumbra Paul, encostado em um velho e roto colchão que está meio apoiado na parede, esperando por ela, sempre na calma e inelutável certeza de que ela virá. O quarto nada mais possui do que um outro colchão, este novo, disposto pelo chão, no centro do cômodo. Ela entra olha para baixo, e se dirige diretamente para este colchão onde se senta, sem soltar uma só palavra, de costas para Paul, enquanto este retira jogando para cima o seu sapato. A cena que veremos a seguir é,

---

[10] Walter Benjamin, "A imagem de Proust", *op. cit.*, p. 37.

[11] Como a expressa por Tom e pela mãe de Jeanne.

Imagens do novo e do velho

sem dúvida, a mais terna que ocorre entre eles durante todo o desenrolar do filme. Talvez, porque ali nada aconteça. Talvez, porque o que ali acontece pareça não ser nada, mesmo sendo muito. Vemos apenas os dois rostos que se aconchegam em um abraço carinhoso. Eles estão da cor do apartamento, quentes, suaves, em um momento profundamente sereno de carinho e aconchego que dispensa todas as palavras. A luz que ilumina seus corpos é especial, filtrada pela persiana e por uma cortina, dando a seus corpos a completa suavidade de seus contornos e um brilho parecido com o que Vermeer conseguia fazer brotar em seus pães.[12] É uma luz que permite que tudo se veja, e tudo se mostre, em todos os seus detalhes. Ela encosta seu rosto no ombro de Paul e fecha os olhos com prazer, sorrindo suavemente por estar ali, daquele jeito, só encostada, só com ele, em silêncio, em calma. Paul a segura do mesmo modo, como se quisesse ele também imortalizar aquele instante, retirá-lo de seu fluxo inexorável e guardá-lo protegido para sempre na memória. "Vamos só olhar um para o outro." Eles olham um para o outro, enquanto a câmera se afasta nos mostrando que eles estão sentados sobre o colchão, com as pernas entrelaçadas, com os corpos em contato. Pela primeira vez Jeanne comenta ser bom não se saber nada. Ela também começa a experimentar com prazer a sensação de viver apenas um instante que está perdido no meio de histórias que não se contam e que portanto não se cruzam. O que lá existe são apenas eles dois, como se naquele espaço o mundo deixasse de existir para existir apenas neles, como se o tempo parasse de correr para ficar apenas reservado a uma existência circular, que se renovaria a cada vez que o reencontro os levasse novamente para aquele lugar. Este momento especial permite a eles a brincadeira de tentar gozar sem

---

[12] Como não lembrar aqui da luz que Vermeer colocava em suas telas, sempre filtradas pelos vidros de uma janela, sempre associando o iluminar com o acalentar, com o envolver que aconchega para nossas vistas os elementos de existência que ele tão laboriosamente pincelava?

150 À meia-luz

se tocar, somente por meio do estímulo advindo do próprio pensamento e da sensação de estar ali, ao lado um do outro. Não gozam, mas isso não importa. Os movimentos dos dois são sempre calmos, suaves, o que traz para esta cena uma densidade de ternura à qual nenhum outro momento do filme conseguirá novamente se igualar. Jeanne, que parecia estar começando a gostar de não saber nada, entretanto, não consegue ficar muito tempo sem buscar ou se apoiar em seus referenciais tradicionais. Após sorrirem um para o outro, ela diz que precisa inventar um nome para ele. Depois de resmungar mais uma vez a respeito desta incessante necessidade de nomear que Jeanne tem, Paul prefere um grunhido no lugar do milhão de nomes que diz que já teve. A troca de grunhidos que se segue remete novamente ao mundo das brincadeiras infantis, do momento dos apaixonados que faz com que a infância não seja o outro da idade adulta, mas apenas uma parte dela, pois, afinal, o presente não é uma sucessão de etapas que se seguem e que obrigatoriamente se excluem ao se suceder. Remetem também à possibilidade de algo que possa existir sem as amarras costumeiras que nos dizem o que fazer em que momento e em que idade. Ali, naquele instante, parecia começar uma outra história que, justamente por não ter história, poderia ser diferente. Os grunhidos, por fim, misturam-se aos dos patos e galinhas da casa de campo do pai de Jeanne, para onde somos imediatamente transportados.

No próximo encontro vemos Jeanne andando pelo quarto com um travesseiro apertado contra o seu peito que está nu. A frase que ela fala havia começado na cena anterior, quando Tom lhe perguntara sobre seu pai, o coronel. É interessante como sua frase liga dois espaços e dois tempos descontínuos, ao mesmo tempo que ressalta um elemento essencial de sua constituição. Jeanne tenta, incessantemente, reintroduzir a sua história como um momento da história de ambos. Fala de seu pai até ser interrompida por Paul, que estava deitado ao lado da cama, de costas para ela, em frente a uma bandeja de café, com a xícara na mão. Alheio a tudo que ela lhe conta, ele corta sua frase dizendo que tudo o que aconteceu e acontece fora do apartamento é besteira, que ela deve parar de falar sobre coisas que não importam lá dentro. Paul começa a tocar sua gaita sobre a cama enquanto vemos a sombra de Jeanne aproximar-se do colchão e sentar-se sobre ele. Ela lhe pergunta sobre o seu passado e, curiosamente, ele começa a falar sobre seus pais, bêbados, sobre a vida na fazenda, enfim, sobre seu passado. Ele sintetiza o que sente sobre este passado com a história dos sapatos novos que havia vestido para ir ao jogo de basquete, e que ficaram sujos de "bosta" de vaca, pois seu pai obrigou-o a ordenhá-las antes de sair. Pego rompendo suas próprias regras, de não falarem sobre seus passados, Paul, com um sorriso malicioso, ao olhar para o rosto sorridente de Jeanne pelo seu passo em falso, responde dizendo que talvez ele não tenha dito a verdade. Ela morde o lábio inferior e abana os dois braços apoiados sobre o colchão, sorrindo, como a nos dizer que isso não faria lá muita diferença. A alegria toma conta de seu rosto enquanto ela começa a passar a mão pelo corpo de Paul, começando a brincadeira do chapeuzinho vermelho.

Isso marca, de uma maneira indelével, o que de fato separa os espaços e os tempos onde Paul e Jeanne estão em sua, e apenas sua, relação, e os momentos em que as outras histórias penetram suas vidas pelas portas dos fundos. Não é, como se poderia pensar à primeira vista, um lugar e um tempo mágico que ocorre dentro do apartamento, em contraposição ao que ocorreria no mundo "normal", fora daquelas paredes.[13] Na verdade, mesmo dentro do apartamento, em vários momentos, a história que se passa não é a deles. O que separa de maneira efetiva estes dois lugares não é o espaço físico do apartamento, mas um outro espaço diferente, caracterizado pela *língua* que eles estão usando.

---

[13] Roger Ebert nos diz que esta relação "não poderia acontecer fora daquelas paredes, à luz do mundo *real*" (cf. Roger Ebert, "*Last Tango in Paris*", *Cinemania*, 8/11/1995 — grifo meu). Aqui, Ebert vai ainda mais longe, transformando em ilusão o que foi vivido no apartamento.

Na verdade, o mundo que estão criando só adquire existência nos momentos em que eles se falam em inglês. Em todos os momentos nos quais Jeanne fala com ele em francês, tudo transcorre como se ele nada escutasse do que ela está dizendo, como ocorreu no começo desta cena. Esta diferença linguística acaba criando uma relação especial entre ambos, momentos nos quais transcorrem todas as suas relações realmente significativas. Jeanne diz duas vezes em francês: "você não me escuta!". Mas é somente quando começa a falar em inglês que ela vai passar a obter de Paul algumas respostas. Este lugar especial, com sua temporalidade diferente, por ser o lugar da língua nativa de Paul, é também, e por isso, aparentemente um lugar que está sob seu "controle". Veremos, mais à frente, que esta afirmação exige determinadas mediações que não podem ser desprezadas. De qualquer jeito, é como se a temporalidade diferenciada das próprias línguas se transportasse para o tempo e o espaço das relações que elas englobam e instituem, criando-lhes lugar e densidade próprios.

Jeanne lhe cobre a cabeça e começa a dizer que ele é um lobo. As brincadeiras que se seguem fazem de novo a inserção de uma ingenuidade infantil na relação entre os dois. Brincam a respeito das palavras, dos nomes dados ao órgão genital masculino, com todos os seus apelidos, e que servem para sua "felicidade" e para a "peniscidade" de Paul. "É engraçado... É como crianças bancando gente grande quando a gente é pequeno. Eu me sinto como uma criança de novo aqui dentro." É como se o seu tempo se fincasse em outro tempo. No tempo de antes. Ao falar isso, o rosto de Jeanne se ilumina com um sorriso suave e pueril, como as palavras que troca com Paul, enquanto se ouve o som da gaita que ele toca sempre lentamente. Infantil, pois lá parece ser um mundo sem as repressões e a malícia que os adultos ensinam para as crianças e que acabam por transformar os seus atos de naturais em morais, ensinando-lhes os limites do mundo. Parece estar se realizando ali um tempo sem moral ou, no mínimo, com uma moral diferente daquela com a qual eles convivem do lado de fora daquele apartamento.

Imagens do novo e do velho

Ao perguntar sobre a infância de Jeanne, Paul quebra novamente as regras que ele havia estabelecido, do que ele somente se dá conta momentos após, quando para de escutar o que Jeanne nos conta sobre a sua primeira "gozada". Esta aconteceu um dia, ao correr atrasada para a escola, o que reforça ainda mais a ingenuidade de suas experiências sexuais, não só as de antes, mas, e principalmente, também as de agora. As imagens que vemos, em quase toda esta cena, são apenas dois rostos deitados, o rosto sorridente e arredondado de Jeanne, o rosto calmo e grisalho de Paul, ambos falando com a voz suave e serena, com uma luz amarelada que tomba docemente sobre seus rostos, seus corpos, a parede, suas histórias. Tudo muito quente, tudo muito acalentador, num momento de cumplicidade que se rompe com a atitude de Paul, que se levanta, levanta o rosto e, com o olhar perdido, passa para a sala ao lado para se sentar perto da cômoda e se lembrar de sua vida, de seu passado, sempre segurando aquela velha cúpula rosa de abajur amarrotado, sobre a qual chora.

Esta é a prova cabal da impossibilidade de banir, para algum lugar perdido do esquecimento, tudo o que somos e tudo o que vivemos. É uma busca inglória e fadada ao fracasso, pois a história não para e as suas aparições sempre nos escapam à percepção e ao controle. Paul tenta esquecer, ao mesmo tempo que tenta compreender, e ambas as possibilidades emergem em sua relação com Jeanne nos momentos mais inesperados, quando ele mesmo se trai. O fluxo do tempo não pode parar, independente das vontades de Paul, independente de suas tentativas de congelá-lo em outro lugar, de bani-lo para um outro tempo. Este passado volta com vigor, por meio de rememorações espontâneas, de sua memória involuntária, o que o faz estar sempre presente em um presente que Paul tenta escrever diferente, mas que não consegue.

Jeanne irrita-se, sem perceber o que acontecia com Paul, sentindo-se rejeitada e dizendo a ele que ela também pode se virar sozinha. Abre imediatamente as calças e se joga sobre a cama. Sua mão direita está sob o seu corpo, enquanto vemos sua calça justa mover-se lentamente, no suave movimento de sua masturbação, que acompanhamos até que Jeanne atinja o orgasmo, lento, ligeiramente dissimulado. Depois disso, ela gira pela cama e senta-se sobre os calcanhares, com os braços cruzados sobre as pernas, com a calça a esconder-lhe apenas metade das nádegas, pensativa, entristecida. De uma certa maneira, parece que o clima de Paul tomou conta também de Jeanne que não parece nada contente com o que acabou de acontecer. Mas ela volta para lá, como sempre. Quase nada vemos desta cena de masturbação, que podemos apenas acompanhar pelos movimentos que vemos Jeanne fazer. Mas é inegável o seu grande potencial questionador, não só por mostrar algo que quase todo mundo faz, ou fez, mas que não se vê, mas também pela forma como nos mostra. Não se trata de algo cuja finalidade fosse apenas proporcionar o deleite para o olhar do homem, como depois se vulgarizou mostrar mesmo no cinema não especificamente pornográfico. Aqui, solitária ou não, deixa estampada na cara da plateia a existência de sua inegável possibilidade.

Este passado de Paul, que parece tão misterioso para Jeanne, não deixa de incomodá-la, de intrigá-la. Quando a vemos novamente no apartamento, ela está revirando os bolsos do casaco de Paul tentando descobrir alguma pista que não só lhe diga o que ele é, mas que também lhe ilumine o que é que *ela* está fazendo lá com ele. Mas, para seu desconcerto, a única coisa que ela acha é uma navalha. Tudo se passa no banheiro. Ela está vestida apenas com uma *écharpe*, que lhe cobre o pescoço e que desce caprichosamente entre seus seios. Ele faz a barba enquanto conversam sobre quem são. Ela, sempre fazendo as mesmas perguntas, que, desta vez, encontram de Paul respostas em tom de brincadeira. Ela lhe pergunta se o que fazem lá é amor e ele desconversa. Jeanne acaba por arriscar uma hipótese sobre Paul que ele mesmo parece aceitar. A de que ele nada quer saber sobre ela porque ele tem raiva das mulheres pelo que elas lhe fizeram. "Ou elas fingem que sabem quem sou, ou elas fingem que eu não sei quem são elas, e isto é aborrecido", confirma-lhe Paul. Nada mais distante da verdade, como a cena com a sua mulher morta nos comprovará. Paul passa todo o tempo tentando expiar suas dúvidas, mas sempre por meio do curioso artifício de passá-las para Jeanne como se fossem dela.

Emburrada, com a cabeça enfiada entre os ombros levantados, volta-se de costas para a pia e nos mostra, pela primeira vez, uma visão frontal de seu corpo, cheio mas não gordo, com seus seios volumosos em contraste com as suas nádegas finas. Curiosamente, nada vemos durante todo o filme do corpo de Paul, com a única exceção da cena sobre o colchão que, no limite, nada nos mostra. Paul brinca com ela, colocando-a como uma criança sobre os ombros e girando-a pelo banheiro, para por fim depositá-la carinhosamente sobre a pia. Ele se trai novamente deixando escapar que acha que é feliz com Jeanne, dando-lhe um beijinho na boca enquanto apoia as mãos sobre as suas coxas desnudas. Ela pede mais, agitando os seus braços, querendo continuar a brincadeira, enquanto ele, como sempre, vira as costas para sair. Jeanne se apronta rapidamente para tentar sair ao seu lado, mas quando chega atrás dele Paul fecha a porta sobre o seu nariz. Ela se sente só no apartamento e com raiva joga a bolsa contra a porta antes de sair para se encontrar com Tom na estação de metrô e lhe dizer, como se conversasse com Paul, para procurar outra para o seu filme, que ele a faz fazer tudo que ele quer etc., etc., como vimos. Sua decepção com as atitudes desconcertantes de Paul, que oscilam sucessivamente entre um carinho profundo e uma desconsideração quase, completa, acabam aumentando a atração e a curiosidade de Jeanne sobre ele, ao mesmo tempo que a fazem ter dúvidas sobre a vida que ela levava até então, sobre suas vontades e sobre seus desejos, sobre suas definições, sobre seu futuro já tão incerto. Ela acaba por dirigir para Tom toda a raiva que parece sentir de Paul, por fazê-la agir desta forma tão inconstante, e, ao mesmo tempo, tão gostosa.

Mais uma vez Jeanne entra no apartamento, procurando por ele. "*Salut monstre*", ela exclama no vazio, antes de perceber que ele está lá. Ela o ouve, apenas no momento em que lhe pede para pegar a manteiga na cozinha. Ela vai e, irritada, joga o pacote de manteiga aos seus pés, enquanto ele ri, divertindo-se com a sua reação. A cena que se segue, a "cena da manteiga", transformou-se em um quase *slogan* do filme, vulgarizada e caricaturada, no mais das vezes. Durante anos, antes que a censura no Brasil permitisse que o filme fosse finalmente visto entre nós,[14] todos comentavam esta cena, que chegou às pessoas como relato muito antes de conseguir chegar visualmente. Era uma cena da qual quase todo mundo já havia ouvido falar, mas que quase ninguém havia tido realmente a oportunidade de ver. Isso criou, entre nós, uma situação extremamente peculiar, pois as pessoas iam para o cinema com a sensação de que já conheciam esta cena, o que, normalmente, acabava não sendo coerente com o que elas iriam efetivamente ver.

Marlon Brando está deitado no chão, ao lado da porta, apoiado sobre o cotovelo, tendo um prato, pães, um queijo, e uma garrafa de água à sua frente. Veste uma camisa de gola rolê, vermelha, e uma calça preta. Mastiga o pão que corta com as mãos, lentamente. Sua postura impassível, aparentemente superior, acaba deixando Jeanne maluca, por perceber como ela se atrai por ele e por aquelas situações desconcertantes, que lhe trazem sempre sensações inesperadas, para as quais ele (e ela) não têm dúvidas de que ela voltará. Isso é forte a tal ponto que ela lhe pergunta, um pouco irritada, o óbvio: "Você acha que um americano, sentado no chão, em um apartamento vazio, comendo queijo e bebendo água, é interessante?". A esta pergunta inútil, pois já carrega consigo sua própria resposta, ele responde apenas consentindo com os olhos e esboçando um leve sorriso. Ela mesma começa a rir da situação. Senta-se sobre o carpete, e descobre um lugar oco no assoalho. Isso desencadeia uma das cenas mais famosas que já foram filmadas no cinema. Paul chega-se até o seu lado, curioso

---

[14] Passando pela única vez em uma mostra de cinema no MASP, somente no fim da década, com o abrandamento da censura, este filme pôde finalmente estrear em nossos cinemas.

ele também, mas ela o impede de abrir aquele esconderijo secreto. Ele olha para a sua calça e pergunta se aquilo ele pode abrir. Ela não responde e, quando ele estica a mão, encolhe o corpo e se afasta ligeiramente. "Espere, talvez contenha joias... talvez ouro." Vemos apenas o seu sapato preto a puxar, com o movimento de sua perna, o pacote já aberto de manteiga para junto de seu corpo. "Está com medo?" Frente à sua resposta negativa, sempre negativa, ele vai afirmar: "você está sempre com medo", enquanto segura suas duas pernas e a vira rapidamente de costas. Jeanne diz, "não, mas pode haver segredos de família aí dentro". "Vou falar-lhe de segredos de família", diz-lhe Paul. Aí, neste momento, a cena se desdobra em dois momentos que se misturam, mas que não se dissolvem um no outro. Utilizando de maneira exemplar a ambiguidade que porta toda imagem,[15] temos aí, na verdade, uma possibilidade dupla na qual se fundam várias interpretações. Entre o que se vê, o que se faz e o que se fala, vão existir relações complexas que complicam uma leitura simples e imediata do que se vai presenciar.

Paul puxa as calças de Jeanne até a metade das nádegas, enquanto fala dos segredos de família. Enfia os dedos no pacote de manteiga ("o que você está fazendo?"), puxando um pouco mais para baixo as calças de Jeanne para por fim enfiar ali os seus dedos cheios de manteiga. "Vou falar-lhe de família. Esta instituição sagrada que pretende incutir virtudes em selvagens. Repita comigo!", ele ordena, enquanto o vemos deitar o seu corpo por cima do dela. "Não, não...", ela esmurra o chão várias vezes, "não". "Sagrada família" — ele agarra e segura os seus dois braços, "igreja de bons cidadãos", ela repete soluçando, enquanto vemos Paul se mover sobre seu corpo, o pacote de manteiga ao lado. Jeanne grita, Paul agarra seus cabelos. Eles estão quase que

---

[15] Existem correntes na história do cinema que tentam minimizar esta capacidade intrínseca das imagens, recortando-as no sentido de criar um sentido unívoco. Mas é evidente que este próprio esforço corrobora, pela negativa, a existência desta ambiguidade.

À meia-luz

inteiramente vestidos, podendo ser visto apenas um pequeno pedaço da pele das coxas de Jeanne. "As crianças são torturadas até mentirem", ela repete chorando, "a vontade é quebrada pela repressão, a liberdade é assassinada pelo egoísmo, família...", enquanto Paul se move lentamente sobre ela, em um movimento suave de copulação. "Você... porra de família", ouvimos o seu choro, "*Oh, Jesus*", ela chora, soluçando, "*Oh, God*", ele exclama gozando.

Esta é, sem dúvida, uma das cenas mais enigmáticas que já se fez filmar. Todos percebem que houve uma violação, isso é evidente. Refiro-me aqui evidentemente à violação sexual anal. E, ao fato não muito usual, de se utilizar manteiga como lubrificante. Mas, os significados que comporta já não são tão claros assim. Mesmo o fato de que houve uma *segunda* violação já não possibilita uma percepção assim tão imediata. Refiro-me aqui à violação que advém das palavras que Paul vai dizendo e que faz Jeanne repetir sem parar. A violação desses conceitos sagrados centrados na família também é dolorosa para Jeanne, que está prestes a casar, e que tem em sua própria família, militar, uma referência muito forte. E, por fim, a relação de Jeanne com essas duas violações simultâneas é algo ainda muito mais complexo. Do que ela realmente chora? Da violação física que a maltrata? Da violação espiritual que a entristece? Ou da união de ambas através do sexo anal? A forma de sexo que em si mesmo é a negação de qualquer ideia de família em geral e da família cristã em particular, por ser o sexo que pode ser só prazer,[16] sem qualquer referência possível à procriação, ocasional ou intencional, o lugar da não fertilidade por excelência. Temos aí a conjunção de duas violações que, justamente por se distinguirem, acabam se misturando, indissociando-se. Temos em um só ato a união de duas dimen-

---

[16] Ou prazer com dor, ou prazer na dor, ou só dor. Em qualquer forma, isso aqui não é relevante no tocante à procriação. Mas o é em relação à união sexual que eles celebram.

Imagens do novo e do velho

sões, a síntese absoluta entre o sexo forçado e a ideia de família vilipendiada. Associado ainda ao fato do gozo de Paul ser acompanhado por um "oh, Deus", e um "oh, Jesus". É difícil precisar o que de fato incomodou mais a Jeanne. É difícil precisar o que de fato incomodou mais a plateia. Mas das cenas que vimos podemos depreender algumas interpretações. A primeira é que a reação de Jeanne aos atos de Paul é, como as imagens, prenhe de ambiguidades. Ela, sem dúvida, relutou, mas este relutar também é pleno de indecisão, misto de medo, que ela disse não sentir, e curiosidade, pelos atos sempre incertos de Paul que lhe atraem a atenção e lhe entorpecem e seduzem os sentidos. Da mesma forma que seu choro pode ser a expressão de uma rejeição àquele tipo de sexo, ou da rejeição ao que foi falado sobre a família e a religião. Em vários momentos temos a sensação de que é destas últimas, ou seja, que é da *fala* que ela é obrigada a repetir e que agride seus valores mais arraigados que brotam as suas dores mais profundamente sentidas. Nesta perspectiva, a violação da família estaria sendo para ela muito mais contundente e agressiva do que uma violação meramente sexual. Como saber ao certo, como ter certeza? De qualquer jeito, valores foram colocados em questão, independente das respostas a que chegarmos. E isso, por si só, já é uma resposta.

Mas, ainda em relação a esta mesma cena, o que foi que realmente nós vimos? Ele pega a manteiga, deita-se sobre ela, os dois praticamente vestidos, mexe-se sobre seu corpo, e, ... acabou a cena. Passados mais de vinte anos, quase trinta na verdade, vemos cenas de estupro na novela das oito.[17] Isso recontextualiza a "cena da manteiga" em sua visualidade sexual, pois, a rigor, o

---

[17] A novela *O Fim do Mundo* (1994) brindou os telespectadores com uma inigualável quantidade de cenas de sexo, de todos os tipos e modelos, dentre as quais se destaca o estupro de Bruna Lombardi por José Wilker. Recentemente, na novela *Laços de Família* (2000-01) — veja que ironia —, a cena se repete com o estupro de Helena Ranaldi por José Mayer.

que se mostra realmente é muito pouco,[18] como já poderíamos perceber em uma comparação com *O Império dos Sentidos*, de Oshima, quatro anos depois, onde não mais se insinua nem se atua. Age-se. A própria utilização da manteiga, inovadora pelo inesperado, pela relação sutil da utilização de algo que se passa e se come para se "comer"[19] alguém, pode, além disso, ser vista em outra direção, como também um cuidado que ele toma para fazer com que o ato se torne menos doloroso fisicamente, o que seguramente demonstra uma preocupação com o outro, mais do que consigo. Se esta cena ainda pode causar espantos, apesar de nossas vistas terem se acostumado com cenas deste tipo que vemos cotidianamente em vários meios de comunicação, isso deve acontecer em virtude de algo que o filme misturou, além da manteiga, ao ato do sexo anal em si, por um lado, e ao fato dele ter sido "forçado", por outro. Sobram, portanto, as palavras de Paul, tão invasivas e cortantes como o sexo que ele praticou, e que fazem esta imagem ter ainda uma densidade essencial que ainda importuna mesmo aqueles olhos mais acostumados. É claro que, em 1972, esta cena também era uma novidade visualmente, depois muito explorada em outros filmes, mas na qual vemos uma violência ex-

---

[18] Muitos alunos e alunas, com quem discuti este filme em meus cursos, acabam se decepcionando com esta cena por achar que acabaram não vendo muita coisa. Eles sempre dizem que já viram coisa "muito pior" na televisão. Muitos mencionam que por terem primeiro ouvido comentários sobre esta cena, quando finalmente podem vê-la no filme percebem que sua imaginação já havia ido muito mais longe do que aquilo que nos é mostrado. O estranhamento que existe vem sempre do inusitado das falas de Paul, estas sim, tidas ainda como profundamente contundentes. De qualquer jeito, a multiplicidade de interpretações que dela provém é sempre ricamente espantosa.

[19] A própria utilização da mesma palavra nos dois sentidos (que também vale para o inglês e o francês) nos mostra que os limites entre a cama e a mesa nos são dados pela moral, que estabelece as horas e os lugares apropriados e consentidos.

Imagens do novo e do velho

tremamente contida e, até certo ponto, mesmo consentida. Quando Paul agarra os cabelos de Jeanne, é da família que ele está falando, pois naquele momento ele já está dentro dela. Ele é muito mais violento em relação ao que está falando do que em relação ao sexo que pratica, contra o qual ele não encontra muita resistência. É evidente que aqui temos uma atitude ambígua que não pode ser resolvida se retirarmos e isolarmos esta cena de todo o resto do filme. Esta sequência, por si mesma, não permite uma interpretação linear e acabada.

A atitude de Jeanne, a seguir, não deixa de ser reveladora e de jogar alguma luz no que pensamos que vimos e nas avaliações morais que fizemos. Trens de metrô passam ao lado do apartamento. Paul está deitado pelo chão. Jeanne pega um disco e o coloca na vitrola. Isso mesmo, ela continua lá, como se nada tivesse acontecido, ou melhor, como se *nada demais* tivesse acontecido. Ou como se o que aconteceu não tivesse despertado nela a vontade de deixá-lo. Veremos, pelo contrário, que aquilo a impeliu mais ainda em direção a ele e a esta relação imprevisível e arrebatadora. Também não acreditamos que ela tenha ficado ali por masoquismo, ou por uma misteriosa sedução pelo carrasco. Seu rosto não demonstra raiva, irritação, medo, ou nada parecido. Simplesmente resolve pôr um disco na vitrola. Ao tentar colocar o plugue na tomada, ela toma um ligeiro choque. Seu rosto se ilumina, levanta os olhos, vira-se para Paul e, com um sorriso malicioso nos lábios, ela o chama. Ele está deitado. Olha para ela de ponta-cabeça, após pelo reflexo de um espelho que tem nas mãos, e, quando ela lhe diz ter para ele uma surpresa, vemo-lo apoiar as duas mãos no chão e levantar jogando suas pernas para trás por sobre a cabeça, numa demonstração de vigor físico que contrasta com o Paul que conhecemos no começo deste filme. Vai até onde ela está e..., toma um choque ao enfiar o plugue na tomada. Jeanne fecha os olhos e começa a dançar com um leve movimento de seu corpo. Vemos aqui o resultado da cena que interpretamos antes. Associadas a esta, outras interpretações se constroem, por mais incômodas que possam parecer por nos mostrar uma mulher que aparentemente gostou de sua própria "violação". Ou, o que seria pior a esses olhos, que gostou e sentiu prazer nesta relação sexual que ela mesma não viu nem entende como violação. Ou que descobriu prazer na dor, uma outra forma de sentir prazer. Tudo isso se mistura e é inútil tentar separar todos esses elementos, pois não queremos julgar Jeanne, nem seus ímpetos não "feministas".[20] Só queremos é deixar claro que, independente das reações que gostaríamos que Jeanne tivesse, o que vimos só pode ser analisado através das imagens que nos foram deixadas e que sustentam as nossas interpretações. E, por meio delas, o resultado é inequívoco. O máximo que ela fez em relação às "violentas violações" que sofreu, foi acabar se divertindo dando um choque em Paul. Mas devemos ter cuidado para não cairmos de novo em falsas armadilhas, pois a real dimensão desta cena só nos será dada a perceber em toda a sua complexidade momentos à frente, quando pudermos apreciar uma outra cena que vai se passar, desta vez, no banheiro. Voltaremos a ela daqui a pouco.

A música continua tocando, mas nos vemos agora em um outro lugar. Ela está de novo com Tom. Estão ao lado de um pequeno reservatório de água, no meio de Paris. Tom pega um salva-vidas, enfia pelo pescoço de Jeanne e a pede em casamento. Ela diz: "não — sim — sim — não — não — sim...", sempre respondendo como se estivesse brincando. Tom retira então a boia e a joga dentro d'água. Este salva-vidas, que possui o nome Atalante impresso em grandes letras brancas, cai na água e começa a afundar, desaparecendo rapidamente de nossos olhos nas profundezas. Aqui, a relação é mais que direta. Depois das duas "violações", que colocam em todas as suas dimensões a ideia de família em

---

[20] Pauline Kael diz que Brando incorpora o "papel sexual do americano durão (*tough-guy*) insistindo no seu poder na cama, porque é a única verdade que ele conhece". A cena que discutiremos a seguir coloca uma clivagem essencial nesta percepção.

Imagens do novo e do velho

questão, que, além disso, está aqui envolta pela boia da "segurança" de um matrimônio "feliz", uma espécie de salva-vidas do futuro, não deixa de ser sintomático e revelador que esta mesma boia afunde rapidamente, e, junto com ela, a imagem ingênua de um casamento seguro e repousante, estável e infinito, deixando claro para Jeanne a fragilidade de seus fundamentos e a grande importância que a violação da ideia e dos valores que constituem a família como instituição acabou tendo nela. Sem levar ainda em conta a brincadeira e a alusão ao romantismo cortante de *Atalante*, filme de Jean Vigo. Esta cena, colocada logo após a do sexo anal, faz com que aquela assuma uma outra dimensão, que só vai se explicitar totalmente, como dissemos, mais à frente.

Ainda, neste mesmo registro, surge a cena do vestido de noiva, do casamento *pop*, o casamento sorridente, que se conserta como um automóvel. Novamente o casamento aparece; como parte de uma grande encenação. Por fim, Jeanne desaparece na chuva com o vestido de noiva e corre, para se reencontrar com Paul. Vemos o hall do edifício e é a primeira vez que ela chega lá antes de Paul, que entra logo a seguir, sapateando para tirar a água do corpo. Ela pede perdão por ter tentado deixá-lo e por não tê-lo conseguido. No elevador, ela levanta o vestido e nos mostra seus pelos púbicos, em uma imagem que sobe até parar em seu rosto sorridente e faceiro. Paul a pega no colo e, como em uma noite de núpcias, a carrega pela porta e a coloca gentilmente na cama. Jeanne solta um grito quando vê ali deitado também um rato morto e diz que é o fim, que acabou, enquanto ele brinca de comer o rato com maionese. Pela primeira vez seu rosto está desconsolado, aturdido, enquanto ela afirma que não aguenta mais. Jeanne começa, então, a dizer-lhe que está apaixonada por outro homem, enquanto Paul lhe diz que não se importa, o que a aborrece profundamente. Ela grita e esperneia sem parar quando ele a pega, a coloca sobre os ombros e a carrega para o banheiro. Paul a coloca na banheira e começa a lhe dar um banho carinhoso. "Estou apaixonada" — ele a afunda na banheira. "Estou apaixonada", ele bate o sapato dela na sua cabeça. Como a recusar a ideia mesma de poder existir o amor. Ela brinca com a sua idade, que ele está ficando velho, gordo e careca. Ele não deixa por menos: "Daqui a dez anos você poderá jogar bola com as suas tetas". Lava seus pés enquanto Jeanne continua falando sobre o seu homem misterioso. "Ele trepa bem?" "Magnificamente." Levanta e vira de costas para que ele a lave. Vira-se de frente e ele continua a lavá-la. "Ele sabe como me fazer amá-lo." Paul começa a perguntar se ela quer uma fortaleza para se esconder, se ela quer que este homem a proteja, para que ela não sinta medo e nem se sinta só. "Você nunca o encontrará." Sua fala é amarga, pois afirma que somos sempre sós e que só podemos nos livrar desta sensação quando encaramos a morte de perto. Seu rosto muda completamente de expressão, assumindo o seu ressentimento, acompanhado por sua voz que assume um tom grave, soturno, com o qual ele tempera o seu discurso desiludido, contra o romantismo barato. Não deixa de ser interessante perceber que Jeanne inverte apenas os lugares nos quais procurar a união definitiva que a proteja e resguarde. Se a boia afunda em seu casamento com Tom, parece ressurgir salvadora na relação desconhecida com Paul. Inversão de lugares na busca de um mesmo significado.

Mas quando ela diz ser *ele* este homem, esta fortaleza, a mudança de Paul é radical, pois ele se recusa a ser visto como tal e em tal lugar. Seu rosto se altera. Paul permanece com a boca ligeiramente aberta, com o rosto pensativo, até olhar para baixo e morder uma das unhas. Ordena a Jeanne que pegue uma tesoura e que corte as unhas de dois de seus dedos, o indicador e o médio, os mais compridos. Encosta-se contra o vidro, e podemos ver Jeanne encostar-se nele por trás, para realizar vacilantemente e até mesmo com uma certa angústia o que ele acabara de lhe ordenar: que enfiasse os dedos em seu ânus. O rosto de Paul mostra um pouco de dor, enquanto ela o agarra e o penetra. De novo, como na cena da manteiga, temos em sua fala um desdobramento essencial da cena. "Quero arrumar um porco e fazer com que ele te foda. E enquanto ele estiver te fodendo, quero que ele vomite na sua cara. E quero que você engula todo o seu vômito. Você

Imagens do novo e do velho 165

vai fazer isto por mim?" "Vou", responde Jeanne, tomada por sensações ambíguas, mistura a um só tempo de relativa aversão e de um certo fascínio. "E quero que ele morra enquanto estiverem fodendo, e que você sinta o fedor do porco agonizante. Fará tudo isso por mim?" "Sim, e muito mais, e muito pior", afirma Jeanne. O rosto de Paul contorce-se de dor, enquanto Jeanne encosta o seu próprio rosto em seus ombros, apertando ainda mais os dedos que nele havia introduzido.

Não deixa de ser sintomático, revelador e significativo que esta cena desapareceu completamente do imaginário e da lembrança das pessoas que viram e que comentavam o filme. Sempre ouvimos referências àquela cena da manteiga, e nenhuma a esta que além de tudo não usa manteiga alguma. Um silêncio total e absoluto caiu inexoravelmente sobre esta outra e incisiva violação. Se aquela primeira pode ser vista como mais contundente para as mulheres, esta aqui certamente não poderá passar despercebida para os homens. É novamente uma relação anal que está em jogo. Aqui, neste caso, associada também a uma certa escatologia. Esta cena, de uma certa maneira, completa e redimensiona a cena de violação anterior. Neste caso, deve ficar claro que, apesar de todas as aparências, a violação que se viu fazer não era apenas realizada sobre Jeanne. Neste momento, os papéis se invertem e ela tem a oportunidade de violentá-lo, ou melhor, eles têm a oportunidade de violentarem juntos as formas "normais" de relacionamento familiar e sexual. Esta cena, de um certo ponto de vista, é muito mais chocante e radical que a anterior. Talvez isso explique o completo esquecimento ao qual foi sempre relegada. Mas sua importância é essencial, no sentido de se perceber qual é a real dimensão do que está aqui sendo posto em questão. Por meio dela, também, começa a ficar claro que não é em relação aos limites pressupostos de uma pretensa mocinha pequeno-burguesa que investe Paul, a cada uma de suas sucessivas investidas contra os valores estabelecidos. Como veremos, ao afrontar os limites que gradativamente Paul derruba em Jeanne, obscurece-se, ao mesmo tempo, que é *nele* mesmo que estes limites deveriam estar sendo derrubados. Muito mais do que falando para ela, no sexo anal, ele parece estar tentando convencer-se a si mesmo de tudo o que ele diz. Da mesma forma que o seu discurso ressentido mostra um lugar em suspenso e ainda não explorado pelo filme, onde suas palavras vão adquirir um inexequível significado para ele mesmo. Nesta perspectiva, se a relação que eles travam na temporalidade do falar inglês é uma relação de descobertas incessantes para Jeanne, ela o é também, em contrapartida, uma incessante tentativa do próprio Paul de superar os limites das incompreensões às quais a sua própria vida o levou. Na verdade, aquele Paul, que aparentemente comanda toda a relação entre eles, mostra-se o reflexo invertido da força que ele aparentava ter, sendo mais objeto de seus próprios experimentos do que sujeito efetivo dos experimentos sobre Jeanne. Assim, o que pensávamos que víamos estava aparentemente invertido. Pois em todos os momentos é o próprio Paul que se coloca à prova, através de Jeanne, por meio de Jeanne, ao mesmo tempo que seu fracasso é mais retumbante, pois é ele que não consegue parar de fazer jorrar o fluxo presente de seu passado na vida nova que Jeanne passa, a partir de um certo momento, a representar para ele. Assim, depois de começar a achar que está feliz com Jeanne, toda sua história começa de novo a emergir às suas vistas, mostrando-nos que tudo que ele falava para Jeanne era uma tentativa, que se mostrará frustrada, de tentar convencer-se a si mesmo, de reavaliar os seus próprios e combalidos valores. Jeanne, ao contrário, começa a questionar em profundidade os valores nos quais baseava a sua vida até então e é justamente isso, por ironia, que os levará ao trágico final para onde caminha a sua relação com Paul.

A cena de Paul no quarto com Rosa, sua mulher morta, é extremamente elucidadora de todos os parâmetros com os quais nos deparamos e que restavam misteriosos até aqui. Neste momento temos, finalmente, um Paul que se desvela e se revela, numa sucessão de imagens trabalhadas com o mais absoluto primor.

Paul passa pela porta de um quarto que está às escuras. Nem bem ele entra e já o ouvimos começar a falar: "você parece ridícula nesta maquiagem. A caricatura de uma puta. *A little touch of mammy*". Nada conseguimos vislumbrar do quarto. Ele senta-se em uma poltrona, ao lado da cama, e acende uma pequena lâmpada de cabeceira. "Falsa Ofélia afogada na banheira."[21] Vemos algumas flores sobre o criado-mudo. Ele puxa a poltrona mais para perto. Com o girar da câmera, começamos a ver a cama na qual Rosa está deitada, cercada por muitos buquês de flores roxas, que contrastam com o seu rosto pálido e arrumado. "Queria que você se visse. Você morreria de rir. A obra-prima de sua mãe." As flores o asfixiam. Ele começa um monólogo que vale a pena restituir:

> "Em cima do armário, em uma caixa de papelão, achei suas 'coisinhas'. Canetas, chaveiros, dinheiro estrangeiro, um monte de bobagens. Até o colarinho de um padre. Eu não sabia que você colecionava todas essas tolices. (A câmera se vira para ele que passa a mão na testa, apenas o seu rosto aparecendo sobre um fundo escuro.) Mesmo que um marido viva 200 anos de merda, nunca será capaz de descobrir a verdadeira essência de sua mulher. Eu poderia compreender o universo, mas jamais descobrirei a verdade sobre você, nunca. Que diabos você era? (...) Ontem à noite, eu apaguei a luz sobre sua mãe, e esta droga toda ficou pirada. Todos os seus... hóspedes, como você os chamava (desvia seu olhar para baixo para depois olhar de novo fixamente para Rosa morta)..., acho que isso

---

[21] Referência direta à personagem de Shakespeare, que se suicida após enlouquecer por seu amado Hamlet ter assassinado seu pai Polônio. Aqui, a expressão "falsa Ofélia" pode ter sido uma forma de Paul recusar, como já havia insinuado a mãe de Rosa quando o chamou de louco, qualquer "culpa" pelo seu suicídio, apesar de que chamá-la de "falsa" bem como suas atitudes deixam dúvidas a esse respeito.

me inclui, não é? Ah, realmente me inclui, não é? (Vemos agora, pela primeira vez, Paul sentado ao lado da cama que nos mostra o corpo inteiro de Rosa, vestida de um branco acetinado, cercada pelas flores.) Durante cinco anos fui mais um hóspede do que marido nesta porra de pulgueiro... com privilégios, é claro. E para me ajudar a conhecê-la, você me deixou Marcel como herança. A cópia do marido na cópia do nosso quarto. E eu nem tive a coragem de perguntar se os mesmos 'números' que fazíamos eram os mesmos que você fazia com ele. Nosso casamento foi para você uma trincheira. Para sair dela só precisou de uma navalha barata de 35 centavos. E de uma banheira cheia d'água. (Ele se inclina para mais perto dela, cruza as mãos e começa a apertar os dedos, enquanto fala mais rápido e aumenta o tom de voz.) Sua puta de merda, barata, maldita, desgraçada. Espero que você apodreça no inferno. Você é a porca de rua mais imunda que qualquer um já viu em qualquer lugar. E quer saber por quê? Quer saber? Porque você mentiu, e eu confiava em você. Você sabia que estava mentindo. (A imagem vai se aproximado de Rosa.) Vamos, diga-me que você não mentiu. Você não tem nada a dizer sobre isso? Você pode inventar alguma coisa, não pode? Ah, vamos, diga-me algo. Vamos, sorria sua puta. (Seu rosto é tomado de perto.) Diga-me algo doce. Sorria para mim e diga-me que eu compreendi mal. (Ele começa a puxar pelo nariz.) Diga-me, sua porca de merda. (Começa a soluçar.) Sua puta de merda, mentirosa de merda. (Encolhe o seu corpo e começa a chorar.) Rosa, desculpe... (E se levanta inclinando-se em direção a ela.) Eu simplesmente não aguento te ver com estas malditas folhas sobre o seu rosto. (Sua mão começa a retirá-las de seu rosto que está completamente no escuro.) Você nunca usou maquiagem, esta merda toda em seu rosto. Vou

Imagens do novo e do velho

tirar isso de seu rosto, este batom... (Começa a passar a mão tristemente em seu rosto, uma pétala em sua boca, a voz já meio embargada.) Rosa... oh Deus. (E chora sobre o seu corpo. Podemos ver o seu rosto de perfil.) Desculpe. Eu não sei por que você fez isso. Eu faria o mesmo se soubesse como. (Seu rosto vai descendo sobre o seu corpo.) Simplesmente não sei. Tenho que achar um meio...". (Neste momento ele escuta alguém chamando lá de fora, batendo na porta do hotel.) "Tenho de ir. Tenho de ir meu bem. Estão me chamando..."

Paul começa seu monólogo com Rosa com uma calma aparente, mas, ao se irritar, desmancha-se sobre ela deixando a nu todos os seus medos, suas inseguranças, suas perguntas não respondidas, suas dúvidas insolúveis. Neste momento, pela primeira vez, podemos perceber as lancinantes razões pelas quais ele tentou, sem cessar, não deixar com que a história e o passado fizessem parte de sua curta vida com Jeanne. Ele, na verdade, tentava se convencer em todos os momentos de que seria possível deixar tudo para trás, esquecer, sublimar, ou melhor, não saber. Seu diálogo com Rosa nos mostra que história é essa que o oprime de maneira tão pungente e da qual ele tenta irremediavelmente fugir. Mostra que Paul percebeu o lugar que na verdade nunca ocupou ao lado dela è de como tudo que ele pensou saber sobre ela era um grande vazio. Nunca conseguiu conhecê-la e, portanto, nunca conseguiria entender o seu gesto, para ele totalmente inesperado, nem que vivesse 200 anos. Aí está, de maneira contundente, os fundamentos de seu esforço desesperado, na relação com Jeanne, de afastar todos os elementos que o jogavam de volta em seu passado, para ele mesmo indecifrável, ou que faziam o seu passado tornar-se seu eterno e esmagador presente. Não era para Jeanne que suas atitudes se voltavam primordialmente. Eram para ele mesmo, que tentava o tempo todo se convencer da impossibilidade de se sentir seguro e resguardado por um ideal de família que ele mesmo não havia conseguido realizar, por um lugar seguro que ele pensou ter conseguido conquistar, por um conhecimento do outro que ele havia pensado ter conseguido atingir. Suas investidas sexuais visavam colocar em questão não a sexualidade ingênua de Jeanne, mas, pelo contrário, a sua própria impotência e os seus próprios tabus.[22] Seus discursos eram sempre voltados para ele mesmo, para as lacunas de seu passado, para as reminiscências que teimavam em não parar de retornar. Sua ternura final, no leito de morte de Rosa, mostra-nos o que ele tentava esconder por trás daquela aparente imagem de fortaleza distante que tanto desconcertava Jeanne. Ele chora de maneira dolorida sobre o corpo morto da mulher ao perceber que ali também jaziam todas as suas possibilidades de tentar entender, de tentar conhecer o outro com quem se compartilha uma parte de sua vida. Em vão. Agora podemos finalmente entender a sua obsessão em não permitir que as histórias e os passados penetrassem sua vida com Jeanne. Se nunca se sabe nada, para que tentarmos incessantemente saber alguma coisa. Ele pede perdão pela sua própria impotência, pelo seu próprio fracasso, pela incapacidade de ter uma família e de ter filhos. Que se encontram na imagem da velha prostituta que esmurra a porta.

Este é o momento decisivo da inflexão de nossa história. A morte de Rosa, que parece tê-lo lançado de novo na vida, lança-o na vida sem nome e sem história, o que acaba por lançá-lo em sua própria morte.

É a partir deste momento que tudo vai mudar fatalmente de direção. Ao enfrentar os seus fantasmas ele se torna, curiosamente, um fantasma de sua própria história com Jeanne. Quando ela

---

[22] Kolker nos diz que uma das contradições em Paul era o fato dele tentar lutar contra a repressão sendo ele mesmo repressor. Como vimos, esta questão está um pouco deslocada, pois ele não estava ensinando alguma coisa para Jeanne e sim lutando contra si mesmo, violando-se a si próprio. Para, no fim, melancolicamente perder.

retorna novamente ao apartamento, encontra-o todo vazio, para seu mais profundo desespero. Ela chora, pergunta por ele e nada. Sua imagem é de completa desolação quando telefona a Tom para que ele vá até lá conhecer o apartamento. Ela tenta transformá-lo no oposto do que ele havia sido até o momento. Em um lar, doce lar, para ela viver com Tom, criando seus futuros filhos, Fidel (como Castro) se for menino, Rosa (como Luxemburgo) se for menina, revolucionários no nome desde que viessem ao mundo, dentro de uma família *comme il faut*. Suas frases não têm nenhuma convicção, seu olhar está baixo, triste, enquanto fala em transformar o acaso em destino. Começam a brincar de aviãozinho, num resquício de alegria, quando Tom lhe diz que eles não podem mais brincar como crianças. Somos adultos. "Mas o que fazem os adultos?" "Os adultos são calmos, sérios, lógicos, circunspectos, ponderados, e... enfrentam todos os problemas." Dentro da curta história daquele lugar, tudo isso soa completamente deslocado, sem qualquer sentido, como se fosse um decreto a ser seguido e obedecido, sem substância nem significado. A sua vida com Paul abria, justamente, um espaço dentro do espaço dos pretensos adultos. Tom termina por afirmar, peremptoriamente, que aquele apartamento não serve, que ele vai sair e procurar um lugar onde "se possa viver". Indo embora, sem saber, do único lugar onde Jeanne parece ter conseguido viver de fato. Sendo a um só tempo criança, adulta, mulher. Eles se despedem com um estranhíssimo aperto de mão.

Ao atravessar à passarela e voltar para o lugar onde tudo começou, Jeanne vai reencontrar Paul pela última vez. Ele está sorridente, descontraído, falante. Ela diz que não entende mais nada, que tudo acabou. Ele diz que não há nada para entender. Que eles devem deixar o apartamento para recomeçar a vida com *amor* e *com todo o resto*, frase que a espanta profundamente. O resto? Que resto? E ele começa a contar toda a sua vida, num desenrolar de informações que parecem agora não ter mais nenhum sentido, respingos de identidade que irão recobrir um invólucro ausente. Na verdade, acabarão por ter mesmo é o senti-

172   À meia-luz

do oposto. Enquanto Paul vai contando sua vida, repetindo uma parte daquilo que já havíamos ouvido a empregada contar, Jeanne não consegue esconder seu rosto de espanto e desilusão. Terminam por sentar em um salão onde está acontecendo um concurso de tango. Com seus passos estudados, seus movimentos esquemáticos, tudo se contrasta com a desarrumação que eles viveram até então. Os dois vão ficando bêbados, até o momento que Paul nos brinda com uma "pérola" definitiva. O rosto de Jeanne está cada vez mais fechado e amargo, bem como suas frases vão se tornando cada vez mais ácidas e agressivas. "Eu te amo e quero viver com você", afirma-lhe Paul. "No seu pulgueiro?", desdenha-lhe Jeanne. "O que isso quer dizer? Que diferença faz se eu tenho um pulgueiro, um hotel ou um castelo?", retruca-lhe Paul. Sem se dar conta, Paul dá aqui o passo decisivo para destruir tudo aquilo que parecia ter conseguido realizar nela, e com ela. Esta recaída no "amor romântico" mais tradicional e conservador, onde o amor vencerá tudo e superará todos os obstáculos, onde "seremos felizes para sempre mesmo vivendo em um barraco", transforma todo o mistério e o imponderável que atraía irresistivelmente Jeanne na banalização mais vulgar e resignada do amor e do casamento convencional. Ao reintroduzir tudo o que passaram no fluxo corrente da história, tudo passou a soar como se fosse um *fake* desastrado e ridículo, grotesco e risível em sua vulgaridade deslocada. Os momentos finais que eles passam no salão são a mostra viva das imagens desta decaída irretorquível. Jeanne ainda vai vacilar algumas vezes. Vai pedir a Paul, num dado momento, que ele a leve para o seu hotel. Ele prefere dançar, e, sem perceber, perderá sua última e derradeira chance. De viver com ela. De viver... Enquanto giram pela pista de dança eles realçam em definitivo como tudo aquilo está deslocado. Quando Paul coloca a mão de Jeanne sobre seu sexo, para que ela o masturbe sob a mesa, e ela o agarra como se fosse uma "alça do metrô", isso mostra o rompimento definitivo com a relação que eles viveram e que ali não tem mais lugar de ser. Tudo já está, agora definitivamente, fora de lugar e de tempo. Não há mais nenhuma possi-

Imagens do novo e do velho

bilidade de retorno. Todas as vias acabaram de ser fechadas. O amor romântico, estilo *portrait d'une jeune fille*, era justamente a vida "adocicada" que Tom havia concebido como *script* para suas vidas e que aquela chuva torrencial dissolveu sobre o vestido de noiva. Como retornar precisamente àquela perspectiva, agora encarada como absurda e superficial, conservadora e destruidora, justamente com Paul, aquele mesmo Paul que a fez perceber e destruir, de maneira dolorosa e profunda, contundente e agora definitivamente inabalável? As últimas tentativas de Paul de fazer com que Jeanne continue com ele apenas reforçarão a inevitabilidade desta expressa impossibilidade.

Falta apenas o passo definitivo, que vai ocorrer dentro do apartamento de Jeanne e de sua mãe. Após forçar sua entrada pela porta, Paul olha em seu redor para comentar que o apartamento é meio velho, mas cheio de memórias, em um tom que conota um certo desdém, agora deslocado e portanto descabido. Parece que ele está falando de si mesmo naquele momento. Meio velho, mas cheio de memórias. Andando pela sala, enquanto vemos Jeanne de costas para ele e de frente para o armário, Paul coloca sobre a cabeça o chapéu militar do coronel, meio tombado de lado, batendo continência, mascando chiclete, com um sorriso jocoso nos lábios. Pergunta-lhe como ela gosta de seu herói. "Estive na África, na Ásia e na Indonésia. E agora te encontrei. Eu te amo. Eu quero saber o seu nome." Crime final, que tenta resgatar a primeira de todas as impossibilidades, o nome. A segunda, do romantismo rasteiro do tipo "andei o mundo inteiro para enfim te encontrar". A terceira, regressão definitiva e fatal, ao incorporar também a imagem distante de um pai autoritário e repressor, e, com ele, de todo um mundo machista e burguês que ela parecia querer abandonar. Esta conjunção será o passo decisivo para que nada mais tenha possibilidade de qualquer começo ou recomeço, materializando um fim irremediável e portanto definitivo, mas por tantas vezes adiado: o nome, que Jeanne pronuncia junto com o tiro que dispara, com a bala que o mata (Jea... *tiro...* nne), nome este que vai matar como o projétil tudo aquilo que eles haviam

174 À meia-luz

vivido, demolido, construído e superado juntos. Querer saber seu nome era o que faltava para que tudo caísse em um lugar irrevogavelmente impossível.

Seus últimos passos remetem de novo ao mundo infantil que ele incorpora, pela última vez, colocando o chiclete mascado que retirou da boca embaixo do parapeito do terraço para então cair e morrer em posição fetal.

Assim, as frases que Jeanne repete para si mesma assumem o seu lugar essencial e elucidativo. "Não sei quem é, ele tentou me violar, não sei seu nome, é um louco, não sei quem é, não sei como ele se chama..."

Paul acaba, por fim, mostrando-nos a inutilidade de suas tentativas de sempre buscar escapar da história e do passado que se entrecruzam eternamente em seu presente.[23] Eles se voltam sobre ele e o fazem retornar para tudo aquilo que, em um dado momento, para ele havia perdido o sentido. Jeanne foi mais fundo, e, ao se apaixonar por Paul, aniquilou um possível lugar para este outro Paul que tinha uma vida comum como todas as vidas das quais ela tinha aprendido com ele a fugir. É justamente pelo que ela passou com Paul que tudo o que ele diz vai perder todo o sentido agora, que as suas propostas de uma vida "feliz" vão cair definitivamente no vazio. Um vazio que, ironicamente, ele mesmo se esforçou laboriosamente por construir. O que separava o Paul que libertava e o Tom que reenquadrava amargamente desapareceu.

A sensualidade brutal com que Bertolucci brindou o mundo se dissolve na sensibilidade com que Jeanne age, quase sempre nua, com uma naturalidade essencial de um mundo sem pecados, associado ao seu rosto de criança e ao seu corpo sensual, apesar de ser absolutamente comum. O fato de não ter um corpo escultural faz com que os momentos em que aparece nua sejam vistos como se uma sensualidade ingênua brotasse de sua pele

---

[23] Cf. Walter Benjamin, "A imagem de Proust", *op. cit.*

Imagens do novo e do velho

naturalmente, sem maldade e sem malícia. Talvez isso explique a opção de Bertolucci em não mostrar Marlon Brando desfilando seu corpo nu,[24] pois nele, por ser quem era, esta possibilidade tornar-se-ia completamente impossível. Isso constituiu em todos os momentos em que eles estão juntos um erotismo que parecia brotar como que do nada. Surgia como se viesse de um mundo sem limites. Talvez isso nos de pistas para entender o imenso sucesso que o filme fez durante toda a década de 70.[25] Não foi somente a primeira vez que se filmavam determinadas cenas de sexo não tradicional, mas também a primeira vez que ele surgia como um momento da existência e não como algo que devesse ser extracotidiano, escondido e controlado. Aqui se coloca o seu momento transformador, o que possivelmente fez com que as pessoas pensassem no que haviam visto e compartilhado. Sexo não é mais apenas uma outra coisa que se pode fazer, mas transforma-se em um momento fundamental através do qual tudo passa e a história se reencontra. Assume em consequência uma dimensão que não pode mais ser desprezada nem ignorada.

Paul mostrou que é incontrolável a relação entre passado e memória, por mais que ele tenha se esforçado em bani-los o tem-

---

[24] Apesar das acusações de machismo que ele recebeu por isso (cf. Danny Peary, *Cult movies*, vol. 2. Nova York, Delta, 1983, p. 78). Não podemos nos esquecer que inumeráveis nus frontais masculinos e femininos já haviam sido vistos em filmes como, por exemplo, *Os Contos de Canterbury*, de Pasolini, do mesmo ano.

[25] Dillys Powell se pergunta a mesma coisa afirmando que o cinema já havia oferecido outras cenas semelhantes: a sodomia em *O Silêncio* de Bergman e *Deliverance* (*Amargo Pesadelo*) de Boorman, cenas mais explícitas de sexo em *Flesh and Trash* de Paul Morrissey (cf. Dillys Powell, *The golden screen*. Londres, Pavilion Books, 1989, p. 268). Já Amos Vogel acha que o responsável foi apenas a distribuição, realizada por uma grande companhia, a United Arts (cf. Amos Vogel, *Film as a subversive art*. Nova York, Random House, 1974, p. 228). É evidente que esta resposta por si só não é satisfatória, pois não explica a atração dos espectadores pelo filme.

po todo durante sua vida com Jeanne. Paul acaba sendo o exemplo de que o fluxo do tempo não pode parar, independente dos artifícios que possamos utilizar, independente de qualquer vontade e de qualquer desejo. Resta-nos apenas um gosto amargo na boca, o gosto da aparente impossibilidade de construir algo de novo a partir de tantos velhos. Nos vemos frente a um impasse, pois todos os caminhos, mesmos os mais insólitos, mesmo os mais livres, mesmo os mais sonhados e sonhadores, todos eles, parecem, sem cessar, levar-nos para um mesmo e amargo lugar. Com uma única e essencial diferença: as mulheres parecem comandar as possibilidades desta transformação, pois Jeanne, no fim, demonstra ter muito mais força do que tinha Paul. No momento em que a revolução sexual e a política estavam na ordem do dia, Bertolucci parece, ao mesmo tempo em que nos apresenta as imagens de um caminho apontado como desejado e possível, apagar todas as luzes que nos permitam não tombar copiosamente em precipícios obscuros e ao mesmo tempo profundos. Nos perversos e desconhecidos precipícios de nossa própria incapacidade de mudar o que fomos, o que somos, e o que fazemos.

Imagens do novo e do velho

5.
IMAGENS DO SEXO
(*O Império dos Sentidos*, Nagisa Oshima, 1976)

Este filme é, sem dúvida, em conjunto com *Último Tango em Paris* e *Laranja Mecânica*, um dos mais polêmicos de sua época. Avançando sobre questionamentos valorativos já propostos pelos anteriores, tornou-se referência de proposições que colocavam em xeque até mesmo os critérios recém-estabelecidos sobre o que olhar nas telas do cinema, além de dissipar de maneira contundente os limites já tão difíceis de definir que separavam os filmes em classificações distintas entre si — arte, drama, pornô[1] etc.

Desde suas primeiras cenas já nos são dadas pistas do que teremos pela frente.

A apresentação dos letreiros se faz sobre a grade exterior de um jardim, enquanto ouvimos ao fundo uma música de sopro, em tons bastante graves. A câmera se abre sobre o rosto de Sada. Sua expressão é enigmática. Seu olhar perdido ao longe nos mostra um certo desconforto. O travesseiro sobre o qual repousa seu rosto tem uma forma roliça com a ponta vermelha. Alguém aparece e se deita a seu lado. Saberemos, após, que é uma colega de traba-

---

[1] Prevendo problemas com a censura, o filme foi rodado no Japão e seus negativos revelados na França, tornando-se, portanto, um filme "estrangeiro". Este artifício quase deu certo. Oshima acabou sendo processado por meio das fotos de *set* utilizadas como material de divulgação do filme. Após mais de seis anos de processo, finalmente Oshima acabou sendo absolvido. Para maiores detalhes sobre este assunto, ver "No tribunal da obscenidade" (Nagisa Oshima, *Écrits 1956-1978: dissolution et jaillissement*. Paris, Cahiers du Cinéma/Gallimard, 1980, pp. 279-358).

lho, local onde todas habitam em um quarto coletivo. Pelas palavras que se dirigem a Sada, sabemos que ela chegou há pouco tempo no local e que sente, como a outra, dificuldades para dormir. Mas, o que nos chama logo a atenção, é o fato desta colega de trabalho, sem muita cerimônia, começar a acariciar o corpo de Sada, ao mesmo tempo que pronuncia palavras de conforto em relação à noite mal dormida. Ao tecer um elogio à suavidade e maciez da pele de Sada, desliza gentilmente a mão por baixo de seu quimono. Não encontra da parte de Sada uma acolhida aconchegante. Não encontra, tampouco, uma rejeição agressiva. Isso nos leva a crer que haja em Sada uma certa familiaridade com este tipo de comportamento; um certo jogo de cintura para trabalhar relacionamentos não muito convencionais para os padrões da época.

Em resposta a Sada, que dizia sentir cócegas nos toques da colega, esta exclama que ela não gosta de mulheres e, rapidamente, leva-a para ver os proprietários do restaurante em seus últimos preparativos matinais para o começo de um novo dia. Veste-se com um quimono vermelho, como o fará em todo o filme nos momentos em que a atividade sexual estiver em andamento. Isso se contrasta com sua pele alva[2] e visualmente macia, como também com a cor do corpo de Kichi. Já está quase amanhecendo quando ambas passam a olhar por uma abertura na porta de correr (*shuji*) do quarto da patroa, que laboriosamente enrola uma faixa de pano na cintura de seu marido. Ao mesmo tempo que está por terminar, encosta o seu rosto sobre o pano, na altura da virilha, com o olhar de prazer, enquanto escorrega sua mão por baixo para acariciar o sexo de Kichi, até então encoberto e adormecido. Evidentemente, a cena termina em uma relação sexual que, pelas palavras da empregada, tem ali sua hora e local cotidiano. O rosto de Sada nos mostra o mais profundo prazer, o deliciar-se em ver os patrões em uma situação tão íntima.

---

[2] Na cultura japonesa o *belo* está diretamente associado à pele clara. Por isso, as gueixas têm seu rosto coberto por uma maquiagem branca.

Isso já nos deixa antever que o império dos sentidos[3] (ou amor), a que se refere o título, está diretamente relacionado com o sexo — não sabemos ainda em que forma — ao mesmo tempo que também estará relacionado com um certo grau de exposição pública, na transgressão dos lugares definidores dos limites entre o que seriam atitudes a se fazer em público ou em privado. Em outras palavras, já podemos antever uma determinada perspectiva em Oshima de colocar em questão não só os atributos das relações sexuais que as pessoas travam entre si, mas, e ao mesmo tempo, do seu lugar enquanto fonte de observação, da intromissão de um outro que olha, explicitando para nós mesmos o lugar que ocupamos no cinema, quando olhamos sem ser olhados, quando experimentamos sem sermos vistos, fazendo-nos perceber o lugar de *voyeur* que sempre ocupamos, mas do qual nem sempre nos damos conta. Isso se acentua com o fato de as divisórias entre os ambientes, bem como as portas de correr, serem feitas com esquadros de madeira preenchidos com papel de arroz, o que nunca permite uma total privacidade nesses lugares. A isso soma-se, ainda, o fato de estas portas não possuírem qualquer tipo de tranca que garantisse a sua não invasão por qualquer um que o desejasse.

A cena seguinte termina por contextualizar nossa história em uma dimensão mais ampla. Sada e suas colegas saem pelas varandas e se deparam com um velho mendigo jogado pelo chão. Seu aspecto é repulsivo — suas roupas estão imundas, seu rosto está coberto por uma fuligem escura em meio a uma barba de alguns dias que lhe toma as faces. Perto dele estão duas crianças, cada uma segurando uma bandeira diferente do Japão. A primeira delas é a bandeira nacional tradicional, inteiramente branca com o círculo central vermelho. A outra, entretanto, é a bandeira imperial japonesa, com seus raios vermelhos em direção às bordas. A

---

[3] O nome em japonês, *Ai no Koriida*, remete-nos mais à ideia de *amor* do que propriamente à de *sentido*.

Imagens do sexo

coexistência destes dois símbolos nos leva a perceber que o Japão está em situação de guerra, ou se preparando para uma.[4]

Mas o que chama de maneira acentuada nossa atenção é o fato de a menina tocar com o mastro de sua bandeira o pênis do velho mendigo, exposto através dos trapos entreabertos que deveriam lhe cobrir da cintura para baixo. Ela brinca com aquele membro, cutucando-o com sua bandeira, sem encontrar do mendigo nenhum tipo de reação muito significativa, além de um mero e vacilante chacoalhar da cabeça. Na cena que se segue, o garoto, animado com o que via, vai brincar de tiro ao alvo, atirando bolas de neve novamente sobre este pênis adormecido. Aqui, várias sugestões vão se materializando. A brincadeira da menina, encostando o símbolo nacional no membro do mendigo, vai nos mostrar uma passagem essencial entre o que seria do campo de domínio de um Estado, através de um de seus símbolos essenciais, e o que deveria ser a expressão mais completa de um lugar da pessoa, do individual, e, em consequência, do indivíduo. O indivíduo subsumido pela nação, em uma ponta,[5] a nação subsumida pelo indivíduo, na outra. Além disso, as bolas de neve que o garoto atira nos fazem ao mesmo tempo olhar em uma outra direção. A falta de reação do mendigo em relação aos toques — mastro ou neve — nos leva a pensar o seu membro como sendo um membro morto, unidade indissolúvel entre a perspectiva de vida e prazer que ele comporta (ou comportou) e sua realidade efetiva de adormecimento perene. Sexo e morte, dilema ou proposição?[6]

---

[4] Saberemos, ao final do filme, a data dos acontecimentos. Na época, o militarismo japonês está em alta, reforçado pela crise da Manchúria.

[5] Uma das imagens mais patentes desta perspectiva temos na figura do *kamikaze*, que coloca sua vida a serviço do imperador. Não é preciso dizer muito para que percebamos a diferença entre este soldado e o soldado do Ocidente, o militar de carreira, ou de oportunidade.

[6] Esta perspectiva valorativa que associa sexo e morte, em algumas de suas possíveis variantes, tem sido uma constante nos filmes que temos anali-

Reforçam esta perspectiva as imagens que veremos momentos após, ao anoitecer, quando Sada, combalida com a situação do velho que implorara os seus serviços,[7] tenta carinhosamente fazer com que ele recobre seu antigo vigor. A cena é dramática. O velho tenta, a todo custo, alcançar uma ereção, o que termina por não conseguir de forma alguma. Solicita então a Sada que lhe mostre o sexo, mas nem mesmo assim obtém qualquer tipo de resultado. A imagem que se segue é reveladora. A câmera fecha a imagem em um *close-up* entre as pernas carcomidas do velho, mostrando seu claro pênis, encolhido e recolhido, que ele passa a masturbar mais rapidamente e até com um pouco de fúria, ainda assim sem obter novamente qualquer mínimo resultado. "Você vai ficar resfriado, é melhor desistir", diz-lhe Sada, com compaixão, ao mesmo tempo em que a vemos ajoelhar-se frente ao velho, para a seguir tocar seu pênis suavemente por baixo, levantando-o, três vezes, como quem toca algo inerte e desesperançosamente morto. Novamente vemos a imagem de seu rosto, vemos que ele aperta e move ligeiramente os lábios como a nos mostrar o pesar da confirmação da impotência ali expressa pelo membro anestesiado pelo tempo, ressaltado em sua incapacidade. Curiosamente, esta é a primeira imagem explícita do órgão sexual masculino que veremos. Mas, contrariando todas as expectativas e suposições, o que vemos é justamente a imagem de um membro em sua falência absoluta, atestando com sua ausência de potência uma certa desterritorialização dos lugares comuns visuais pelos quais se costumam apresentar as imagens dos órgãos genitais nos filmes, quando são mostrados.[8]

---

sado. O que vimos é que estas perspectivas vêm se complementando sem se excluir.

[7] Este velho havia reconhecido Sada como uma prostituta da qual havia sido cliente, antigamente.

[8] Com a exceção manifesta dos filmes pornôs, onde a ereção não é fruto

Imagens do sexo

O que o filme desdobrará, em todas as suas dimensões — as relações e seus lugares — já nos é dado a perceber nas cenas seguintes, onde se estabelecem os primeiros contatos entre Sada e Kichi.

A briga na cozinha, causada pelo fato de uma das moças ter chamado Sada de prostituta, adianta-nos os outros elementos que faltavam para termos desde aqui uma visão geral da história. Sada, enfurecida, avança com uma faca para cima de quem a havia provocado. Kichi, que entrava naquele momento, ao segurar e olhar sua mão que portava aquele objeto cortante faz ali um comentário decisivo: "Você tem uma bela mão, não seria melhor segurar outra coisa?". Prenúncio de uma morte anunciada, as palavras de Kichi tornam-se um vaticínio de seu próprio destino, lugar possível do encontro entre estas duas entidades — a faca e a "outra coisa" — nas cenas finais do filme.

Outros momentos vão relacionar esta fixação de Sada pelas facas. Quando ela traz água para os patrões, e se depara com ambos tendo novamente uma relação sexual, após a câmera ressaltar sua cara de espanto, o próximo plano nos mostra uma navalha sobre o tatami, e a seguir o rosto da patroa que acabou de ter seu pescoço cortado por um movimento veloz que não nos é dado a perceber. O sangue jorra aos borbotões, enquanto ela tenta inutilmente conter aqueles fortes jatos comprimindo com força a sua própria garganta. Rapidamente, a imagem retorna para Sada que continua a olhá-los da porta, estática, deixando-nos perceber que tudo aquilo se passou apenas na imaginação da vontade manifesta de Sada. De qualquer jeito, o mal-estar se instaura em nós, e vai nos acompanhar durante todo o desenrolar do filme,

---

apenas de uma simulação de prazer, mas onde, além disso, deve possuir, o que é mais importante, um alto e significativo valor de exibição, expresso em seus *closes* incessantes. Em filmes de outros gêneros, o membro costuma aparecer apenas de relance, mas sempre em posição de descanso, atestando falta de atividade, mas jamais falta de virilidade.

em todas as outras cenas em que Sada toma em punho e manipula objetos cortantes.

Isso se ressalta em uma cena posterior, quando Kichi vai passar novamente uma noite inteira com a sua mulher. Ao seu retorno, encontra uma Sada absolutamente irada. Após deitar-se sobre seu corpo, munida de uma tesoura em uma de suas mãos, segura e aperta o membro ereto de Kichi com a outra, dando-nos a mais completa e inesperada visão da impotência precisamente por estar esta associada ao olhar de um membro justamente em sua potência máxima, em ereção completa. A construção desta cena é atemorizante, pois já temos todos os indícios que precisamos para temer que Sada faça, e que as imagens nos mostrem, o que se vem insinuando para nós desde o começo. Outros dois momentos vão reforçar esta sensação de impotência que se está sugerindo e que vai calmamente tomando conta de nós.

Logo após a "refeição",[9] Sada segura outra tesoura e, ao olhar para o pênis de Kichi, diz a ele que vai cortá-lo. A reação de Kichi é natural, dizendo a ela para fazê-lo, se é isso mesmo que ela deseja. "Você acha que vai morrer se eu cortá-lo?" Aqui, novamente, temos a associação entre pênis, faca e morte, entre sexo, membro e atividade, e morte. Como Oshima vai alternar no filme os instantes em que esta composição acontece, em momentos ora de raiva ora de prazer, só nos resta esperar para ver se esta promessa vai se realizar ou não, e, se o for, sob quais circunstâncias.

Quando Sada retorna de seu último encontro com o professor, temos, talvez, a mais bela visão desta mistura de ingredientes. Irada pelo fato de Kichi ter saído, e assim permitido que as empregadas limpassem o quarto em que eles ficavam, ela desce as escadas com uma faca na mão e se atira sobre Kichi, que havia, a seu pedido, saído para aparar os cabelos. A cena é muito bem construída, ao nos mostrar Sada sentada sobre a barriga de Kichi que está deitado de costas no chão, reagindo com uma cal-

---

[9] Voltaremos a ela mais à frente.

ma absoluta aos seus ataques, enquanto ela lhe segura os pulsos. A câmera fecha em um *close* sobre o rosto de Sada, que agora está com a faca entre os dentes. Mas, curiosamente, transformando esta imagem que poderia ser alguma coisa em princípio aterrorizadora em algo de uma beleza incomum. Seu rosto está tranquilo, apesar da raiva aparente, enquanto seus lábios vermelhos apertam a lâmina da faca com suavidade, compondo uma imagem sem igual, a um só tempo assustadora e tentadora, perigosa e sensual.

Voltando aos primeiros encontros entre Kichi e Sada, logo após a citada cena da cozinha, lembremo-nos de uma onde se trava o contato definitivo entre eles. Sada está ajoelhada no chão, tendo em suas mãos um pano que passa sobre o assoalho da varanda interna da casa. A imagem é realizada pelas costas e nos mostra as nádegas empinadas de Sada cobertas pelo seu quimono. Kichi exclama, ao passar, que elas são belas. Sada olha para baixo, como se ligeiramente envergonhada. "Você deve ter feito muitos homens chorarem por sua causa!" Pela segunda vez Kichi provoca Sada com suas palavras. Ela continua seu trabalho enquanto Kichi senta-se na varanda. Ela se vira e empurra o pano em sua direção, obrigando-o a se levantar. Sada, percebendo as intenções de Kichi, volta de marcha a ré até ter seu corpo encostado sobre o dele. Kichi não vacila. Levanta o quimono de Sada, que nada veste por baixo, deixando-nos ver suas alvas nádegas e a mão de Kichi que se enfia entre suas pernas, até tocar seu sexo. Sada se vira e exclama uma frase surpreendente: "Eu tenho marido!". Surpreendente, pois ela não é acompanhada de nenhuma atitude que reforce seu significado aparente no sentido de ser uma forma indireta de pedir o afastamento das intenções explícitas de Kichi. Pelo contrário, seu sorriso "envergonhado" e seu rosto provocador, bem como sua não resistência às investidas efetivas de Kichi, não deixam dúvidas sobre as suas intenções, não muito diferentes das dele. "Seu marido fracassou. Por isso, você tem de trabalhar", diz-lhe Kichi, sem vacilar. Esta frase é exemplar, pois coloca Kichi em uma posição superior e aparentemente de dominação em relação a Sada, através da citada incompetência de seu marido.[10] Ele pode lhe proporcionar o que seu marido não poderia. Ainda não sabemos que este marido não existe, mas o que é necessário ressaltar é o lugar ilusório no qual Kichi se coloca por meio de uma invenção formulada por Sada. Este diálogo anuncia, de maneira premonitória, a posição na qual o próprio Kichi encontrar-se-á algum tempo depois. Sua frase seguinte — "Vim trabalhar aqui, pois ouvi falar que aqui era lugar sério" — é mais uma demonstração desta postura dissimulada de Sada, que atrai de maneira incontornável cada vez mais a Kichi.

Quando Sada vai lhe servir bebidas, ela se veste com um quimono púrpura, sobre o qual se coloca um avental vermelho vivo. Mas, quando a câmera se fecha sobre o membro ereto de Kichi, sua cor também púrpura contrasta com o vermelho que passa a predominar no colo de Sada. Esta primeira aparição do órgão genital masculino, em completa ereção, é a primeira visão de uma série com a qual Oshima nos brindará incessantemente no decorrer de sua história.

A cena que nos mostra esse jogo de posições sociais da maneira mais contundente é a da primeira relação sexual completa que vai acontecer entre eles. É noite. Sada desce as escadas de seu quarto coletivo para ir ao banheiro. Vemos a escada tomada por trás, e podemos observar apenas os pés desnudos de Sada a descer os degraus quando uma mão lhe pega o tornozelo. Ela se vira e, respondendo à pergunta de Kichi sobre para onde estaria indo naquele momento, diz apenas que se dirigia para o banheiro. Está olhando ligeiramente para baixo, enquanto sua mão direita se eleva até a altura dos cabelos. Kichi lhe diz para não ir, que as-

---

[10] No Japão, até os dias de hoje, o casamento libera, ou melhor, retira, na maioria das vezes, a mulher do mercado de trabalho. Ela passa a cuidar exclusivamente do lar e ser responsável pela educação dos filhos, investimento essencial em uma sociedade onde a competição para se entrar na faculdade é brutal e se faz pela média das notas da vida escolar do aluno. Esta pressão incessante é uma das razões que se alegam para ser o Japão o país recordista mundial em suicídio infantil.

Imagens do sexo

sim "a sensação é melhor", enquanto ela mantém sempre o seu rosto dirigido para o chão, em sinal de respeito, nunca fitando Kichi diretamente nos olhos. O corte é abrupto e a próxima tomada já nos mostrará dois corpos entrelaçados. Vemos inicialmente apenas os pés de Sada, um deles apoiado sobre um encosto de sofá coberto por um lençol branco. Seus movimentos agitados e ritmados nos sugerem de antemão o que estaria acontecendo, antes que possamos ver surgir, no canto esquerdo da tela, as nádegas duras de Kichi. A câmera se afasta e vemos que ele está completamente nu, deitado sobre o corpo de Sada, na posição tradicional,[11] enquanto ela mantém seu quimono vermelho, aberto, levantado até a altura da cintura. Neste momento, quando a câmera está abrindo a imagem para mostrar os corpos inteiros, Kichi dá dois tapinhas nas coxas de Sada, ao mesmo tempo que lhe diz o que nós visualmente já pudemos perceber: "não tenha pressa!". Sada demonstra sua preocupação com o fato de Kichi não ter ainda chegado ao orgasmo, tido prazer, como não o tinha feito também na relação anterior interrompida pela chegada da gueixa. "Você sentindo, tudo bem", ele diz. Desde este primeiro momento, já podemos perceber em Kichi esta preocupação em dar prazer a Sada, postura que veremos se acentuar cada vez mais no decorrer do filme. Os gemidos e as contorções do corpo de Sada, bem como o *close* em seu rosto relaxado, ligeiramente tombado para fora do sofá, onde seus lábios antes entreabertos se fecham suavemente, mostram-nos Sada atingindo o clímax, para o contentamento de Kichi. Ao mesmo tempo, e pela primeira vez,

---

[11] No Brasil, ela é também chamada ironicamente de papai-e-mamãe, além de ser conhecida "tecnicamente" como a posição do missionário. Em todos os casos é evidente que o que se ressalta é o convencionalismo moral desta posição. Resta, porém, no primeiro caso, a ironia invertida de achar que papai e mamãe só fazem sexo papai-e-mamãe, o que só pode ter sido inventado por um *filho* que prefere a ilusão de ver em seus progenitores a expressão mais acabada da falta de sexualidade ou no máximo da sexualidade mais convencional possível.

Sada formula suas preocupações para com o fato de Kichi ter relações com a sua mulher todas as manhãs, o que estava prestes a acontecer novamente. Seus braços envolvem o seu pescoço e o seu torso nu, como a querer retê-lo para sempre naquela posição e longe de outras mulheres. "Não vou largá-lo até que tenha prazer..." "Não fique imaginando coisas...", replica Kichi. Mas é a *atitude* de Sada, que veremos na sequência, que vai se revelar surpreendente.

Kichi retira o seu corpo de cima de Sada e se recosta no outro braço do sofá. A câmera capta esta imagem pelas costas de Kichi. Seu braço direito está apoiado no encosto do sofá enquanto o outro pende para fora, com a mão ligeiramente caída. Sua perna esquerda desloca-se para fora do assento. Vemos Sada levantar-se e inclinar-se em direção a Kichi, em direção ao seu sexo. Pelo movimento de sua cabeça pressupomos o que ela está fazendo. O corte é rápido e a imagem agora toma o sofá pela frente, mostrando-nos o corpo de Kichi e a cabeça de Sada em detalhes. É apenas nesse momento que podemos perceber que o sexo oral que Sada executa em Kichi não é apenas uma simulação, mas sim plena atividade. Ela chupa o pênis de Kichi com calma e profundidade, em um movimento doce e carinhoso. Nós podemos vê-la repeti-lo inúmeras vezes. Ao mesmo tempo, vemos o braço de Kichi escorregar pelo encosto do sofá em direção ao seu assento, de onde ele retira um maço de cigarros. Lentamente, Kichi pega um cigarro, coloca-o nos lábios, abre uma caixa de fósforos e o acende. Tudo isso sem tirar os olhos de Sada que continua a realizar o sexo oral sem nenhuma perturbação. Vemos o fósforo queimar, enquanto Kichi dá uma tragada funda, recostando seu tronco e sua cabeça um pouco mais para trás, soltando lentamente a fumaça e olhando para suas mãos, que ainda seguram a caixa de fósforos. "Você é diferente", ele diz, olhando novamente para Sada, dando mais uma calma tragada. Sada altera um pouco a forma de sua atividade, após a frase de Kichi, abocanhando seu pênis ainda com mais vigor, ao mesmo tempo em que passeia mais cuidadosa e detalhadamente por ele, beijando-o lateralmente, antes de sorvê-lo defi-

Imagens do sexo

nitivamente. A imagem agora é quase frontal ao rosto de Sada, para que possamos ver com detalhes os desdobramentos e os detalhes desta relação. Vemos um *close* de sua faces, de sua mão que segura o pênis de Kichi, enquanto sua boca, que o toma completamente, executa um movimento lento de sucção. Vemos suas sobrancelhas e os seus olhos franzirem-se, enquanto escutamos surgir dela um ligeiro suspiro. Nada mais vemos na tela. Sada eleva sua cabeça suavemente, seus olhos voltam-se para cima, seus dedos separam-se ligeiramente, para podermos então ver em detalhe a cabeça intumescida do membro de Kichi envolta pelos seus lábios. Seu indicador o acaricia enquanto escapa por entre seus lábios o fruto da ejaculação de Kichi, que nós, então, percebemos ter finalmente acontecido. Ela levanta levemente a cabeça e os olhos, e sua boca entreaberta deixa escorrer um pouco mais do sêmen de Kichi, enquanto um ligeiro sorriso de vitória surge delicadamente entre seus lábios. Corte.

Esta sequência é elaborada com primor. Não só pelos detalhes de imagens que nos proporciona, mas, e principalmente, pelos significados contundentes que nos propõe. É a primeira cena do filme em que temos, com toda a certeza, uma relação de sexo explícito. Para uma parte da plateia, isso já era uma contundente agressão visual.[12] Não se esperava, mesmo para um filme "classificado" como de "arte", o que já reduzia uma parte de seu pú-

---

[12] Não era, entretanto, a primeira do filme. A relação de Kichi com a sua esposa também o era, mas a tomada de câmera, que não é feita com tanta riqueza de detalhes poderia ter deixado uma parte da plateia com dúvidas. Aqui, estas dúvidas se dissipam definitivamente. Talvez seja por esta razão que, neste exato momento, nas sessões de exibição deste filme em São Paulo, uma parte da plateia, geralmente formada por casais de meia-idade para cima, levantava-se resmungando e deixava o cinema, aparentemente "agredidos" pelas imagens "indecentes" que o filme lhes propunha. No decorrer do resto do filme outras pessoas deixavam a sala, mas em número muito menor do que neste momento. Isso leva a crer que, passada esta cena, o que viria a seguir já encontrava na plateia uma relativa expectativa para a aceitação.

190   À meia-luz

blico potencial, que imagens deste tipo surgissem com tal destaque e com tanta riqueza de detalhes. Lembremo-nos da tão comentada e famosa "cena da manteiga" em *Último Tango em Paris*, que no nível de suas proposições visuais é absolutamente singela se tomarmos esta como referencial.[13] Mesmo para aqueles acostumados com as imagens dos filmes pornográficos, a diferença aqui era marcante, pois, muito mais do que a filmagem de um desempenho mecânico de uma atividade, o que vimos em detalhes aproximar-se-ia contundentemente de uma relação sexual de fato, com todas as suas implicações, com um profundo, envolvente e sensível erotismo, do que de um exercício atlético por meio de uma encenação burocrática e profissional.[14]

---

[13] Não podemos também perder de vista que este filme é de 1976 e foi visto no Brasil após o fim da ditadura militar, com a queda da censura, apenas em meados da década de 80, quase dez anos após o seu lançamento. No Japão, ele não é visto até hoje. Devemos levar também em conta que naquela época ainda não havia se disseminado na televisão brasileira nem os filmes com cenas de nudez, nem os desfiles de carnaval e nem as novelas que não se cansam de apresentar os detalhes da anatomia masculina e feminina no horário das oito. Mesmo assim, o impacto deste filme ainda é enorme, como posso observar nas apresentações que dele fiz em meus cursos. Dá para se pressupor que, há tantos anos, quando os olhos de nosso público não estavam nem acostumados com isso que presenciamos cotidianamente, o impacto dessas cenas fosse consideravelmente maior.

[14] A ejaculação, nos filmes pornográficos, é quase sempre realizada de forma externa, fora do corpo do parceiro, para que todos tenham a comprovação visual de que a relação que acabaram de presenciar era verídica, e não uma simulação, independente dos cortes e montagens possíveis que a estendem por tempos bastante irreais. O importante é a certeza de que o que foi visto aconteceu de fato, de que o "prazer", pelo menos o do homem, não foi simulado: penetração, atividade, ejaculação. A forma desta ejaculação no mais das vezes se dá de uma maneira bastante bizarra: quando a moça (ou o moço) está de quatro, vemos o gozo esparramar-se pelas suas costas; quando é fruto de sexo oral, em geral ele explode diretamente na sua cara, em suas faces e por fora da boca, com a *gag* bastante ridícula de ela (ele) então se esforçar para lambê-lo, para demonstrar também o seu "prazer". Nada mais antieró-

Outras coisas, entretanto, deveriam também saltar aos nossos olhos. Talvez muito mais contundente do que termos visto em escala gigante o órgão sexual masculino e uma relação de sexo oral explícito seria prestarmos atenção para o que aconteceu ao lado e em torno deles.

A postura de Sada é compreensível, a partir do momento em que ela se dispôs a fazer Kichi chegar ao prazer de qualquer jeito naquela manhã. Quando Kichi aparentemente havia desistido, ela toma a si a tarefa de levá-lo ao ápice e, para isso, emprega um dos meios que possui a seu dispor. A postura de Kichi, por seu lado, é muito mais reveladora. Desde o início, ao mesmo tempo em que demonstrava uma preocupação em dar prazer a Sada, demonstrava também um relativo distanciamento emocional, como nos leva a perceber a imagem dos tapinhas que ele deu em suas pernas. Isto o coloca, ao mesmo tempo, em uma posição de dominação em relação a ela, insinuada anteriormente nas afirmações sobre o "fracasso" de seu marido. Contundentemente, a continuação desta cena corrobora esta perspectiva de uma maneira realmente inegável. Kichi surge como o "dono" da situação. Recostado no sofá, observa a atividade de Sada como pura *atividade*, como se ele nem estivesse presente. Seu rosto nada mostra nem demonstra, bem como seu corpo não apresenta nenhuma contração, nenhum movimento que denunciasse sua efetiva participação neste ato, nenhum indício de estar tendo realmente com aquilo algum prazer. O fato de ter acendido um cigarro no meio de uma relação sexual reforça esta distância e não carece de maiores comentários, pela agressividade e menosprezo que demonstra, ressaltando a um só tempo a sua posição de descaso naquela relação e a sua perspectiva perante aquele "relacionamento". O fato

---

tico e sem sensualidade do que isso. Nada mais longe da definição de erotismo de André Breton, lembrada por Carrière: "uma suntuosa cerimônia numa passagem subterrânea" (Jean-Claude Carrière, *A linguagem secreta do cinema*, *op. cit.*, p. 84).

de Sada ter se mostrado inabalável com esta atitude "pouco usual" de Kichi confirma suas intenções de não deixá-lo sair dali da mesma forma como entrou e, no fim, ao conseguir fazê-lo gozar, termina também por reafirmar o seu sucesso frente a ele.

Da mesma forma, é extremamente significativo que o único sinal de participação de Kichi nesta relação acabe sendo a imagem de seu membro ereto. Seu corpo nunca se mexe. Seus músculos não se contraem. Nem mesmo a sua própria ejaculação nos é dada a perceber através dele. É Sada, ao contrário, com o gemido que emite ao receber em sua boca o calor de seu "prazer", que nos faz entender que algo aconteceu, o que vai se confirmar com as imagens posteriores que nos mostram o que escorre por entre seus lábios. Kichi é um só silêncio, cortado pela sua única manifestação sonora: "você é diferente". Diferente por ter continuado até o fim. Diferente por não desistir de seus objetivos. Diferente por razões que ele ainda não pode nem supor, mas que o desenrolar da história nos mostrará. Por outro lado, é por demais evidente que esta suposta dominação de Kichi é aparente. Se o seu envolvimento até este momento é relativo, o que lhe garantiria esta posição sem muitos questionamentos, também é claro que Sada já está chamando a si as diretrizes dos desdobramentos de seu relacionamento conjunto. Mesmo que isso se de dessa forma um pouco lateral e invertida, com a sua postura recolhida e submissa,[15] mas que, ao negar, confirma.

Nesse sentido, esta inversão de posições no sofá marca a primeira inflexão no que poderia se supor fosse a ascendência de Kichi sobre Sada. Outros momentos devem aqui ser lembrados por serem significativos. A segunda, vai marcar a definitiva inversão destes lugares sociais pressupostos. Quando Sada vai sair para

---

[15] Não podemos esquecer ser o Japão uma sociedade ainda nos dias de hoje moldada por um absoluto patriarcalismo nas relações sociais e familiares. Os homens ainda andam na frente nas ruas e as mulheres só entram nos elevadores após terem nele entrado todos os homens.

Imagens do sexo

encontrar o professor, seu antigo e regular cliente, duas coisas importantes acabam por vir à tona. A primeira delas é o fato de que ela deve trabalhar para conseguir algum dinheiro. Devemos nos lembrar que, naquela cena na varanda, Kichi nos fala justamente sobre o "fracasso" do marido que fazia com que Sada tivesse que trabalhar. Neste momento da história, após a simulação de seu "casamento", Kichi deveria estar definitivamente na posição de homem provedor, o que permitiria que sua "esposa" não trabalhasse. Assim, Kichi se encontra em uma posição à qual antes ele mesmo havia se referido com desprezo. Da mesma forma que agora ele também diz sentir ciúmes do fato de Sada ter de estar com outro homem. "Sei que precisamos de dinheiro, mas toda vez que penso em você com outro homem..." Na volta da segunda visita ao professor, novamente esta situação se estampa em seu rosto. Como vimos, Sada estava brava pelo fato de Kichi ter saído de casa e permitido que as empregadas fizessem a limpeza do quarto, que ela gostava de ver com os restos e os cheiros acumulados de dias e dias de prazer ininterrupto. A frase que ele lhe dirige é exemplar: "você foi cortar o cabelo enquanto *fui* ganhar dinheiro para a *sua* sobrevivência". Dupla inversão, no ciúme e no dinheiro.

A forma de tratamento usada por Sada em relação a Kichi também nos mostra algumas modificações bastante significativas. E somente após o "casamento" que Kichi diz para Sada que ela pode lhe chamar de *Kichisan*. Em português se traduziu esta fala como se Kichi tivesse lhe pedido para não chamá-lo mais de senhor. Na verdade, ele diz a ela para chamá-lo de Sr. Kichi, e não mais com a forma que ela estava utilizando até então que era ainda mais formal, não encontrando paralelo na nossa língua. É somente após a cena da "refeição" que ela vai, pela primeira vez, chamar seu amante e "esposo" apenas de Kichi.

E, por fim, a menção de passagem que Kichi fez ao aumento da sensação de prazer que acontece ao se efetuar uma relação sexual com a bexiga cheia, deixa-nos antever os limites do prazer, os valores e os padrões de conduta que serão cada vez mais questionados, confrontados, ultrapassados e redefinidos. Na verdade, não somente aqueles referentes ao que se fala e ao que se faz, mas também, e não menos importante, aqueles referentes ao que se consegue *ver* fazendo.

A imagem do primeiro beijo, quando ainda estavam no início de seu relacionamento, no qual Kichi passa para a boca de Sada o saquê que a sua continha, inaugura este longo caminho. Essencial, para se compreender esta perspectiva, é a cena que ocorre no trajeto para o lugar que se transformará no espaço definitivo dos amantes e onde ocorrerá a cerimônia de seu "casamento". Esta é uma das poucas cenas externas que este filme contém. Vemos, ao longe, algumas altas construções das quais se elevam três chaminés e, na sua frente, um *rikisba* que passa lentamente às margens de um rio. A imagem seguinte nos mostra de perto apenas Kichi e Sada sentados no assento do veículo. Kichi está com a sua mão escondida sob o quimono de Sada. Em um dado instante, Sada lhe pergunta o que ela fará, pois está menstruada. A resposta de Kichi é visual. Ele retira sua mão da vagina de Sada e olha, com vagar, dois de seus dedos sujos de sangue. É dado um *close* em seu rosto enquanto ele, com o olhar distante, leva estes dois dedos até a boca e os chupa, sem demonstrar o menor sinal ou resquício de qualquer tipo de constrangimento. A frase que ele nos diz a seguir — "não tem importância" — é totalmente dispensável tendo em vista o impacto direto de sua atitude. Sada sorri gentilmente, enquanto recosta seu rosto sobre o ombro de Kichi, sentindo-se definitivamente querida e aconchegada. Sem barreiras.[16] Novamente, esta cena acaba por marcar as diferenças entre o que se faz e o que se vê. As sensações que se têm ao se dizer que não se vê nenhum problema em ter relações sexuais com uma mulher menstruada e ao se ver alguém colocar na boca os dedos antes

---

[16] Esta atitude de Kichi é ainda mais significativa em um país como o nosso, onde, ainda nos dias de hoje, a recusa masculina ao relacionamento sexual com mulheres menstruadas é bastante grande.

imersos em sangue menstrual são completamente distintas. E é neste lugar triplamente indeterminado entre o que se fala, o que se faz e o que se vê que as próximas cenas que nos serão mostradas irão incisivamente investir.

A cena do "casamento" irá reforçar esta perspectiva. Não nos referimos à "primeira relação" que os dois acabam tendo na frente das quatro gueixas, logo após a cerimônia, e que realiza em Sada novamente a "perda" de sua virgindade. Mas à outra, a da iniciação sexual da gueixa mais jovem que os olha, cercada por outras mais experientes. Aos gemidos de Sada, que sente as dores do rompimento do hímen ao refazer no imaginário a sua primeira penetração, vemos uma das gueixas que segura, com um sorriso peculiar, um passarinho de madeira que possui o rabo em uma forma absolutamente fálica. A gueixa mais nova aparece deitada, sendo segura pelas outras, com o seu branco corpo exposto e com as pernas bem abertas em nossa direção, para que possamos ver sem mediações aquele rabo de passarinho ser introduzido lenta e caprichosamente em sua vagina, enquanto ela geme e seu corpo se contorce de um lado para o outro. Um senhor idoso entoa uma música e, quando a câmera se afasta, podemos ver a relação coletiva que se estabeleceu em volta de Kichi, literalmente em volta, pois ele está no centro sendo cercado pelas cinco mulheres que se acariciam ao mesmo tempo em que também o acariciam.

Primorosa é, neste contexto, a cena da refeição. Esta é a primeira vez, desde que o filme começou, que vemos os dois comerem. Enquanto Kichi toma saquê, Sada pega um *shitake*, passa em sua vulva e o coloca na boca de Kichi. "Tudo o que fazemos, mesmo o mais simples ato de comer, tem de ser um ato de amor." Estimulado pela afirmação de Sada, Kichi pega um pouco de *udon*, passa pelo sexo de Sada e o introduz em sua boca, para depois compartilhá-lo ele mesmo com a boca de Sada. "Meu prazer é te dar prazer e obedecer aos teus desejos." Esta relação entre dar prazer e obedecer aos desejos de Sada levará Kichi inelutavelmente ao desfecho final da história. Embarcando nas propostas de Sada, e mesmo as levando mais à frente, Kichi lhe pergunta se ela não deseja comer um ovo. Se o filme de Bertolucci teve na cena da manteiga a sua referência, o filme de Oshima teve, nesta cena do ovo, a sua própria. As imagens são feitas com cuidado. Kichi pega e olha o ovo com prazer. Vemos de perto as coxas de Sada e a mão de Kichi que começa a colocar o ovo em sua vagina. Dois de seus dedos o empurram para dentro, mas o ovo, mesmo assim, retorna para fora. Novamente os dois dedos de Kichi o introduzem, desta vez com um pouco mais de força, até o vermos desaparecer completamente dentro de Sada. Kichi retira seus dedos, que também haviam penetrado Sada, e agora podemos ver com detalhes os lábios de sua vagina se fecharem, acompanhados até mesmo de um pequeno brilho de sua lubrificação. Neste momento, os alimentos que até então haviam apenas passado sobre o sexo de Sada antes de serem comidos começam a passar e a sair de dentro dela. Nesta penetração pelo ovo, unem-se indissoluvelmente sexo e comida, como se uniram em várias línguas diferentes as palavras que se referem aos dois atos. O que vemos a seguir — Sada botando o ovo para fora como faz uma galinha e colocando-o na boca de Kichi para que ele o coma — é apenas mais um reforço daquela situação já abundantemente construída desde a cena da menstruação, pois, apesar de nada nos garantir que aquele ovo seja o mesmo que foi realmente introduzido na vagina de Sada, para nós que o olhamos ele será sempre como se fosse e o efeito será sempre o mesmo. Novamente, todo o esforço visual é para que possamos presenciar de perto aquele ato e termos certeza de que ele não é fruto de uma simulação inodora e incolor, da qual pudéssemos simplesmente nos abstrair de seu poder de realidade por intermédio de um puro processo de pensamento.[17] Além de que estamos, pelo *close-up* que o fil-

---

[17] Muitos autores discutem este "coeficiente de realidade" das imagens do cinema, elemento fundamental para que o jogo de ambiguidades que lhe é essencial se constitua. Os termos para denominá-lo variam, apesar de a ideia ser muito semelhante: "impressão de realidade" (Edgar Morin, *Le ci-*

me nos proporciona, mais perto ainda do que estaríamos se de fato o estivéssemos realizando. Oshima nos introduz visualmente, diretamente e de muito perto, nesta cena, ao mesmo tempo que faz com que ela se introduza sem mediações e sem meias imagens em nossas barreiras e preconceitos.

Como não lembrar aqui da cena em que Kichi, a pedido de Sada, acaba por ter relações sexuais com a gueixa idosa? Ela chega para cantar, em um momento em que Sada faz sexo oral com Kichi. No momento em que Sada muda de posição e senta-se sobre ele, para começarem a fazer amor, a gueixa tece um comentário sobre a virilidade e a força do pênis de Kichi. Após perguntar-lhe sua idade (68 anos), Sada quer também saber se ela o acha atraente. Como a resposta é afirmativa, pergunta se a gueixa o desejaria, afirmando ainda que se ela o quisesse além de tudo poderia tê-lo. A câmera se volta para o rosto da gueixa, que transforma seu cenho franzido e preocupado num alegre sorriso que toma os seus lábios e ilumina suas faces, deixando à mostra os seus alegres dentes amarelados. A imagem se volta para o casal, estampando o atônito rosto de Kichi, já com o corpo totalmente estático, que olha detidamente com espanto para Sada, antes de virar seu rosto resignado ligeiramente para baixo, e então por fim em direção à velha e animada gueixa. Kichi deita-se a seu lado e passa os dedos em seu sexo idoso, levando-os ao nariz e comentando sobre como ele é tão jovem (o sexo), em flagrante contras-

---

néma ou l'homme imaginaire. Paris, Les Éditions du Minuit, 1985, p. 39); "poder de credibilidade" (André Bazin, *Qu'est-ce que le cinéma?*, *op. cit.*, p. 13); "poder de convencimento" (Jean-Claude Carrière, *A linguagem secreta do cinema*, *op. cit.*, p. 52); "realismo fundamental" (Maurice Merleau-Ponty, "O cinema e a nova psicologia", *op. cit.*, p. 114); "ilusão de realidade" (Rudolf Arnheim, *A arte do cinema*, *op. cit.*, p. 125); "impressão de realidade" (Pierre Sorlin, *Sociologie du cinéma*, *op. cit.*, p. 41); "ilusão fílmica" (Pierre Francastel, "Espace et illusion: les mécanismes de l'illusion filmique". In: Pierre Francastel, *L'image, la vision et l'imagination*, *op. cit.*, pp. 191-206).

te com aquele corpo indelevelmente marcado pelos anos. Temos a imagem apenas dos rostos dos dois, dos gemidos da gueixa, do olhar assustado de Kichi, que se vira para Sada que, por sua vez, tem o seu rosto tomado pelo prazer. Um *close* em seus lábios carnudos, vermelhos, entreabertos, com o ligeiro movimento de sua língua, não nos deixa margens a dúvidas sobre o que ela estaria sentindo. As imagens que se seguem são especiais. A velha gueixa não aguentou o prazer daquela tão inesperada relação e desfaleceu (temos até dúvidas se ela não teria morrido ali mesmo, não fosse Kichi ter afirmado: "Espero não tê-la matado").[18] Sua imagem desmancha-se com ela. Seu rosto está tombado no chão, sua boca ligeiramente aberta deixa à mostra seus dentes e sua peruca está caída, o que faz com que possamos ver o pano que lhe cobre os velhos e ralos cabelos. A câmera desce por seu corpo, mostrando seu seio enrugado e seus pés, a um só tempo duros e contorcidos. Suas pernas envolvem o corpo novamente estático de Kichi, enquanto Sada se aproxima e lhe dá carinhosamente dois tapinhas nas costas. Somente então, Kichi tem coragem de retirar-se de cima dela e, sentando-se ao seu lado, soltar um sorriso amarelo. Mas, o que ele nos diz revela ainda uma outra dimensão de seu espanto, pois, sentiu-se ele como se estivesse fazendo sexo com a imagem de sua própria mãe. Kichi, por fim, diz a Sada que ele espera que eles vivam muitos anos. Saberemos mais tarde, entretanto, que isso não será assim.

Para completar este quadro, em vários momentos Sada impede que limpem o quarto no qual os dois vivem, como comentamos. Ela gosta do cheiro que a deixa mais excitada. Isso faz com

---

[18] Esta ambiguidade confunde nossos críticos. Na primeira versão de seu texto sobre este filme, Lúcia Nagib afirma que ela morreu (Lúcia Nagib, "O império do indivíduo". In: *Imagens*, nº 4, Campinas, Ed. da Unicamp, 1994, p. 75). No livro, publicado posteriormente, ela desmaiou (Lúcia Nagib, *Nascido das cinzas: autor e sujeito nos filmes de Oshima*. São Paulo, Edusp, 1995, p. 152), o que reafirma esta característica dúbia da imagem.

Imagens do sexo

que as empregadas do lugar comecem a se recusar a servi-los, pois, além disso, eles fazem sexo sem parar. Sada coloca em dúvida se essas pessoas os acham nojentos por não quererem limpeza ou por se amarem o tempo todo, ou seja, coloca em questão qual é a escala de valores que ali está em jogo e que suas atitudes estariam de fato questionando.

O filme é quase inteiramente realizado com cenas de interiores, em espaços fechados e reclusos. Mesmo as poucas tomadas externas fecham-se sobre os amantes, transformando o espaço diegético em um espaço que assume a forma de uma voluta invertida. É como se estes espaços recortados fossem se fechando cada vez mais, primeiramente em torno dos dois amantes, depois em torno dos amantes unidos, para, por fim, fechar-se em torno do objeto fálico do prazer, representado pelo pênis intumescido de Kichi. É para ele que se dirigem os olhares, os desejos, os prazeres. Ele (o membro ereto) acaba por se transformar no eixo central em torno do qual tudo gira e em torno do qual todo tempo se dissipa, pois, na verdade, nunca temos uma ideia precisa do tempo exterior que transcorre para eles. Nossa imersão na relação dos amantes faz com que nós, também, separados dos indícios eficazes de orientação temporal, passemos a compartilhar com eles o tempo da paixão, do amor e do sexo, não obrigatoriamente separados e nem obrigatoriamente nesta mesma ordem. A partir de um certo momento, estranhamos nós também os poucos momentos em que existe alguma interrupção no interminável ato de se amar que liga os dois personagens. Oshima nos faz compartilhar um tempo especial que se escoa nas incessantes e quase ininterruptas relações que os amantes travam durante todo o filme, e que, com certeza, não se insere no fluxo temporal no qual se desenvolve a história do Japão da época. Este tempo é, sem dúvida, um tempo que está fora do fluxo cronológico do tempo.

As grandes cenas exteriores vão ocorrer durante as duas viagens que Sada faz para encontrar o professor, sua aparente única fonte de renda. Durante a segunda, a mais significativa, temos uma tomada de uma esquina, onde se situa uma barbearia, como podemos pressupor pelo poste redondo pintado com as tradicionais faixas vermelha e branca em espiral. Vemos Kichi sair de lá, e o seu rosto tomar quase toda a dimensão da tela. Seu olhar está introspectivo, enquanto um desânimo absoluto parece tomar conta de suas feições. Ao virar a esquina, vemos um Kichi cabisbaixo se afastar lentamente enquanto vislumbramos, ao longe, uma tropa de soldados que desce em nossa direção. Ouvimos apenas os passos do batalhão que passa e uma leve música de cordas. Olhando agora, pelo sentido oposto, vemos a tropa vista pelas costas e seguindo o seu caminho, enquanto à nossa esquerda uma grande multidão agita suas pequenas bandeiras, a da nação e a de guerra, e, pela direita, continuamos a ver Kichi caminhando para a frente na direção oposta e com o olhar disperso pelo chão. O contraste é violento, não só pelo silêncio do agito da multidão ritmado pelo som dos passos dos soldados, mas, também, pelo fato do absoluto alheamento de Kichi em relação a uma coisa que deveria estar tomando conta da atenção e dos sentidos de todos os japoneses naquela época pré-guerra. É evidente que Kichi caminha na contracorrente daquela história do Japão como grande potência guerreira. Kichi caminha de volta para o seu espaço e o seu tempo, que não parecem mais estar em sintonia com nenhum outro que não o de Sada. Imersão em uma vida, que vai gradativamente se isolando (e os isolando) de tudo e de todos, seguindo uma direção que exclui incessantemente qualquer sociabilidade e por fim todas as instituições: da família ao Estado. É sintomático portanto o sinal de alheamento profundo de Kichi nesta cena onde, ao contrário do *kamikaze* que morre pelo imperador, ele o recusa para voltar-se apenas para dentro de si mesmo e de Sada. Aqui reencontramos uma acepção invertida para aquela cena inicial da menina cutucando com a bandeira o sexo morto do mendigo. Aqui, ao contrário, a vida e a potência do sexo aparecem como referência da morte simbólica do Estado Imperial e de seu poder em ditar a vida e a morte dos seus súditos. Por isso, mesmo quando Sada o recebe brava, com a faca na mão, ele se defende infantilmente e se desmancha em um sorriso de alegria em

Imagens do sexo

tê-la novamente junto a si. Seu sorriso é maroto e ele faz com que Sada também sorria e diga "eu te amo tanto que poderia matá-lo a facadas". Ele sorri e diz que prefere morrer estrangulado. Novamente temos uma circularidade, que teima sempre em não voltar exatamente para o mesmo lugar.

A partir de um certo momento Sada nem mais precisa dizer o que gostaria que ele fizesse. Será o próprio Kichi que vai começar a propor para ela o que ela desejaria fazer com ele, adiantando-se aos seus anseios, prevendo as suas ambições. Como o faz logo após a primeira viagem de Sada, quando ela lhe conta ter pedido ao professor que a espancasse, para seu prazer, acabando por ouvir de Kichi o pedido para que ela fizesse o mesmo com ele. Como depois vai ocorrer nos estrangulamentos.

É dentro desta voluta espacial e deste tempo especial que ocorre uma das relações mais interessantes para compreendermos os desdobramentos finais que o filme nos propõe. Na cena que segue o "casamento", vemos apenas um quadril, o rosto de Sada, e sua mão que segura carinhosamente o pênis ainda ereto de Kichi, masturbando-o vagarosamente, enquanto canta para *ele* (o pênis) uma canção infantil. Curiosa forma de transposição de identidade, Sada chama o pênis de *Kichisan* enquanto o beija. Saberemos posteriormente que ela passou a noite inteira segurando-o, não tendo nem mesmo dormido de tanta felicidade. Kichi quer ir ao banheiro e Sada pede a ele que o faça ali mesmo, dentro dela. Diante de sua recusa, afirmando que é impossível fazer as duas coisas ao mesmo tempo, Sada insiste para que ele tente assim mesmo. Após finalmente ir ao banheiro, ele comenta que seu pênis só tem descanso quando vai até lá. Afirma, ao mesmo tempo, ter dúvidas sobre ser ele ainda seu ou não. Com sua identidade transposta e agora perdida, Kichi parece estar se dissolvendo nas várias formas de dar prazer para Sada. Naquela noite, no caminho de volta para a casa, Sada percorre todo o caminho segurando o sexo de Kichi. Da mesma forma que em uma das tentativas de estrangulamento, Sada comenta que está feliz, "que ele está se movendo *sozinho*". Reduzido à ereção de seu próprio membro, não é de se estranhar que, num certo momento, o resto do próprio corpo de Kichi passe a ser visto como dispensável.

É dentro deste fechamento de espaço e de tempo que o filme ingressa em seu momento final. Entre sua primeira tentativa e sua efetiva consecução, decorrem 14 minutos em que, passo a passo, evolui-se a relação entre amor, sexo e morte. Se, num primeiro momento, parecia-nos que o estrangular era só momentâneo, no sentido apenas de aumentar o prazer dos amantes e potencializar o seu êxtase, pouco a pouco vemos Kichi ir deixando o seu destino deslizar, a seu próprio pedido, para as mãos desejosas de Sada. Ela só faz o que ele passa a lhe pedir. E ele não para de ir cada vez mais longe. Num primeiro momento, ela pede a ele que a estrangule. Kichi começa a fazer isso, mas confessa não sentir nenhum prazer em machucá-la. Aí, então, as posições se invertem, pela última vez, para assim caminharem até o fim.

Inicialmente, ela começa a estrangulá-lo, pois isso aumenta a sua potência a ponto de dar ao seu sexo uma vida própria. Mas, na última sequência, o sexo nem mesmo é mais requerido e, pela primeira vez desde que o filme começou, a relação entre eles não se faz mais pela penetração. Kichi se entrega de maneira absoluta ao seu amor, seu amor por Sada, e, se antes ele havia se dissolvido em seu próprio sexo, tornando-se um apêndice de seu próprio membro, agora ele parece estar preparado para se separar de seu próprio corpo, em ambos os sentidos. Sada continua vestida com quimonos predominantemente vermelhos, enquanto Kichi agora está de preto, como a trazer para as próprias cores que os envolvem a união indissolúvel entre morte e paixão. Ele nos diz que está com medo, ao mesmo tempo que seu rosto estampa um sorriso de alegria por ser esta dissolução fruto de uma entrega absoluta. Ela vibra de prazer pelo que Kichi lhe proporciona. Ele continua dizendo a ela que faça o que lhe agrada. Sada senta-se em cima de seu corpo que tem as mãos amarradas junto ao peito, enquanto puxa com vigor o lenço que lhe envolve o pescoço. Seus gemidos são, ao mesmo tempo, de força e de prazer, e aumentam ainda mais no momento que ela começa a dizer para ele

Imagens do sexo

que vai matá-lo, enquanto sobe e desce continuamente sobre seu pênis. Às suas costas, podemos vislumbrar ainda a luz do dia. O rosto de Kichi vai cada vez mais ser tomado por uma espécie de torpor, um adormecimento que parece lhe tirar as energias antes mesmo de que Sada o faça. Sua energia vital parece cumprir um ciclo de realização fatal que havia começado com sua posição de mando e de comando, de homem e de marido, para em seguida começar a retirar-se lentamente para o sexo e depois para o seu pênis e, por fim, agora e inevitavelmente, por meio dele transferir-se para dentro de Sada deixando-o vazio e inerte, explicitando a inversão definitiva e questionadora dos lugares pressupostos de seus papéis sociais originais. Com um sorriso nos lábios, Kichi vai pedir a Sada que vá até o fim. Ela continua. O quarto está todo escurecido, apenas com uma luz suave sobre eles e uma grave música ao fundo. Ela o chama novamente de *Kichisan* antes de avisar que vai recomeçar. Sem colocá-lo desta vez dentro de si, a vemos realizar seu último esforço, com carinho e com atenção.

Vários *flashes* nos mostram seu rosto adormecido, para após nos mostrá-la acordar seminua, no meio de bancos de um parque em que se luta sumô, onde grita o nome de *Kichisan*. Imagem dentro do sonho, remete à brincadeira infantil de esconde-esconde, de Sada e Kichi. A imagem nos mostra Sada novamente no quarto, olhando Kichi deitado sobre o *futon*, no momento em que ela pega uma faca para efetivar a união final entre sexo e morte. Seu rosto sereno se vira para baixo. A câmera nos mostra sua mão que segura o pênis de Kichi, enquanto a faca desliza sobre ele e começa a cortá-lo. Podemos até mesmo ver o brilho do sangue que começa a escorrer lentamente por baixo dela. Novamente, vemos apenas seu rosto, com o cabelo a lhe cair pelas faces, enquanto seu movimento, que denota o uso de uma certa força e repetição, induz-nos a pensar na efetividade de uma castração. Volta-se então a um *close* do pênis de Kichi, no momento em que ele termina de ser decepado, com o sangue vermelho a brotar intensamente. Novamente vemos o rosto de Sada, e o pênis cortado ser colocado sobre um lençol branco, todo manchado de sangue. Seu rosto continua a demonstrar esforço, até a imagem nos mostrar uma massa de carne sanguinolenta que seriam os testículos arrancados de Kichi. A cena final vai mostrar os dois, vistos por cima, deitados lado a lado. Ela com o rosto e os olhos voltados para ele e com a sua perna sobre a dele. Escrito com sangue sobre o seu peito podemos ler: "Sada e Kichi para sempre".

O narrador, neste momento, diz-nos que o caso aconteceu em 1936 e que chocou a opinião pública do Japão. Sada vagou três dias segurando o que retirou de Kichi, e, quando foi encontrada, portava um sorriso calmo e apaziguador nos lábios. Nos diz, por fim, que a compaixão do povo tornou Sada estranhamente popular.

É curioso perceber que, mesmo centrado em cima de uma constante exposição do órgão sexual masculino, o filme acaba por reforçar incessantemente não o vigor que em princípio o caracterizaria, mas, justamente, o seu oposto, a sua mais completa e absoluta impotência, do velho no começo ao membro cortado de Kichi, no fim. Assim, o processo da perda de identidade e da castração de Kichi colocam em questão não um caso isolado de amor e morte, mas o próprio lugar do homem nas sociedades patriarcais, e em particular na japonesa.

O isolamento social a que é sujeito o casal se desdobra nas inúmeras cenas em que as empregadas se recusam a servi-los, com as alegações mais diversas — nojo, mau cheiro, sexo incessante etc. O que está em jogo ali é a explicitação de um comportamento dissidente que é repudiado pela "sociedade" que o cerca e que tenderia a tentar mantê-lo dentro dos determinados limites do aceitável. A postura de Sada não é nunca condescendente, e a cada reprimenda ela contra-ataca com agressividade. Foi assim no momento em que a colega a chama de prostituta, no começo do filme. Foi assim no momento que ela pede a Kichi que viole a empregada que havia lhes trazido bebida, que lhe implora que não o faça para que ela não perca a possibilidade de ter a chance de *se casar*.

A questão crucial que se coloca é compreender a inserção e a cunha que Oshima está nos propondo. O fechamento social, que ambos vão construindo no decorrer do filme, redobra-se no fe-

Imagens do sexo

chamento espacial que os lugares em que se encontram nos proporciona, cada vez mais reclusos em torno de seu relacionamento sexual, e de seus sexos. Este alheamento que poderia, à primeira vista, sugerir um realce do individualismo ressalta, ao contrário, uma percepção diferenciada dos atributos do social e da inserção nele dos indivíduos. Assim, a aparente alienação dos "problemas sociais" que experimenta o casal é, pelo contrário, uma atitude questionadora extremamente contundente. Neste contexto, o que vimos foi uma gradativa exclusão que o *casal* vai fazendo do mundo exterior, seja ele de relacionamentos sociais, trabalho, família etc., e não o contrário, como poderia parecer à primeira vista. Não é a sociedade que os exclui. São eles que excluem a sociedade, e ao fazê-lo expõem com crueza seus conceitos e preconceitos, questionando de maneira decisiva seus valores constitutivos. Não vemos, portanto, um reinado do indivíduo, mas, ao contrário, a sua completa dissolução. Está-se, justamente, colocando em xeque uma sociedade que molda a inserção social por uma gradativa exclusão do individual. Kichi e Sada caminham no sentido oposto.[19] Parece que, finalmente, Oshima transformou em imagens "a seguinte hipótese: a construção de um novo mundo só pode passar pela realização do desejo amoroso do indivíduo — sem que uma prioridade possa ser dada a um ou a outro".[20]

---

[19] Isso em nenhum momento significa que *O Império dos Sentidos* é um filme japonês para japonês ver. O imenso sucesso que o filme conseguiu na Europa, e a sua perseguição nos mais variados países "democráticos", mostram-nos a universalidade das proposições de Oshima. As peculiaridades ficam por conta da privacidade do indivíduo em sua casa, o que as divisórias de papel de arroz das moradas japonesas não permitem, e do patriarcado mais acentuado que ainda governa o Japão de hoje. Além do peculiar fato de a inserção da pornografia no Japão também ser mais acentuada do que no Ocidente, sendo este país um dos maiores produtores de filmes deste gênero no mundo.

[20] Danvers e Tatum, *Nagisa Oshima*. Paris, Cahiers du Cinéma, 1986, p. 181. Aqui propomos uma interpretação evidentemente oposta à de Lúcia

À meia-luz

Assim, a contínua e repetida exposição dos órgãos sexuais e de seus detalhes, bem como das relações por todos os lados e perspectivas, leva-nos a pensar se não estaria Oshima aqui provocando uma recontextualização do que poderia ser visto e aceito, e do que poderia ser taxado como pornográfico. Oshima parece ter interpretado, à sua maneira, a afirmação formulada por Marcuse em 1969 — "Obsceno não é a gravura de uma mulher nua que expõe os pelos do púbis, mas a de um general completamente vestido que exibe as suas medalhas de recompensa numa guerra de agressão".[21] Pela exposição continuada, à qual nossa vista vai se acostumando, o que o filme constitui é uma reavaliação dos valores que classificam as atitudes, e as imagens dos filmes, em tal ou qual categoria.[22] Pois, pergunta-se Oshima, "a pornografia não reside justamente no fato de mostrar o que é escondido? (...) As crianças podem ver não importa o quê sem ali perceber a menor 'obscenidade'".[23] Ao nos mostrar, repetidamente, sem

---

Nagib que vê neste filme o império do indivíduo e a vitória sobre o coletivo (cf. Lúcia Nagib, *Nascido das cinzas: autor e sujeito nos filmes de Oshima*, *op. cit.*).

[21] Herbert Marcuse, *Um ensaio para a libertação*. Lisboa, Bertrand, 1977, p. 20.

[22] A ausência desta mediação faz Nagib afirmar: "Com toda pesquisa histórica e toda sofisticação intelectual que possa ter, *O Império dos Sentidos* é um filme pornô — mesmo não se encaixando nas regras do gênero — com óbvio poder de excitar o espectador" (Lúcia Nagib, *Nascido das cinzas: autor e sujeito nos filmes de Oshima*, *op. cit.*, p. 157). O próprio Oshima responde, afirmando que "depois que [o filme] foi *proibido* no Japão, ele se transformou em um filme perfeitamente pornográfico. Qualquer que seja o seu conteúdo, ele existe enquanto pornô" [grifo meu] (Nagisa Oshima, *Écrits 1956-1978: dissolution et jaillissement, op. cit.*, p. 306). Para Oshima o importante não é classificar o seu filme como pornô, erótico ou de arte. O que importa para ele é que "os tabus advindos da visão santificada das relações sexuais monogâmicas foram quebrados neste filme" (idem, p. 324).

[23] Nagisa Oshima, *Écrits 1956-1978: dissolution et jaillissement, op. cit.*, pp. 306 e 321.

Imagens do sexo

preconceitos e de uma maneira absolutamente amoral, as mais diversas imagens dos atos sexuais e de suas variações, não estaria Oshima nos fazendo perceber os fundamentos de constituição de nossa própria moral, intelectual e visual? Não será por isso que o filme de Oshima transformou-se em um dos clássicos do cinema, por problematizar o erótico e seus lugares constituídos e cristalizados, por mais que nas prateleiras dos videoclubes seu lugar de honra seja sempre no meio dos filmes pornográficos?

A trajetória que teve este filme e as discussões que acabou por propiciar deixam claro que mesmo entre os defensores e partidários da revolução sexual muito ainda estava por ser trilhado.

Se o fim da década de 60 viu surgir um inigualável movimento de demandas de igualdade entre os sexos e de liberação sexual irrestrita, é inegável que o filme de Oshima coloca ambos os problemas em questão de uma maneira extremamente contundente. Não só por ir mais fundo no mostrar o que já era permitido discutir, e às vezes mesmo fazer, mas também por recolocar em outros parâmetros a complexa relação entre o individual e o social. Neste caso, a opção por um mergulho neste relacionamento tem uma indelével marca de questionamento em relação à imersão em um social que destrói o indivíduo pela repressão à sua sexualidade e pela sua institucionalização. A relação entre sexo e política volta novamente à tona, levando algumas das perguntas de *Último Tango em Paris* às últimas consequências.

Visto como extremamente libertário à sua época, hoje não podemos deixar de ver ali também os ditames de um impasse. Será que a única forma de uma entrega total e, portanto, de transformação radical de sua própria vida, em suas dimensões individual e social, que desconheça os limites cristalizados da moral e da política, tem que obrigatoriamente passar pela dissolução dos seres que as experimentam? Não estaria Oshima também, como Visconti e Bertolucci, ao nos apontar os caminhos da transformação, acabando por temperar este mesmo caminho com o gosto amargo de sua impossibilidade?

6.
AS NUVENS NEGRAS SE DISSIPAM
(*Blade Runner*, Ridley Scott, 1982/1993)

> "A confiança na vida não existe mais; a própria vida torna-se problema."
>
> Friedrich Nietzsche

Blade Runner apresentou-nos uma nova visão sobre o futuro muito diferente da que pudemos ver em *Laranja Mecânica*, mas, como ela, inteiramente diversa daquelas que até então dominavam as imagens dos filmes que podíamos assistir nas sessões dos cinemas. A história situa-se em novembro de 2019, em Los Angeles. A cidade nada mais tem daquelas referências visuais que, em outros filmes, pareciam sempre nos dizer que o futuro era, frequentemente, um aqui e um agora.

A primeira imagem que vemos é a da explosão de gases na ponta de três altíssimas chaminés que, ao iluminar as nossas vistas, iluminam também difusamente o resto da cidade que se espalha lá embaixo, e da qual apenas uma sucessão de lâmpadas nos são dadas a perceber, sob um céu quase totalmente escuro. A imagem de um olho azul é vista bem de perto e podemos perceber, no reflexo que vemos em sua córnea, a mesma imagem da cidade que se espalha indefinidamente sob nossos pés. Um veículo voador cruza este céu e completa esta primeira aproximação do que seria este futuro no início do século XXI. Ao fundo ergue-se, perdida no meio da penumbra, uma construção em forma de pirâmide, do topo da qual se eleva uma forte luz em direção ao céu. A imagem aproxima-se de um prédio que, pela infinidade de luzes que se superpõem em seus andares, podemos presumir ser de uma altura espantosa.

Começamos, desde já, a trabalhar em meio a uma série de contrastes como esse que coloca uma cidade plana, da qual nada a não ser algumas luzes podemos ver, ao lado deste edifício de dimensões monumentais.

O espantoso, entretanto, vai ocorrer quando as imagens penetram o interior do edifício. Um carro que voa nos faz esperar por uma sociedade onde o desenvolvimento tecnológico seja realmente algo digno de nota. Mas a sala que nos será mostrada a seguir nos aponta para uma direção um pouco diferente. Vemos uma pessoa que fuma, iluminada por uma contraluz muito forte que nos mostra o ambiente tomado inteiramente por uma névoa bem espessa. Do teto, pende um ventilador que gira lentamente, como a manter o ritmo exigido pela densidade do ambiente no qual se encontra, e como a servir de mediação entre o que nos é mostrado e o que nós conseguimos através dela vislumbrar. A luz penetra a sala por cima, vinda de uma janela que se espalha por toda a parte alta da parede, e que parece ser a sua única fonte de iluminação.

Isso contrasta com o aparelho de leitura de retina que esta pessoa abre sobre a mesa para examinar, como se fosse um detector de mentiras futurista, o olho de um suspeito de ser um replicante, versão extremamente desenvolvida de robôs, feitos à imagem e à semelhança do homem e com os quais se confundem. É um aparelho curioso, que levanta uma lente que é focada no olho daquela pessoa e que transfere a sua imagem em *close* para um monitor de televisão. Por meio dele pode-se medir a flutuação da pupila ou a dilatação involuntária da íris, método mais sofisticado e preciso do que a alteração das pulsações dos detectores atuais. O investigador, ao perguntar sobre as boas lembranças que Leon tem de sua mãe, recebe um tiro de uma arma que também, como o resto, mostra-se curiosa. Ele a segura em sua mão, o que nos mostra suas pequenas dimensões. Mas, o seu poder de fogo é espantoso. O primeiro tiro que ele dispara vai atravessar não só o corpo de quem lhe fazia as perguntas, como também a mesa, a garrafa térmica e a cadeira sobre a qual se sentava. Além disso, o impacto que vai causar joga-o através da divisória da parede que acaba quebrando-se por inteiro. O segundo tiro, dado nas costas da cadeira, joga-a com violência contra uma outra mesa que se encontrava na outra sala. De pequenas dimensões, esta arma nos reserva explosivas surpresas.

Outros momentos ressaltam a tecnologia avançada da época. Nos letreiros na abertura do filme já se falava dos robôs Nexus 6 de alta tecnologia, além da exploração e colonização de outros planetas.

Na casa de shows onde Deckard vai fazer a investigação sobre a cobra, ele utiliza um videofone para entrar em contato com Rachel em sua casa. Zhora toma banho e se seca em um secador de corpo inteiro que existe ali no banheiro. Andando pelas ruas, podemos ver uma série de pessoas que carregam seus guarda-chuvas, que se distinguem dos atuais por serem os seus cabos hastes luminosas.

Os carros, que logo nos serão mostrados com detalhes, levantam-se verticalmente como helicópteros, encolhem as suas rodas para dentro e saem voando como pequenos aviões. Apresentam, em seus painéis, radares digitais que permitem sua locomoção segura e controlada, bem como garantem aterrissagem precisa no topo dos edifícios.

Nas formas de exibir as propagandas podemos ver os mesmos avanços tecnológicos. Algumas laterais de altos prédios são completamente tomadas por *outdoors* eletrônicos que os transformam em gigantescas telas de televisão. Até mesmo *outdoors* ambulantes nós podemos ver cruzando os céus, com seu formato arredondado e cheio de luzes, como se fossem grandes moscas a carregar um painel luminoso contendo as últimas atrações de vendas, e correndo, literalmente, atrás de seu público potencial. Nada mais eficaz, pois você não precisa mais nem mesmo ir até ela. Agora, no mundo do futuro, ela mesma se dirige até onde você está. Basta olhar para cima.

As nuvens negras se dissipam

Mas o lugar de ouro da civilização de amanhã parece estar destinado à perfeição das imitações que se faz dos seres vivos. No decorrer de suas buscas, Deckard vai atrás de informações que consegue com um fabricante de cobras sintéticas. Elas são absolutamente perfeitas, não só em sua aparência e sua textura, como também em seus movimentos, como podemos ver pela língua que se agita na cabeça de uma delas. Como também o é a coruja que Tyrell tem em seu escritório e em seu apartamento. Ela é perfeita, em sua confecção e em seu voo. Apenas o seu olhar, o reflexo da luz em sua pupila que se mostra vermelha ao fundo, induz-nos a lembrar que aquele animal que nós vemos não é um animal de verdade. Como no exame, é o olho que nos traz as possibilidades de surpresas e de descobertas, algumas insuspeitas.

O escritório de Tyrell nos mostra mais momentos desta tecnologia. Seus ambientes são largos, com amplas janelas que nos deixam ver prédios também gigantescos que se elevam ali ao lado. Quando Deckard pede para diminuir a iluminação, um véu parece descer por dentro do vidro, como a aumentar-lhe a opacidade internamente e não, como seria de se esperar, apenas cortar-lhe a luz por meio de uma persiana que se colocasse à sua frente.

No prédio de Deckard, o elevador obedece a comandos vocais ao mesmo tempo que checa a identidade vocal de quem lhe dá o comando. Em sua casa, também um lugar muito alto, 97º andar, a porta se abre com um cartão eletrônico e as luzes se acendem automaticamente conforme ele se move de um ambiente para outro. O seu digitalizador de imagens também é mostra desse futuro, pois obedece às suas ordens através do simples comando de sua voz.

Mas ao contrário do que poderíamos esperar de um mundo do futuro, a tecnologia não transforma este mundo, como também não o fazia em *Laranja Mecânica*, em um mundo homogêneo em sua configuração.

Todos os ambientes são permeados por essa densa névoa que parece envolver o planeta como um todo, e que se mistura com a incessante fumaça dos cigarros que são fumados em profusão.

Mesmo o escritório de Tyrell, o mais claro dentre todos, também parece estar iluminado somente por fora, mas, neste caso, por uma luz amarelada e espessa e não azulada como nos outros. A delegacia de polícia não foge a este padrão, sendo também tomada por uma fumaça que parece brotar do próprio ambiente na qual se encontra. Mesmo a casa de Deckard, com suas luzes automáticas, e a de Sebastian, com seus autômatos ambulantes, parecem apenas estar iluminadas por esta luz exterior que tudo invade e que a tudo dá esta espessura que reforça a densidade dramática da história a que estamos assistindo, como se olhássemos para uma sucessão de pinturas de Caravaggio.

O grande contraste, entretanto, ficará visível nas ruas e lugares públicos. Se os espaços internos são em geral amplos e vazios, os espaços públicos parecem tomados pelo seu inverso, aparecendo sempre entulhados de coisas e pessoas. As ruas estão sempre apinhadas, com um monte de gente se empurrando pelos caminhos, em um ir e vir incessante que parece ter tirado todo mundo de casa na mesma hora. Elas são estreitas e podemos ver uma imensa quantidade de dejetos, velhos aparelhos, papéis e coisas jogadas por todos os lados, sempre acompanhados de fumaças que saem de buracos por todo o chão. É como se a Terra, e as suas antigas ruas, tivesse transformado-se em grandes lixões a céu aberto. Todas as cenas externas são realizadas em tomadas muito fechadas, que não nos permitem ver muita coisa, sendo que a visão de quem está lá é sempre atrapalhada por uma imensidão de transeuntes que passa por trás e pela frente de quem estamos vendo.

O céu que tudo envolve é dominado por uma profunda escuridão, na maior parte do tempo. Em apenas um momento podemos ver algo um pouco diferente disso, quando Deckard dirige-se voando para o encontro com Tyrell e Rachel. O mundo, naquele instante, parece tomado por uma luz amarelada, ao mesmo tempo que podemos ver um sol que brilha ao céu, mas que parece, ao mesmo tempo, estar sendo filtrado por algo muito espesso, pois a luz que irradia é extremamente fraca. Mas ao chão

As nuvens negras se dissipam

esta luz parece nunca conseguir chegar. As ruas são sempre escuras, com anúncios de néon a piscar por todos os lados, enquanto uma chuva intermitente não se cansa de cair sobre elas e sobre todos os que vivem neste mundo. Chove por todos os lados. Até mesmo dentro de alguns edifícios a chuva não para de cair, como vemos quando Sebastian entra em seu prédio, que tem todo o seu hall inteiramente tomado por poças d'água e por goteiras, como o está também a sua própria casa.

O curioso é que, enquanto as ruas estão superpovoadas, tomadas por essa inigualável multidão, os prédios que nos são mostrados parecem não ser habitados por ninguém. Nas várias vezes em que acompanhamos Deckard em sua casa, nunca mais ninguém foi visto andando por ali. Da mesma forma que Sebastian comenta que não existe mais ninguém habitando o prédio onde mora. Ele também é escuro e iluminado apenas por nesgas de luz que teimam caprichosamente em se esgueirar por entre suas paredes, às vezes fruto de uma luz muito forte que parece proveniente de um farol que gira sobre todos sem parar, reforçando com a sua circularidade a escuridão sem fim que parece ter se abatido sobre tudo e sobre todos. Não deixa de ser curioso que as ruas estreitas e superpovoadas sejam contidas por estes imensos espaços vazios e desabitados. Existe por lá toda uma imensa população que parece, estranhamente, não habitar em parte alguma. É como se a rua, mesmo estas ruas escuras, sujas, chuvosas e entulhadas, fosse o lugar possível de se tentar recuperar algum tipo de humanidade perdida.

Os ambientes são sempre frios, com imensas paredes que parecem herdadas de um passado longínquo e que se erguem imponentes em sua escuridão apenas reforçando o lugar ínfimo que os homens ocupam neste novo mundo. São ambientes recortados, ao mesmo tempo que amplos, com as paredes tomadas por placas com estranhos desenhos e que se repetem monotonamente com o mesmo padrão, sempre em tons escuros e sujos, sempre a desdobrar a ausência de vida que parecem confinar entre as paredes que os contêm.

A única exceção relativa a esta forma de habitar parece ser a casa na qual mora Tyrell. Suas portas são largas. Seu chão é brilhante e suas paredes são altas. Uma delas, significativamente, apresenta como decoração dois pedestais sobre os quais se podem ver duas águias de bronze. Grandes colunas erguem-se pela sala, em volta de uma imensa mesa, reforçando a sensação de estarmos caminhando pelo meio de um palácio. Sua janela, a única que vai até o chão de todos os ambientes pelos quais passamos, nos mostra a altura na qual estamos e de onde podemos vislumbrar este conjunto de edifícios em forma de pirâmides, com o sol brilhando ao lado, o que nos remete obrigatoriamente ao topo social de uma sociedade com o gigantismo monumental que a imagem de seus prédios parece desdobrar. É exceção relativa, pois, mesmo banhada por esta luz diferente, esta casa também não deixa de ser um ambiente inteiramente recortado pelas sombras que o invadem e pelos reflexos que por ali se espalham e que, por esta estranha simbiose entre matérias diferentes, não nos permite ter uma visão clara e completa das coisas que envolve, sejam elas espaços ou pessoas, atitudes ou sentimentos. Mas, afinal de contas, quando é que a temos?

Esta mistura se expressa também no que podemos ver dos ambientes externos. As ruas parecem sempre tomadas por uma infinidade de pequenos lugares para comer que estão sempre fazendo frituras, invariavelmente dirigidos por orientais. A língua que se fala é uma mistura de várias línguas, inglês, espanhol, japonês etc. Mas mesmo estes lugares, aparentemente resquícios de um passado distante, não são impermeáveis à tecnologia. A mesma banquinha que vende cozidos de peixe, que se comem da mesma maneira de antes, possui um microscópio tão poderoso que consegue ler o número de série de uma escama, que Deckard havia encontrado na banheira do quarto de Leon, impresso em uma de suas estruturas moleculares. O mesmo acontece no bar onde dança Zhora, um lugar confuso como todos os outros, cheio de gente vestida com modelos anos 40, mas que possui um show de dança com uma sofisticadíssima cobra artificial. Ou, como obser-

As nuvens negras se dissipam

vamos nas imagens da casa de Sebastian, onde seus bonequinhos robôs convivem com ratos que vemos passear por cima da mesa. Todos os lugares e ambientes espelham esta multiplicidade difusa e desconexa, que coloca de maneira constante e incessante o *novo* no meio do *velho*. Nenhum lugar é inteiramente novo. Nenhum, também, é inteiramente velho. Mas parece que aqui alguma coisa está invertida, pois não é o velho que surge no meio do novo, como um resquício impertinente e renitente do passado. Ao contrário, é o novo que emerge no meio do velho, mostrando a sua resistência ao lado de sua persistência. Devemos ressaltar, além disso, que todos os espaços do filme são cortados, por um lado, pela superposição de imagens de objetos que os seccionam à nossa frente e, por outro, pelas sombras que esta iluminação peculiar rebate em suas paredes, quando eles mostram-se amplos e vastos, sempre no sentido de criá-los pesados e opressivos, o que vai aumentar, pela sua própria indefinição, a apreensão que a história deveria desdobrar em nós.

Assim convivem, lado a lado, a mais alta tecnologia e os ambientes mais áridos e rudimentares, mostrando-nos que a relação direta entre desenvolvimento tecnológico e melhoria da qualidade de vida pode ser, ela sim, uma ficção. Nada parece nos garantir que uma venha junto com a outra, da mesma forma que a possibilidade de colonizar outros planetas não conseguiu fazer com que a própria Terra se tornasse um lugar primoroso para se viver. Pelo contrário, parece ser o lugar onde ficaram somenre aqueles que não conseguiram ir para algum outro, como insinua Sebastian, ao dizer para Pris que ficou aqui apenas por não ter conseguido passar no exame médico. Apesar de ser ele um engenheiro genético de altíssima especialização, capaz de projetar máquinas tão benfeitas como os replicantes. Que, na verdade, não são apenas máquinas, como lhe diz Roy: "não somos computadores, somos seres vivos".

Tyrell já nos havia prevenido sobre isso, ao dizer a Deckard que eles são "mais humanos que os humanos". Feitos à imagem e semelhança do homem, só que muito melhores, a única coisa com a qual eles não são alimentados na origem é de sentimentos. Mas como a invenção sempre supera o criador, eles aprendem sozinhos a sentir e, por isso, saem de fábrica com um curioso dispositivo de segurança: seu tempo de "vida" é limitado e em quatro anos eles acabam por se autodestruir, vítimas de um processo de degeneração que lhes é aplicado em sua própria cadeia genética.

É aqui que está a questão central de nossa história. Quatro desses replicantes fogem para a Terra, onde sua presença é proibida e, portanto, onde são caçados até se conseguir exterminá-los ou, como se diz no filme, removê-los. Deckard, um antigo *blade runner*, ou caçador de androides, como o título brasileiro vai correndo nos anunciando por não gostar de mistérios, é intimado a voltar à ativa e caçar estes fugitivos que quiseram vir para um lugar de onde todos parecem querer sair. Mas é evidente que esse não é o assunto de fundo que o filme nos coloca, e que o leva para muito longe do que seria um mero filme de ação policial.

A questão crucial que está ali imersa, e que vai ser perseguida por todos e em todos os instantes, é relativa ao tempo, ao tempo que nós temos, ao tempo de vida que comanda nossa existência. Todos estão, na verdade, em busca do tempo perdido.

Os replicantes sabem quando foram feitos, mas não que vivem apenas quatro anos, apesar de terem conhecimento que sua temporalidade é limitada. É, portanto, em busca deste segredo, que pode significar também a possibilidade de adiar o seu próprio fim, que eles desembarcam na Terra em busca de informações que lhes possibilitem alterar o ritmo do inevitável. Mas mesmo esta ideia é permeada de meandros e sutilezas que acabam por fazer a sua jornada muito mais complexa e a nossa muito mais intrigante e interessante.

Todas as pistas nos são dadas no momento em que, investigando o quarto de Leon, Deckard encontra escondida no fundo de uma gaveta uma série de fotos que os replicantes tiravam de si mesmos com frequência. Isso o deixa intrigado, por não conseguir entender as razões pelas quais eles tiravam e guardavam estas fotos. Mas, pensando as fotos como paralisações de tempo, no sentido de um recorte do fluxo temporal, se por um lado elas poderiam ser percebidas como petrificações deste tempo, por outro, nada mais fariam do que ressaltar, pela pseudopresença deste mesmo tempo, os indícios de sua ausência.[1] Como se fosse uma prova negativa, a existência das fotos dá a eles o que eles não possuem: um passado, uma história, uma vida inteira, com começo, meio e fim. São, portanto, a prova definitiva de que eles possuem um passado, que seu tempo transcorre como qualquer outro, como o de qualquer outro.

A trajetória dos replicantes em busca deste tempo inexistente vai seguir o mesmo caminho que nossos olhos se esforçam em iluminar. Eles também começam pelo olho, o mesmo olho das imagens do começo que pareciam nos querer dizer que somente através deles poderíamos enxergar alguma coisa. Olhos que são o caminho e o passaporte para se chegar a algum lugar, pois são eles que podem dizer quem são os replicantes para alguém que possua os olhos treinados para percebê-los, para distingui-los dos humanos. Olhos... Eles são o centro das possibilidades. Eles são o elemento fundamental que pode diferenciar o joio do trigo. Tudo parece resumir-se a uma simples questão de saber ver, e de saber compreender aquilo que se vê. Neste sentido, é aqui que vão se colocar as mais intensas e profundas dificuldades.

O mundo é absolutamente límpido e sem mistérios para o chefe de polícia, que chama os replicantes de monstrengos, como que a demonstrar um grande ressentimento em virtude de sua própria aparência, esta sim, não "muito" bela. Isso, entretanto, não parece ser tão claro para mais ninguém. Deckard sente-se mal quando atira em Zhora pelas costas, quando ela está fugindo. A

---

[1] Sobre as relações entre tempo e imagem, cf. outras discussões em Paulo Menezes, "Cinema: imagem e interpretação", in: *Tempo Social*, São Paulo, vol. 8, nº 2, 1996, pp. 83-5; e Paulo Menezes, *A trama das imagens*. São Paulo, Edusp, 1997, pp. 33-46.

cena é toda em câmera lenta e podemos vê-la ser atingida pelos tiros e, ao cair, quebrar uma série de vidraças que estão no seu caminho. Ouvimos o som de seu coração bater cada vez mais forte enquanto corre. Deckard se aproxima com o andar cambaleante e com o rosto tomado pela apreensão e pelo mal-estar de ter sido obrigado a atirar em *alguém*, quando o vemos olhar para baixo atordoado e suspirar com desconsolo, com a respiração ofegante. Nada é muito claro e toda a indefinição dos espaços que nos cercavam agora parece tomar conta dos tempos que nos penetram.

Não é sem sentido o fato de que eles começam a sua busca pela fábrica de olhos, um lugar tão entulhado e esquisito como os demais. Mas é com Sebastian que as relações vão se tornar cada vez mais complexas. Ele é, como dissemos, um engenheiro genético. Ele se encontra com Pris, que se esconde no meio dos entulhos na porta de seu edifício, e a convida para subir. Em um certo momento, Sebastian começa a desconfiar deles, pois, excelente observador que é, percebe que ela e Roy são muito *diferentes*, são muito *perfeitos* para serem humanos. Talvez porque todos os humanos que aqui estão mostram-se muito mais "precários" que aqueles que os imitam, que são mais fortes, e, no caso de Pris, Roy e Rachel, mais perfeitos e bonitos. Os humanos, por sua vez, mostram-se cheios de defeitos.

Gaff, o estranho policial — que fala pouco e passa o seu tempo fazendo *origamis* que vai soltando pelos lugares por onde passa, como a nos deixar pistas de algo que ainda não percebemos — tem em seu próprio rosto as marcas desta confusa percepção das coisas, não só por seu rosto apresentar traços orientais e ocidentais, como, principalmente, por ser seu olho quase transparente, por parecer ser cego, mas conseguir ver. Sebastian é a expressão patente desta dissincronia, pois seu rosto todo enrugado nos mostra uma imagem incompatível com os 25 anos que ele diz a Pris ter como idade. Ele, criador genético de uma série de seres perfeitos, carrega em si mesmo a marca das imperfeições que tenta corrigir nos outros, melhor dizendo, da imperfeição subcutânea que insere em todos os replicantes perfeitos, de última geração. Por possuir a "síndrome de Matusalém", que causa a degenerescência avançada das glândulas, ele acaba sofrendo do mesmo mal que os atinge, a precoce e inevitável falta de tempo, que é, também, a aceleração interna de seu próprio tempo. Como o próprio Tyrell, que tem uma inteligência privilegiada, sendo o pai criador de todos os replicantes, mas que nos mostra seus olhos muito imperfeitos, escondidos atrás das grossas lentes trifocais que seus óculos teimam em nos mostrar.

Sua figura é especial, por ser aquele que mora no topo do mundo, por ser aquele que transforma a sua própria solidão e impotência em uma eterna criação de seres mais perfeitos do que ele. O quarto de dormir onde ele recebe Sebastian nos mostra bem como é o seu mundo. Já vimos a sala onde ele convive com as suas estátuas e com bustos como decoração, como se fossem referências imortalizadas de sua própria finitude inevitável. Alguns imortalizam-se nas obras perfeitas que esculpem e que legam à posteridade. Ele imortaliza-se na perfeição das obras finitas que projeta. Que acabam por lhe copiar rapidamente também a inteligência. Além das emoções, que eles parecem aprender no pouco tempo em que vivem, uma cena que passa quase despercebida vai nos mostrar, também, a sua capacidade de tudo aprender com rapidez e perfeição. Roy, olhando para o tabuleiro de xadrez, pergunta a Sebastian se o seu oponente (Tyrell) é mesmo bom. Ele lhe responde que é um gênio, que só conseguiu derrotá-lo uma vez. Momentos antes, ele havia corrigido Roy em um movimento errado no xadrez. Quando estão no elevador para chegar até o apartamento de Tyrell, Sebastian começa a jogar com ele através do alto-falante. Roy sussurra uma jogada que desconcerta completamente a Tyrell, que, através dela, vai perder a sua segunda partida para Sebastian. Isso nos mostra o seu grau de perfeição e a rapidez de seu autoaprendizado, que fez com que a criação finalmente se mostrasse mais inteligente do que o seu criador, como demonstra o sorriso franco que ele solta no momento em que Tyrell reconhece a sua derrota. Derrota esta que, na verdade, será dupla, pois é só neste instante que ele permite a Sebastian (e a Roy) subir até o

220   À meia-luz

seu apartamento. Seu quarto espelha o seu ser, com uma gigantesca cama na qual se deita sozinho, ladeada por cortinas e repleta de travesseiros, coberta por lençóis e cobertas brancas, como as antigas camas da realeza medieval. Seu quarto é todo repleto de velas, que vão dar a Tyrell um ar divino, como se acesas em sua própria graça, e que o deixam com a mesma iluminação flutuante e sombria que parece perseguir tudo e todos no decorrer do filme. Contrastam, entretanto, com as roupas de dormir e o casaco também brancos com o qual se veste. Sua expressão, ao ver Roy, deixa claro o que vai acontecer. Ele olha lentamente para baixo, sem que sua voz ao falar demonstre qualquer tipo de alteração. Ele reafirma o seu lugar de sempre, superior e prepotente, ao comentar que não é uma coisa fácil encontrar o seu próprio criador. Outro indício desse seu lugar é o fato de falar de si próprio em tom majestoso, em terceira pessoa, no momento em que pergunta a Roy "o que você deseja dele? (o seu criador)". Seu medo se expressa no fato de se afastar quando Roy se aproxima e o chama de *fucker*. Ele já sabe que Roy deseja escapar da morte, coisa que somente o criador poderia saber como conseguir. Mas que, para seu azar, infelizmente não sabe. O sinal da perfeição de sua criação mostra-se também o sinal de sua própria limitação. "Uma luz que brilha o dobro, vai também brilhar a metade do tempo... e você brilhou com muito, muito brilho, Roy." A sorte está lançada, no momento em que o criador reconhece a perfeição de sua criatura, que se redobra obviamente no reconhecimento de sua própria genialidade, de sua própria perfeição incompleta, em sua fertilidade deslocada. Chama-o de filho pródigo, de um grande orgulho. Roy abaixa a cabeça, sobre a qual Tyrell vai passar sua mão em sinal de compaixão e consolo. Mas quando Roy o pega pelo rosto o final é inevitável. Ele dá em seu criador o beijo da morte, e esmaga o seu crânio dando-lhe a mesma coisa que dele havia recebido como presente de vida: a própria morte.

Voltemos às fotografias. É através delas, das que Deckard acha na casa de Leon, que ele vai conseguir chegar até Zhora. Com o seu digitalizador de imagens consegue investigar os segredos que aquelas fotos escondem, que elas *sempre* escondem. Desconfiando do modo como Roy está sentado, como o fotógrafo de *Blow-Up*, segue as linhas do olhar e encontra um outro corpo no quarto ao lado. Lá, através da imagem de um espelho convexo, pode vislumbrar algo brilhante que lhe chama a atenção, e que ele vai descobrir estar no braço de uma mulher que consegue ver pela imagem de outro espelho que está na porta do armário e que se reflete neste, duplamente desvelador. As imagens parecem ser o elemento fundamental que pode nos levar a alguma descoberta, neste mundo onde tudo é enevoado e obscuro, onde as imagens se refletem e se desdobram, onde nada se dá com clareza para os olhos apreciarem. Neste novo mundo, novamente as imagens adquirem o seu lugar de referência primeira sobre a qual se constroem todos os significados. Não só aqueles que nos dizem quem somos, mas, e principalmente, aqueles que nos dão pistas para descobrirmos aquilo que fomos, e que não deixa de se redobrar naquilo que pensamos que somos.

Elas são a referência confiável de nossa humanidade original, ao nos mostrar através delas a existência de um passado que podemos resgatar como sendo o nosso, como sendo parte de *nossa* história. E não é por outra razão que Rachel, já desconfiada das origens de sua existência anterior, mostra a Deckard uma foto em que está com sua mãe, tirada quando ela era "pequena", e que, como as imagens não mentem, deveria bastar como prova suficiente de que seu passado era realmente *seu*, e verdadeiramente *passado*. A crença nessa pseudoveracidade das imagens mostra-se como a prova do engano, na mesma dimensão de sua própria confiabilidade. Ao ser uma prova da "paralisação" do tempo, ao mostrar a nossa própria imagem enquanto passado, consequentemente, mostra também a realidade de nossa existência neste presente. É ela que nos fornece a relação entre tempo e memória, que nos mostra qual é o nosso sentido no mundo em que estamos, qual é o fundamento de nossa própria identidade. Sem memória não temos identidade. Sem passado não temos identidade. Sem ambos nós simplesmente não existimos. Perdemos a nossa consistência aos perdermos os nossos caminhos trilhados, que vão tirar a certeza de quem nós somos. É por isso que Rachel se agarra tanto à prova "irrefutável" de sua existência anterior, que, ao lhe dar uma comprovação de seu passado, lhe dá ao mesmo tempo a prova irrefutável de seu presente humano, garantia inexequível da possibilidade de seu futuro, mesmo que incerto, como o de todos nós.

Aqui colocam-se também os fundamentos das dúvidas que começam a tomar conta dos pensamentos de Deckard. Quando ele conversa com Tyrell, espantado com o fato de Rachel não saber que era uma replicante, o que tinha feito o seu teste ser mais longo do que o normal, ele também surpreende-se com a capacidade tecnológica que se tinha adquirido para até mesmo implantarem-se memórias, para que fosse possível se *inventar* um passado. Para Tyrell, isso seria uma forma de diminuir a ansiedade e a obsessão que os replicantes sentiam por terem tão pouca experiência emocional, por serem tão imaturos. Ao mesmo tempo, serviria para aumentar a confiabilidade no controle que se poderia exercer sobre eles. Ao lhes dar uma identidade segura através de um passado reconhecível, Tyrell pensava garantir a segurança de sua existência presente e pôr um final nas suas buscas por um tempo maior de vida, pois, nesse caso, ele pareceria ser mesmo ilimitado. Não podemos nos esquecer que Leon matou seu investigador exatamente no momento em que este lhe perguntava sobre as boas lembranças que ele tinha de sua mãe. No momento em que ele era questionado exatamente sobre o que era fundamental nas buscas dos replicantes: a compreensão de sua origem e de sua temporalidade, elemento decisivo para que se pudesse alterar os limites de seu futuro, devolvendo-lhes assim a sua própria história.[2]

---

[2] Aqui nos contrapomos às interpretações de Carlos Eduardo Lins da Silva, que ao ver esta busca como uma expressão do tempo "pós-moderno" afirma que os replicantes vivem só no presente. Cf. Carlos Eduardo Lins da Silva, *"Blade Runner, O Caçador de Androides"*. In: Carlos Eduardo Lins da Silva, *O cinema dos anos 80*. São Paulo, Brasiliense, 1991, p. 53.

Mas aqui, sem ser percebida, uma outra dimensão de questionamentos vai aparecer implacavelmente. Se podemos finalmente enxertar em alguém o seu passado, construindo com ele as suas memórias, prova de sua existência e humanidade, como poderemos, nós mesmos, a partir daí, ter certeza de que aquele passado que temos e assumimos como nosso é realmente algo que nós possuímos e que nós realmente vivemos? Se, no limite, perdemos até esta certeza mais primordial, como poderíamos nos distinguir daqueles que foram feitos para serem exatamente como nós, nossos clones mais que perfeitos?

A busca destas respostas parece jogar uma indefinição em todos os nossos pressupostos, como as imagens do filme vinham nos fazendo desde o seu começo. Aqui, entre os humanos, parece não haver nenhum tipo de relacionamento mais próximo. A única cena de carinho que pudemos presenciar ao longo de todo o filme, com exceção das que ocorrem entre Deckard e Rachel, foi a de um beijo rápido e forte entre Roy e Pris. Que ele viria a dar, suavemente de novo, ao encontrá-la morta. Não estaria o filme, durante todo o seu decorrer, questionando-nos sobre os lugares e os critérios que definem aquilo que temos como mais isento de dúvidas: a nossa própria e insuspeita humanidade? Ou, mais contundentemente, questionando os valores que definem o que somos e, principalmente, como nos vemos?

Esta troca de lugares parece estar presente em quase todas as pessoas. Devemos nos lembrar que Rachel salva Deckard de morrer nas mãos de Leon. Ela mata, ali, um daqueles com quem em princípio deveria estar se aliando, movida pelas últimas descobertas de que seu passado era, na verdade, o passado implantado da sobrinha de Tyrell. Quando Roy aparece de surpresa no apartamento de Sebastian, toda a demonstração de apreensão e de medo nos chega através da expressão de temor que o seu boneco — de nariz comprido com ponta vermelha e roupa de soldado — exala pelo movimento ininterrupto de seus olhos. Deckard, por fim, ao se apaixonar por uma replicante parece também não querer aceitar sem questionamentos o lugar pressuposto no qual todos tentam se colocar, mas no qual não conseguem estabilizar-se nunca.

É no registro desta perspectiva que gostaríamos de investigar as imagens que Deckard recorda ao sentar ao piano de sua casa.

Imersos que estamos nestes ambientes sempre sombrios que se furtam a serem apreendidos completamente, vemos Deckard com a cabeça recostada dedilhar suavemente as teclas do piano. É um piano cheio de memórias, cristalizadas pelas fotos que ostenta sobre ele. Enquanto está lá, perdido em seus pensamentos, as imagens começam a ficar mais claras e nos mostram uma cena totalmente diferente das que vínhamos acompanhando. Somos invadidos por esta imagem muito amarela, um amarelo mais claro e brilhante que os poucos ocres que havíamos visto até então. Temos ali a visão de uma floresta, tomada pela mesma névoa que acompanha o filme, mas que de seu brilho inusitado nos deixa perceber um cavalo que corre em câmera lenta por entre suas árvores. Quando ele se volta, e vem em nossa direção, podemos perceber um fino chifre que lhe sai da cabeça e que se mostra também comprido quando ele vira o pescoço bem em frente de nós. O rosto de Deckard se volta para as fotos que ele colocou sobre o piano, que nos mostram o que devemos pressupor ser a sua família, ou ex-família, seus pais, seus parentes, dos quais até agora não tivemos nenhum outro indício, além das próprias imagens que ali estão. Mas ao questionar as imagens que Rachel tinha de seu passado, não terá ele também colocado dúvidas sobre as imagens que ele mesmo, Deckard, guarda saudosamente como indícios de uma vida anterior? Não começará ele também a duvidar de sua própria história, de seu próprio caminho, que pode ser apenas como o de Rachel, um nada transposto de outra pessoa?

Envolto nestes pensamentos, Deckard leva Rachel ao seu apartamento, logo após ela ter salvo a sua vida. Com exceção das cenas do unicórnio e as da casa de Tyrell, os únicos outros momentos em que o filme abandona a luz azul e fria que domina todos os seus espaços e espíritos sombrios são os que nos mostram os encontros de Deckard e Rachel. A iluminação parece atingir ali

As nuvens negras se dissipam

uma coloração mais sépia, adquirindo um tom quente que envolve com seu calor não apenas os personagens que ali estão, mas até nós mesmos que a vemos com olhos diferentes daqueles com que quase havíamos nos acostumado. São os poucos lugares onde o calor da existência parece não discriminar "humanos" e "não humanos", criadores e criaturas, que a partir de um certo momento nem nós mesmos conseguimos identificar tão bem.

São momentos de extremo carinho. No primeiro encontro entre os dois, após Deckard ter, de maneira um pouco ríspida, falado de dados insuspeitos do passado de Rachel para lhe comprovar que sua história nada mais era do que um monte de imagens implantadas e retiradas de outro lugar, ao qual ele como policial poderia ter acesso, a reação de Rachel é singular, pois de seu rosto cabisbaixo podemos apenas ver uma suave lágrima que escorre de seus olhos entristecidos. No segundo, mesmo envolta em um espesso casaco, Deckard lhe pergunta se ela está tremendo, tendo assim a mesma reação que ele tem quando atira em alguém, mesmo sendo este alguém um "replicante". O que mostra quão pantanoso é o terreno que separa essas duas formas de existência e os valores que elas implicam. Deckard não consegue nunca se referenciar a eles com a frieza de Bryant, o chefe de polícia, e nem mesmo com a ambiguidade que os atos e os olhos de Gaff resplandecem. Ele não consegue mais avaliar para distinguir, valorando a vida em detrimento de uma hierarquia (des)qualificadora.

Ao negar esta pressuposição de lugares determinados que definem não só o que somos, mas também o que devemos fazer e consequentemente sentir, Deckard finalmente se deixa envolver por Rachel. A cena é especial. Tentando soltar algumas palavras de alívio para que Rachel consiga atenuar a sua dor por ter matado Leon, ele a olha para dizer como consolo que aquilo faz "parte do serviço". A reação de Rachel é incisiva. Podemos ver apenas os *closes* de seus rostos. Com a voz baixa e triste, ela o olha incisivamente. Deckard desvia seu olhar suavemente para o lado, demonstrando o seu desalento pela frase infeliz que agora

226   À meia-luz

ele se deu conta de ter pronunciado. Rachel o olha novamente nos olhos para, então, recolher o seu olhar virando o rosto lentamente para o chão, iluminado apenas por uma luz aconchegante que a envolve tanto quanto o macio casaco de peles com o qual se protege. Um leve e quase imperceptível sorriso amargurado se esboça em seus lábios quando ela pronuncia, com a voz embargada, que ela *é o serviço*, enquanto um suspiro toma conta de seu peito. Quando ela dele se aproxima no banheiro, seus olhos borrados nos comprovam que ela chorou. Tomada pela indefinição de sua própria origem, pergunta a Deckard se ele conhece a data que, ao lhe dizer sobre o seu nascimento, também lhe mostrará o limite de sua própria vida. Mas ela não vai guardar esta indefinição apenas para si mesma. Vai transferi-la também para Deckard, ao perguntar-lhe se já havia sido feito com ele o mesmo teste que ele aplicava nos outros. O seu silêncio é sintomático, fruto das dúvidas que parecem dele haver irremediavelmente também tomado conta. Ela senta-se ao piano para olhar as fotos que ali estão. Seu tocar gracioso acompanha a dissolução da impecabilidade de sua imagem, que ela ostentava até então. Solta seus cabelos, o que reforça a beleza de seus traços. Deckard a beija no pescoço e ela se levanta e se afasta correndo para ir embora. Tomado por uma recaída de *"macho"*, como a comprovar a sua humanidade que fora colocada em suspeição, ele agarra a porta que ela começou a abrir e a fecha de uma maneira brusca. A seguir, empurra-a com vigor em direção à parede e, colocando as mãos em seu rosto, beija-a profundamente. Ela ainda tenta resistir, mas não consegue, enquanto ele a faz repetir que o quer, que o deseja.

A luta entre Deckard e Roy vai nos mostrar o outro lado desta complexa equação. É a luta final, entre a vida e a morte. Roy é o último que restou, pois Pris já está morta. Ele parece se divertir com Deckard, como se tudo não passasse de um grande jogo, expresso no momento em que pega sua mão e quebra dois de seus dedos para depois devolver-lhe a arma. Seu momento de profunda emoção nos é mostrado quando ele, sobre o corpo de Pris, chora a perda de sua companheira. Ele vai continuar a perseguição a Deckard sobre os telhados, sempre banhados pela chuva ácida incessante que parece nunca ter um fim. Mas, no meio do caminho, seu próprio corpo começa a dar mostras de degenerescência, por movimentos de contração involuntária que tomam conta de seus dedos e que os fazem fecharem-se. Lá em cima, Deckard erra um salto de um telhado para outro, e fica pendurado em uma viga, tentando segurar-se para não despencar sobre a rua. Roy segura uma pomba branca, com o olhar pensativo, volta-se e, em um pulo perfeito, coloca-se no mesmo telhado em que Deckard tentou chegar. Olha-o com seus profundos olhos azuis. Ele lhe pergunta se não é uma grande experiência viver com medo, da mesma forma que Leon lhe havia perguntado pouco antes de morrer. Ambas as perguntas nada mais fazem do que ressaltar a experiência que eles próprios tinham durante toda a sua curta vida, o medo de não saber o quanto se vai viver, qual é o seu dia final. "Isso é que é ser um escravo", ele nos diz deixando claro a apreensão que esta indefinição trazia. Ser um escravo de seu tempo incerto, ser escravo de um passado inexistente, ser escravo da ausência de identidade que só a memória do tempo que vivemos pode nos dar.

O sorriso nos lábios de Roy prenuncia o seu fim, no momento em que Deckard já sem forças abre a mão e começa a cair. Mas Roy, em sua perfeição inigualável, é mais rápido que o corpo que cai e o segura, exatamente com a mão que começava a morrer. Ao puxá-lo novamente para o telhado, sob o olhar de espanto de Deckard, que parece não estar acreditando em seus próprios olhos, Roy senta-se e pronuncia suas últimas palavras. "Eu vi coisas que vocês não acreditariam. Naves de ataque em chamas nas bordas de Órion. Vi a luz do farol cintilar no escuro na Comporta de Tannhaüser. Todos estes momentos se perderão no tempo... como lágrimas, na chuva." Sua voz é pausada e calma, em contraste com a vigorosa perseguição que eles faziam até então. Deckard o olha com os lábios abertos, ainda tomado pelo espanto do que estava presenciando e que o confundia mais do que nunca. O rosto de Roy, escurecido pela luz que ao brilhar por trás contorna-o e o transforma em uma auréola de vida, tomado pela chuva que escorre em suas faces, mostra-nos a tristeza que parece ter tomado conta de seu ser, que tem os minutos contados para apagar a sua luz e levar com ela tudo aquilo que representa a nossa humanidade: a nossa história, as nossas memórias, o nosso passado. Assim, não somos tomados de surpresa no momento em que ele anuncia que é *tempo de morrer*. Já sabemos que não é de Deckard que ele fala, mas de si mesmo. Um derradeiro sorriso se insinua entre seus lábios, antes que seu rosto se volte lentamente para baixo, para restar ali, tristemente estático, com os pingos de chuva a escorrer pelas suas faces agora inertes. Deckard ainda parece não acreditar que Roy, em seus últimos momentos de vida, tenha mostrado ter aprendido a lição definitiva em sua capacidade de tudo fazer com perfeição, a ponto de passar não só a lutar pela vida, como ele perseguia insistentemente desde o começo, como também passar a compreender de maneira profunda o seu próprio valor (o inigualável valor da vida). Ao torná-lo um valor seu, não poderia mais retirá-la de alguém que, como ele, lutava persistentemente para preservá-la e mantê-la, independente de todas as dúvidas, de todas as incertezas. Não poderia retirá-la de alguém que lutava, como ele lutava, incessantemente para viver.

A aparição final de Gaff nos coloca frente à última de nossas incertezas, ao dizer que o trabalho de Deckard terminou. Ele volta inseguro para casa, procurando por Rachel, sem saber se ela está ainda viva. Entra no apartamento e a encontra coberta por um lençol. Ao levantá-lo, encosta o seu rosto sobre o dela que permanece imóvel e, ao apertar os olhos, começa a chorar suavemente. Sentindo sua presença, Rachel acorda abrindo lentamente seus olhos. A partir daí, Deckard inicia a fuga, abrindo a porta e empunhando a sua arma, como a espreitar alguma emboscada. No momento em que ela caminha para o elevador, percebe algo sobre o chão que se moveu quando ela por ali passou. Abaixa-se e pega um *origami* em papel prateado, com a forma de um unicórnio. Seu sorriso é acompanhado pela lembrança da última frase que Gaff lhe disse, logo após a morte de Roy: "É pena que ela não vai viver [para sempre]. Mas, afinal, quem vive?".

Eles entram no elevador que sobre eles fecha a sua pesada porta. E nada mais vemos do que a escuridão.

Esta cena final nos remete a algumas coisas e imagens que fomos deixando pelo caminho. O *origami* nos mostra que Gaff passou por lá, e que não quis acabar com a vida de Rachel, mostrando que até ele escondia alguns segredos. Este *origami* nos lança ainda mais dúvidas sobre o fato de ser Deckard, ele mesmo, um replicante, como o seu sonho já nos havia levado a pensar. Este unicórnio final nos leva a crer que Gaff sabia disso, mas deixou para ambos as decisões sobre o que fazer com o resto incerto de suas vidas, sejam lá quais forem, pois, agora, todas as certezas foram definitivamente dissipadas.

Em *Blade Runner*, o tempo é o tempo da própria vida. Que é de quatro anos para os replicantes. A busca do tempo de vida, tempo físico, é também a busca do tempo onde o tempo tinha sentido. Busca, portanto, de suas relações com a memória, não mais vista como algo a ser enterrado e esquecido. Neste sentido é exemplar a história de Rachel. Mergulhada em profundas dúvidas sobre a própria existência, busca nas fotos de si mesma e de sua família as provas de seu passado, as provas de sua *passeidade*, pois a foto é expressão do tempo "paralisado", do tempo de antes, do tempo de sua infância e, portanto, do tempo de sua humanidade, prova inquestionável de sua existência. Os outros replicantes, Roy, Leon, Pris e Zhora, conscientes de sua existência finita, fazem muitas fotos de si mesmos, numa busca incessante de tentar reconstruir, de reconquistar um tempo da memória e da existência, criar para si mesmos as provas de um passado que fosse realmente deles, não tão distante no tempo, mas o único a que eles poderiam almejar. Única possibilidade de uma vida de verdade que os tirasse da melancolia de uma indeterminação inesgotável. Que também se espelha na multiplicidade temporal que edifícios e grandes monumentos, com aparência de pirâmides egípcias e ruínas greco-romanas, com ornamentos barrocos e pilastras trabalhadas,

230   À meia-luz

vão compor na escuridão de seus cenários futuristas. Um futuro a um só tempo sombrio e obscuro.

Os replicantes refazem o trajeto da experiência. Vão em busca da primeira relação definidora com o mundo, o olhar. Procuram a fábrica de olhos. Querem, de fato, descobrir o sentido da existência. "É doloroso viver com medo." "Nada pior do que uma coceira que não se pode coçar." Não deixa de ser irônico que o humano com o qual eles têm a relação mais próxima, J. F. Sebastian, sofra da mesma "doença" da qual todos eles padecem. Degeneração precoce, curto tempo de vida, deterioração interna de si mesmo. O elo de ligação entre eles vai aparecer pela ausência, pela vida que se escoa rapidamente, sem que contra isso nada mais possa ser feito. Por isso, buscam a vida, o poder da criação, o Pai Criador, Tyrell. Ao descobrirem a impossibilidade de terem mais vida, de conquistarem mais tempo, assassinam o Pai Criador com o beijo da morte, aniquilam o seu tempo antes que o deles se acabe, como ele havia feito com eles antes de nascerem.

A existência de sentimentos é sempre a ligação entre dois mundos aparentemente inconciliáveis. Os replicantes passam a ter sentimentos com o passar do tempo. Rachel chora quando descobre que não é humana. Recobra, por meio disso, um indício de sua humanidade inexistente.

É neste contexto que se recoloca o problema do sentido da vida. Roy, no fim do filme, ao recusar matar Deckard, recusa-se a matar o que mais procurou durante todo o tempo. A própria vida. Com passado, presente e, portanto, possibilidade de futuro. Curiosamente, com a mesma mão que está ferida, que está morrendo, junto com ele. A mão que morre é também a mão que pode, em um único momento, dar ao outro o que ele queria para si mesmo em sua busca incessante: a vida. Assume, neste momento preciso, o lugar do Pai Criador, único instante em que consegue escapar de sua própria esterilidade, único momento em que detém o controle e o poder sobre a vida e a morte. Sobre a vida e a morte do outro. Adversário que é, ao mesmo tempo, receptáculo do que mais anseia. Tempo e memória. Vida.

As nuvens negras se dissipam

Em *Blade Runner* todos são sós. A exceção irônica está justamente nos replicantes que formam uma estranha "família" que luta insistentemente para constituir a sua própria identidade, para reconhecerem-se como seres físicos, como seres vivos.

Para Deckard, o problema eterno é descobrir quem é humano. Por isso, ele é um errante, como também o são todos os replicantes. Eles são, ao mesmo tempo que não são. São exilados dentro de seu próprio corpo, o único lugar onde têm, e só podem ter, uma existência totalmente problemática. Gaff, o policial, parecia o mais não humano dos personagens. Mas as soluções são sempre complexas, como a nos mostrar que podemos estar sempre olhando para o lado errado quando encontramos as nossas singelas respostas. Gaff deixa escapar um momento de sensibilidade escondida, quando deixa Rachel viver e, portanto, fugir com Deckard. E, talvez, até mesmo quando deixa o próprio Deckard viver, guardião que parece ser de seu segredo mais profundo. Os replicantes buscam, em todo o seu tempo, uma humanidade-identidade-tempo-memória perdidos, não só para eles, mas perdidos no próprio homem que vive em um mundo cujo sentido não é mais visível e imediato, onde tudo o que parecia ser fácil transforma-se em indagações que escorrem inquestionavelmente por entre os nossos dedos. Além do fato de ser esta união final problemática por mais uma última indefinição, por ser uma união obrigatoriamente estéril, o que reforça a sua remissão a um futuro ainda mais incerto.

É isso, por fim, o que as imagens de *Blade Runner* parecem nos querer mostrar. Com um único e curioso senão. Não deixa de ser um fato interessante que, na verdade, não foi este o filme que todos viram durante toda uma década. Aquele que nos foi mostrado, e que passou nos cinemas em todos esses anos, era um pouco diferente deste que analisamos.[3] Um pouco diferente em

---

[3] É somente a partir de 1993 que a versão original de *Blade Runner*, remontada pelo diretor, tornou-se acessível para o público.

suas imagens, mas, entretanto, muito diferente nas possibilidades que nos mostrava e nos significados que sugeria.

Vejamos quais são, fundamentalmente, as suas diferenças. Ao nível das imagens, elas são praticamente duas. Cada um dos filmes tem uma cena a mais do que o outro. No filme de 1982 não existe a cena do unicórnio, que foi sumariamente suprimida. A cena final também não é a mesma. Após saírem do elevador, eles pegam o carro voador de Deckard e se dirigem provavelmente em direção ao norte, como Rachel havia insinuado. Nesta partida, Deckard comenta para si mesmo que Gaff não sabia que Rachel era uma replicante especial, sem tempo limitado para morrer, enquanto os vemos voando entre montanhas, repletas de árvores verdes, com seus cumes cobertos de neve. Só isso já bastaria para alterar completamente os rumos de nossa história.

Sem a cena do unicórnio, o *origami* final deixado por Gaff reduzir-se-ia a um mero indício e lembrete de sua passagem por ali e de sua bondade em deixar que Rachel vivesse. Bondade que teria a sua importância mediada pelo fato de que, com os pensamentos finais" de Deckard, eles seriam além de tudo fruto de um desconhecimento de sua condição especial de vida longa ou, pelo menos, não intencionalmente curta. A isso se soma aquele "paraíso" na Terra, para onde eles se dirigem e que colocaria ao menos uma indagação na cabeça do espectador: se ainda existia por ali algum lugar bucólico, o que é que todo mundo ainda estaria fazendo em cidades como aquelas?

O outro elemento que completa esta modificação não se dá ao nível das imagens, mas ao nível das palavras. Para ser mais preciso, não exatamente dos diálogos, mas da introdução de um narrador que, em *off*, nos vai contando coisas pelo caminho. Este narrador se encarna na pessoa do próprio Deckard, que, desde a sua primeira aparição, começa a nos explicar tudo aquilo que estamos vendo. Como a desconfiar da capacidade do público em entender o que se estava mostrando; ou como a desconfiar do potencial das imagens que a ele eram mostradas. Enfim, fruto de uma desconfiança em sua capacidade de ser compreendido. De-

As nuvens negras se dissipam

ckard nos explica o significado das coisas que vê ou que faz. Assim, podemos saber que ele já foi casado, que a língua que se fala é uma mistura de espanhol, japonês etc., que Gaff era um policial, que seu chefe era racista pois chamava os negros de crioulos, que replicantes não tinham escamas, não deveriam ter emoções etc., etc.

Com isso, o filme que nós víamos era um filme que destruía uma grande parte das indefinições que o original deveria portar como seus elementos constitutivos. Sem essas indefinições, a história transforma-se em uma sequência de perseguições que brindam o espectador com um *happy end*, pois, além de tudo, além de ser perfeita e linda, Rachel também tinha o seu tempo de vida ilimitado. Isso sem contar com o fato de, nesta versão, Deckard não ter nenhuma base para suspeitar ser ele também um replicante, parecendo que a história se volta para ser um conto de fadas pós-moderno que termina por realizar a união indissolúvel entre o homem e a androide. A partir disso, não havia mais nenhuma razão para, no fim da década, não se realizar até mesmo a união de uma esposa com o marido morto, como pudemos ver em *Ghost*.

Preferimos, entretanto, mostrá-lo ainda com o espírito de busca e de incerteza que estavam fundados em sua origem e que são os momentos de suas perguntas mais profundas e de suas respostas mais incertas, que estavam marcados por uma certa percepção de mundo que atravessou alguns lugares da década que então se encerrava. Hoje, podemos perceber como aqueles diálogos aparentemente inúteis tentavam retirar do espectador a possibilidade de duvidar, de no meio de tantas indefinições perguntar-se a si mesmo sobre o seu passado e sobre a sua história, sobre a possibilidade de suas transformações, e, assim, conseguir manter as suas dúvidas e não invadi-las e dissolvê-las em certezas inabaláveis. Nada parece mais atual do que refletir sobre isso no início deste século XXI.

Neste sentido, ao contrário do que víamos, poderíamos, como agora podemos de novo, manter vivas em nós a cena final que dissipa todas as certezas com o fechar-se da porta do elevador.

Poderíamos, portanto, continuar problematizando o impensável, ao lado do que sempre foi dado também como evidente.

"Pena que ela não viverá. Mas quem vive?"

"*A confiança na vida não existe mais; a própria vida torna-se problema.*"[4]

---

[4] F. Nietzsche, *Le gai savoir*. Paris, Gallimard, 1982, P, # 3, p. 25.

7.
IMAGENS FINAIS

Este nosso trajeto, como os filmes que analisamos, não vai construir para o leitor a certeza de um caminho inexorável. Não buscamos construir com a interpretação dos filmes e das conexões significativas entre eles um terreno exemplar sobre o qual todos os passos possam ser dados com firmeza e com segurança. Ao contrário, propusemos determinadas conexões significativas que não se prestam a totalizações generalizantes, como se fossem o exemplo de uma época ou a hegemonia de suas perspectivas.

Nosso trabalho retirou, do fluxo incessante dos fenômenos, aqueles que para nós pareceram significativos a respeito dos problemas que gostaríamos de abordar. Partimos de um pressuposto, caro a Weber, de que "vida (...) se manifesta, 'dentro' e 'fora' de nós como uma infinita diversidade de eventos que aparecem e desaparecem sucessiva e simultaneamente".[1] Neste sentido, não existem nos fenômenos uma ordem pressuposta já dada à qual deveríamos nos manter fiéis e que deveríamos tentar resgatar, sem alterações, como um arqueólogo que com suas delicadas escovas retira a terra e a poeira para recuperar intacto o seu fóssil. Pelo contrário, esta ordem só pode ser pressuposta "pela orientação de nosso interesse de conhecimento, e essa orientação define-se

---

[1] Max Weber, "A 'objetividade' do conhecimento nas Ciências Sociais", *op. cit.*, p. 88.

conforme o significado cultural que atribuímos ao evento em questão em cada caso particular".[2] Neste sentido, Weber parece estar nos dizendo que não existem proposições que não estejam vinculadas a determinadas perspectivas limitadas e especiais, que têm como seu fundamento uma tomada de posição valorativa em relação aos fenômenos que observamos.

Assim, se o mundo é múltiplo e sua ordem não é um dado da natureza, se ele é formado por um conjunto de relações, pode-se propor que ele também comporte um conjunto de perspectivas que seja condizente com elas e, em consequência, uma multiplicidade de interpretações a partir do momento em que variam os possíveis pontos de vista, comportando uma pluralidade de sentidos em múltiplas configurações.[3]

Esta foi a perspectiva que orientou a nossa escolha e a articulação dos filmes entre si. Com isso trabalhamos com uma configuração entre várias possíveis, e não com algum sistema que nos afirmasse ser esta *a* configuração essencial ou que os filmes escolhidos pudessem ser expressão de alguma lei mais geral ou de um pensamento homogêneo ou hegemônico.

Neste sentido, esta configuração serve de mediação para que possamos perceber os aspectos problemáticos de determinadas proposições, bem como problematizar aqueles que eram vistos sempre como inquestionáveis. Interrogar o que vemos assume aqui uma perspectiva que compartilhamos com Foucault, quando ele nos diz que "afinal, é esta a tarefa de uma história do pensamento por oposição à história dos comportamentos ou das represen-

---

[2] Max Weber, "A 'objetividade' do conhecimento nas Ciências Sociais", *op. cit.*, p. 79.

[3] Aqui nos afastamos da perspectiva exposta por Jarvie em seu livro *Sociología del cine* (Madri, Guadarrama, 1974), que propõe como perspectiva sociológica uma análise primordialmente centrada no cinema como fenômeno industrial.

tações: definir as condições nas quais o ser humano 'problematiza' o que ele é, e o mundo no qual ele vive".[4]

Isso nos permite perguntar sobre o lugar das coisas, ao mesmo tempo que nos perguntamos sobre quais seriam os valores diferenciais que definiriam estes lugares. Portanto, nossas interrogações vão se colocar em dois níveis diferentes de aproximação, que podem se confundir, mas que jamais se reduzem um ao outro. Uma primeira coisa seria indagar-se sobre uma determinada atividade, outra seria perguntar-se sobre a avaliação que a qualifica ou desqualifica. Visto sob este prisma, o presente vai adquirir uma outra configuração, não se colocando mais como algo que aí está, mas, ao contrário, como um eterno vir a ser que, ao surgir, remete a uma multiplicidade de indeterminações que envolvem várias temporalidades, uma eternidade, fruto não do infinito, mas de incessantes entrecruzamentos temporais, que articulam diferencialmente por meio das formações espontâneas da memória involuntária o passado no presente.[5]

Colocará em questão, da mesma forma, quais seriam os fenômenos que de fato nós estamos investigando. "Os maiores eventos — não são os de nossas horas mais barulhentas, mas das mais silenciosas. O mundo não gravita em torno daqueles que inventam novas algazarras mas em torno daqueles que inventam os novos valores; em silêncio, ele gravita."[6]

Nesta direção, estas perguntas remetem à questão de fundo que foi sendo trabalhada pelos filmes que nós analisamos e pelas articulações que propusemos entre eles. Todos questionavam, com suas peculiaridades, uma determinada concepção de

---

[4] Michel Foucault, *História da sexualidade II — O uso dos prazeres*, *op. cit.*, p. 14.

[5] Cf. Walter Benjamin, "A imagem de Proust", *op. cit.*

[6] Friedrich Nietzsche, *Ainsi parlait Zarathoustra*. Paris, Gallimard, 1988, p. 169.

Imagens finais

tempo e sua articulação com o passado, e, consequentemente, com a memória.

Os estudos sobre o tempo levam sempre em conta a instauração de uma ambiguidade fundamental, que surge com a instauração do modo de produção capitalista, que distinguiria o seu tempo dos tempos dos modos de produção pré ou não capitalistas. Do século XIV ao XIX, a transição do feudalismo ao capitalismo proporcionou também uma profunda alteração das formas do tempo e das suas influências na vida das pessoas, da produção à vida cotidiana. O tempo, até então, era predominantemente cíclico, medido pelas forças da natureza, pela chuva e pelo sol, pela noite e pelo dia. Pura qualidade, este tempo era também o tempo infinito instituído pela religiosidade cristã no mundo ocidental. "De fato, a atividade mercantil introduz uma nova forma de temporalidade, distinta daquela instituída pelas práticas cristãs, caracterizadas pela representação da eternidade, pela repetição ritual do sacrifício do filho de Deus, pela ideia de que o tempo pertence a Deus, e o que a Ele pertence não pode ser profanado, isto é, não pode ser atribuído um preço e ser vendido. Ora, o empréstimo de dinheiro a juros — a usura — vai introduzir uma radical alteração na consciência do tempo, que de dádiva divina passa a ser objeto lucrativo."[7]

O novo tempo que se instaura no capitalismo deixa de lado todas as qualificações que constituíam o tempo cíclico. O tempo passa a ser necessariamente um tempo homogêneo, contínuo, abstrato, independente das intempéries, linear, aspirando a uma única qualidade: ser quantitativamente perfeito para poder ser continuamente repartido e, portanto, transformar-se em um elemento passível de ser controlado e domesticado, a um só tempo dominado e dominador. Este é o tempo do relógio, mas não daquele que levamos no pulso e que é referência de nossas atividades e com-

---

[7] José Carlos Bruni, "Tempo e trabalho intelectual", *op. cit.*, p. 157.

promissos cotidianos e sim daquele outro, cristalizado no relógio de ponto, símbolo eficaz da sua nova capacidade de disciplinar, de dominar e de vender. Ele se diferencia fundamentalmente daquele seu ancestral, que foi "introduzido primeiro na praça pública para avisar a hora dos ofícios sagrados e as horas da feira e do mercado".[8] Agora ele é um tempo que assume para si mesmo a ideia de continuidade incessante, raiz da ideia fundamental de progresso.[9]

Desta continuidade e deste progresso se elidem todos os elementos que levariam a perceber que o tempo contínuo é antes de tudo, e essencialmente, uma completa abstração. Não só por ser medido e repartido por convenções como o minuto, a hora, o segundo etc., mas, principalmente, por nivelar a passagem deste mesmo tempo em um fluir de ritmo constante e perene que só acontece na realidade do relógio, e mesmo assim somente daqueles que não estão desregulados ou quebrados. "A continuidade assim fabricada não tem, com toda evidência, nenhuma ligação com uma continuidade real; possui, todavia, todos os atributos de uma continuidade real."[10] Que o tempo transcorra sempre no mesmo ritmo e na mesma intensidade é uma mentira que qualquer um que já tenha vivido qualquer coisa saberá rapidamente desmentir. Este tempo que escoa sempre igual e de maneira incessante é, pelo contrário, uma abstração absoluta e distantemente referencial.

Basta estarmos atrasados para que esta abstração se desfaça imediatamente. Quando estamos atrasados esperando ansiosos a chegada de um trem de metrô, aqueles três minutos de sem-

---

[8] José Carlos Bruni, "Tempo e trabalho intelectual", *op. cit.*, p. 158.

[9] Isso não quer dizer que com a instauração deste novo tempo as outras formas de tempo deixem de existir e de imiscuir-se nele de maneiras diferenciais.

[10] Gaston Bachelard, *A dialética da duração*. São Paulo, Ática, 1988, p. 63.

Imagens finais

pre transformam-se em um pedaço, nem sempre pequeno, da eternidade. O tempo que passa pelo relógio e a vivência deste mesmo tempo são coisas completamente diferentes e inconciliáveis. A sensação que temos da passagem do tempo está ligada diretamente à intensidade dos fenômenos que o preenchem.[11] A sensação de prazer ou desprazer fazem com que a fruição deste tempo varie em relação ao tempo abstrato do relógio. Os amantes apaixonados sempre reclamam da falta de tempo. Aquelas duas horas do encontro fortuito dos amantes escoam entre seus dedos com a rapidez de um relâmpago, como a areia da ampulheta que parece que não se move até que acabe de uma só vez. Por outro lado, as duas horas de tratamento de um canal em um dentista, e dependendo do dentista, causam-nos a dor de uma tortura que parece durar milênios. Não vemos a hora em que acabe, mas cada minuto é vivenciado com a lentidão de uma câmera lenta. Este tempo *vivido* é um tempo subjetivo. "*A experiência interior temporal* de uma pessoa particular não é mensurável de nenhum modo, ou melhor, não pode ser expressa como a quantidade de tempo transcorrido. Cada um sabe como pode acontecer do tempo 'não passar nunca' ou que passe muito rápido (...). O tempo vivido é uma função da carga ou da ausência (do vazio) de experiências interiores do sujeito. (...) As horas carregadas de acontecimentos podem ser sentidas como 'extremamente largas' pois nelas aconteceu *muita coisa*, ou então — e pelo mesmo motivo, como 'extremamente breves'. É, sobretudo, o *conteúdo* do acontecimento

---

[11] Mesmo quando neste tempo nada acontece e as pessoas se voltam para a sua própria interioridade. Realizei algumas vezes a experiência de solicitar a todos os alunos que retirassem os seus relógios e de passar, deitados no escuro, alguns minutos dentro da sala de aula em total silêncio. O resultado sempre foi espantoso, pois a diferença entre o tempo transcorrido e o tempo vivido era sempre muito grande, para mais ou para menos, tendo poucas pessoas indicado como tempo passado algo próximo do tempo que o relógio havia apontado.

que estabelece se a experiência interior será 'muito grande' ou 'muito curta'."[12]

Neste tempo como vivência, nesta experiência diferencial do tempo, o tempo do escoamento incessante transforma-se no que ele era desde a sua origem, uma pura e completa abstração. Aparece, neste contexto, como figura do pensamento que tende a esconder outras dimensões desta malha temporal, essencialmente descontínua, que só encontra seu fluxo linear através do auxílio de uma convenção. "Dando destaque às funções da memória, das tradições dos rituais coletivos, da repetição, mostram como, de certo modo, a cultura pode neutralizar o tempo (esse tempo do escoamento perpétuo), o que determina uma experiência subjetiva do tempo totalmente diferente daquela até aqui examinada, em que o passado ou o presente podem tornar-se a dimensão privilegiada."[13]

Não podemos deixar de lado, portanto, que o tempo só pode fluir por estar indissoluvelmente ligado ao passado e, portanto, à memória. "Privado da memória, o homem torna-se prisioneiro de uma existência ilusória; ao ficar à margem do tempo, ele é incapaz de compreender os elos que o ligam ao mundo exterior — em outras palavras, vê-se condenado à loucura."[14] É a existência de um passado que articula nossos tempos em um fluxo que possa ter algum sentido. E é a intensidade do momento presente que

---

[12] Agnes Heller, *Sociología de la vida cotidiana*. Barcelona, Península, 1977, pp. 392-3.

[13] José Carlos Bruni, "Tempo e trabalho intelectual", *op. cit.*, p. 161.

[14] Andrei Tarkovski, *Esculpir o tempo*, *op. cit.*, p. 64. Diferentemente de Benjamin, Tarkovski pensa a relação entre passado e presente como se aquele estivesse todo contido neste, numa relação de causas para um certo efeito, em uma certa organicidade temporal onde o passado gerasse o presente. "Num sentido moral, causa e efeito podem ser ligados por um processo de retroação, quando então, por assim dizer, uma pessoa volta ao seu passado" (p. 66).

Imagens finais

busca na memória sempre descontínua do passado o que a ele interessa relembrar naquele contexto peculiar. O nosso passado, rearticulado pela memória, entra no nosso fluxo presente e somente aí pode adquirir algum sentido. Nosso passado não é uma linha reta articulada sucessivamente pela memória. Nem a memória traz à tona os eventos passados mantendo burocraticamente sua sucessão no tempo abstrato das datas de calendário.

Se, como diz Nietzsche, o pensamento vem quando *ele* quer e não quando nós queremos,[15] por que com a memória o processo seria diferente? Assim, a possibilidade de lembrar é demandada pelo momento presente que faz surgir o que lhe dá o seu significado. Com isso, e nessa perspectiva, o passado deixa de ser um livro aberto no qual a nossa vida está inscrita de uma maneira definitiva para tornar-se um eterno rememorar no qual, a cada vez, os mesmos acontecimentos se inserem em diferentes significações, dependendo do fluxo presente que os articula e demanda.

"Proust também fala da construção de 'um vasto edifício de memórias', e creio ser exatamente esta a função do cinema, que poderíamos definir como a manifestação ideal do conceito japonês de *saba*."[16] Este conceito é explicitado através de uma citação do jornalista soviético Ovchinnikov: "Considera-se que o tempo, *per se*, ajuda a tornar conhecida a essência das coisas. Os japoneses, portanto, têm um fascínio especial por todos os sinais de velhice. Sentem-se atraídos pelo tom escurecido de uma velha árvore, pela aspereza de uma rocha ou até mesmo pelo aspecto sujo de uma figura cujas extremidades foram manuseadas por um grande número de pessoas. A todos esses sinais de uma idade avançada eles dão o nome de *saba*, que significa, literalmente, 'corrosão'. *Saba*, então, é um desgaste natural da matéria, o fascínio da

---

[15] Cf. Friedrich Nietzsche, *Par-delà bien et mal*. Paris, Gallimard, 1971, DPF, # 17.

[16] Andrei Tarkovski, *Esculpir o tempo*, *op. cit.*, p. 67.

antiguidade, a marca do tempo, ou patina. *Saba*, como elemento do belo, corporifica a ligação entre arte e natureza".[17]

O cinema não é o duplo[18] perfeito do real, mas sua capacidade de se colocar como se fosse torna claras as formas pelas quais organizamos e orientamos nossos tempos e espaços, já totalmente naturalizados como sendo atributos eternos de nós mesmos. O cinema não é o duplo de qualquer realidade, mas ele sempre nos ajuda a olhar para essa mesma realidade. Ele é uma ficção que nos permite uma aproximação maior com essa realidade do que se víssemos o seu duplo reproduzido. Justamente por não ser o "real" ele vai nos permitir perceber os tempos e os espaços que o compõem, a dissolução de tempos que comporta, a articulação de memórias que engendra.

Se pensarmos ser o cinema uma construção de imagens que tem a capacidade de brincar com o tempo, "um modo de registrar a impressão do tempo",[19] ele deverá ter também a capacidade de trabalhar com a memória, com as reminiscências. Pois o fluir do tempo só é possível de ser pensado como tempo que escoa, ou que se desdobra, em tempo que vai, e tempo que foi. É impossível nos pensarmos a nós mesmos sem levar em conta nossa inserção em um fluxo de eventos que constituem em seu desenrolar a percepção de nossa identidade e de nosso lugar no mundo. Visto por este prisma, o passado e a memória não são atributos de um *já foi* eterno, mas, ao contrário, uma necessidade imperiosa de um eterno *vir a ser*, parte indissociável de nosso pró-

---

[17] Andrei Tarkovski, *Esculpir o tempo*, *op. cit.*, pp. 66-7.

[18] A partir da segunda metade do século XIX, com o advento da fotografia, operou-se uma convergência de significados entre os conceitos de semelhança e de duplo, reduzindo-os e transformando-os em um outro que não possuía: a parecença. Esvaziado de suas características rituais, o duplo se transforma em reflexo e por isso tenta ser "parecido". Nesta acepção, o duplo pode ser tomado finalmente como clone.

[19] Andrei Tarkovski, *Esculpir o tempo*, *op. cit.*, p. 71.

Imagens finais 245

prio presente, que o rearticula, o redimensiona e o (re)significa a cada momento.

Neste contexto, nosso passado nunca será uma enciclopédia cronológica remissiva de nós mesmos, da qual podemos lançar mão para olharmos nossa vida em retrospectiva e em sucessão, mas uma misteriosa *obra aberta*, no sentido em que Calvino a concebe. Um emaranhado de acontecimentos que podem ser lidos em qualquer direção e em qualquer ordem, alinhavados por um imperativo que não é o do passado, mas sim de um eterno *tornar-se* presente no presente, que em seu movimento recupera e ao recuperar reinterpreta as imagens que naquele momento irão para nós adquirir um novo significado, iluminadas a cada vez por um novo desenrolar de acontecimentos. Aqui, trabalham indissociadas as duas memórias apontadas por Benjamin: a voluntária, fruto de nossa própria iniciativa, e a involuntária, espontânea, irrupções de passado no presente sem que possamos delas ter qualquer controle.[20]

Nunca vivemos as mesmas coisas. Por isso lembramos de coisas diferentes em um mesmo lugar e das mesmas coisas em lugares diferentes. Por isso o mesmo *evento* pode surgir com significados diferentes. Da mesma forma, a emersão do passado no presente sempre surge diferente, recontextualizado por uma nova ordenação que ele (o passado), bem como o presente, são incapazes de controlar. Nesta perspectiva, seria até impreciso falar que nós possuímos *um* passado. Possuímos *passado*, ou então *vários passados*. Podemos caminhar (ou ser encaminhados) pela obra que escrevemos de nós mesmos em várias direções diferentes e iluminá-las com muitas cores e tonalidades diferenciadas. Dificilmente daí surgirá *um* e o *mesmo* passado.

---

[20] Como não lembrar aqui de *A Eternidade e um Dia*, de Theo Angelopoulos, maravilhosa incursão por esses caminhos tão complexos da memória involuntária?

O cinema pode trabalhar com esse passado de formas muito diversas. Suas formas tradicionais apresentam-se esquematicamente por dois caminhos básicos. No primeiro deles, temos o desenrolar de uma história que se apresenta em sucessão temporal linear, acompanhando o desdobramento dos acontecimentos na mesma medida em que eles acontecem. Esta sucessão temporal pode expressar algo que acontece em poucas horas (*After Hours* ou *Duro de Matar*) ou durante toda uma vida ou vidas (*Raízes* ou *O Poderoso Chefão*). No segundo, temos uma história que se desenvolve e que em alguns momentos necessita do aparecer do passado para nos explicar ou elucidar algo que por si só não poderia ser compreendido. A técnica tradicional aqui utilizada é o famoso *flash-back*, com suas variantes de esfumaçamento da imagem ou simples recorte para trás (*Gabinete do Dr. Caligari* ou *Forrest Gump*). Nesta acepção o passado retorna para o presente como lembrança, como *souvenir*. Ele é o outro do presente que o explica em suas determinações, acepção germinativa do tempo que busca no passado as sementes que se desabrocharam no presente de então.

Estas formas tradicionais compõem o tempo e o reconstroem seguindo uma linearidade que esconde ser aquela sucessão apenas *uma* dentre *muitas* possibilidades. Ela dá ao espectador a confortável segurança de que sua vida se desdobra sempre na mesma direção e sempre sem sobressaltos. Nos interessa aqui, entretanto, caminhar em outra direção. Este outro caminho é, com certeza, muito mais indefinido e impreciso que o anterior, pois porta em sua própria constituição a multiplicação de perspectivas que transformam seu (e nosso) próprio presente e seu próprio passado em entidades problemáticas que carecem ser reconstituídas em seus significados mutantes.

Os filmes que discutimos articulam o tempo de uma maneira que o retira do fluxo do progresso, ao mesmo tempo em que o problematiza. "(...) O presente não é dado, nem enquadrado numa linearidade entre passado e futuro. Mas enquanto atualidade, no movimento de uma temporalização, o que somos é simultanea-

Imagens finais

247

mente a expressão de uma força que já se instalou e que continua atuante, na expressão heideggeriana, do 'vigor de ter sido presente' e o que nos tornamos, o que estamos nos tornando, enquanto abertura para um campo de possibilidades."[21]

Nesta direção, o tempo deixa de ser visto como um *continuum* abstrato, como uma infinita sucessão de fatos e eventos que se somam sem se superpor, em uma cadeia que liga com seus elos os eventos do passado aos eventos do futuro, o presente apenas se colocando como uma ponte por entre eles. Nesse contexto, ao temporalizar o próprio presente, podemos apreender o tempo novamente como problemático, como uma *indeterminação*, como um constante *fazer-se presente* por meio das memórias e não como um presente do qual a memória seria apenas a expressão de um *já foi* completo e acabado. Com isso, o tempo voltaria a expressar-se enquanto qualidades, enquanto união de temporalidades diferentes e diferenciadas, e não mais como apenas um suceder de instantes iguais que se repetem continuamente.

Isso renova as possibilidades de se indagar sobre este tempo que parece ser e sobre o lugar que a memória ocupa no longo caminho que articula os instantes presentes, passados e futuros de nossas vidas. O passado deixa de ser algo largado para trás nas esteiras do tempo que foi e passa a ser o tempo perdido dentro do fluxo incessante de um movimento que, ao se fazer presente, articula diversas temporalidades que aqui coexistem simultaneamente. Isso faz com que o passado adquira uma característica especial, pois, ao deixar de ser algo que já foi, que já se completou e que, portanto, já possui um significado construído ou latentemente definido, ele passa a ser passível de constantes ressignificações, como um incessante movimento que o põe como presente e, ao fazê-lo, renova constantemente as suas significações inseridas em um outro fluxo.

---

[21] Irene Cardoso, "Foucault e a noção de acontecimento". In: *Tempo Social*, São Paulo, vol. 7: 1-2, 1995, p. 56.

Com isso, o presente deixa de ser um livro aberto, no qual inscrevemos as linhas que percorremos, e passa a ser uma sucessão de páginas que são lidas ao sabor do vento que as articula segundo os imperativos do momento presente. Páginas ainda que não possuem todas as suas linhas definidas e que só podem existir por meio das lacunas textuais que inserem em sua própria constituição o momento indelével da indefinição. "Pois um acontecimento vivido é finito, ou pelo menos encerrado na esfera do vivido, ao passo que o acontecimento lembrado é sem limites, porque é apenas uma chave para tudo o que veio antes e depois."[22] Isso nos diz que a memória e o lembrar refazem o fluxo do tempo presente e o inserem em uma configuração de possibilidades inesgotáveis, com constantes e eternas ressignificações, que não cansam de se refazer, que não se cansam de nos mostrar que o passado pode ser também um *é* eterno, por seus infindáveis entrecruzamentos, e não sempre apenas um *foi*, via de mão única em direção ao sentido único das coisas.

Como o foram os tempos que nós vimos. Lembremo-nos que, em *Blade Runner*, o tempo do passado era perseguido incessantemente como uma maneira de se tentar dar consistência ao presente, como a dar a este presente a possibilidade de ser vivido enquanto um tempo que tenha sentido, um tempo que tenha história, um tempo que permita definir quem o vive em sua humanidade perdida ou nunca alcançada. Ali, em um movimento inverso, a importância da recuperação da memória se transportava para a importância da recuperação do tempo da própria existência, para que então se pudesse lhe dar algum significado. Os replicantes, com a sua morte previamente anunciada, irrevogável, viviam na profunda indefinição de uma existência marcada pela não existência, pela temporalidade finita de uma vida que se encerrava na esfera do vivido imediato, o que para eles não tinha

---

[22] Walter Benjamin, "A imagem de Proust", *op. cit.*, p. 37.

Imagens finais

mais nenhum sentido, a partir do momento em que se colocaram esta questão como problemática. Dentro desta temporalidade reclusa, as memórias, já tão curtas, adquirem a mais profunda dimensão de perda de tempo, em uma vida que se dissolve como lágrimas em meio aos pingos da chuva. Pois, afinal, como dar sentido a uma vida cuja morte não tem sentido?[23] Deste lugar indefinido é que Rachel e Deckard vão navegar em sua tentativa de construir um futuro. Por mais que Rachel já saiba que é uma replicante, continua mesmo assim a ter dúvidas sobre se foi ela ou se foi a sobrinha de Tyrell que havia aprendido a tocar piano. É precisamente esta não certeza de que as memórias não são suas que lhe permite articulá-las no presente como se efetivamente o fossem, dando a este o significado de existência que ele precisa para que algum futuro a partir daí seja possível. A busca dos replicantes pelo tempo perdido era uma busca insana por construir a qualquer preço uma memória que ressignificasse os seus presentes e lhes desse consistência. Na verdade, que lhes desse finalmente o seu significado primeiro e primevo.

Aschenbach, em *Morte em Veneza*, vai nos mostrar um movimento parecido, mas com a direção contrária, pois ali o que se vê é o insucesso da luta pelo esquecimento, que lhe permitiria continuar até o final com a sua vida ascética e moral. Ali, ao se mostrar que o presente permite, e até mesmo exige, as emersões voluntárias e involuntárias do passado, com as quais adquire eternamente novos significados, mostra-se também que, sob esta nova pressão, o futuro pode adquirir uma outra trajetória diferente daquela que dele se esperava, mesmo por quem o vive e pretensamente o definia. É desta estranha (des)ordem, que é comandada pelas artimanhas misteriosas do presente, que vai surgir a possibilidade de Aschenbach contrapor-se finalmente ao movimento que se lhe colocava como destino para, ao alterá-lo com as

---

[23] Cf. Max Weber, "A ciência como vocação". In: Max Weber, *Ciência e política: duas vocações*. São Paulo, Cultrix, 1993, p. 31.

próprias mãos, poder se deixar levar pelo que antes negava, seus sentimentos e a sensualidade do acaso. Para poder, finalmente, se apaixonar. Mesmo que ele o faça com o gosto amargo de uma realização que, como a areia da ampulheta, chega às nossas vistas apenas quando não se tem mais tempo, apenas quando o tempo acaba, quando já não há mais tempo para se viver nada.

Os interditos de Paul, em *Último Tango em Paris*, levam-nos por outros caminhos para um passeio semelhante. Neste caso, o que se buscava também era forçar um esquecimento, para que o presente pudesse adquirir uma significação que se distanciasse daquela que o passado carregava com todo o seu vigor recente. Mas com suas aparições sempre inesperadas, ele vai brotar nos momentos mais insuspeitos lembrando-nos sempre que somos o que fomos e o que fizemos, e o que também não fizemos. Aqui, temos problematizada justamente a dificuldade de se promover de maneira absoluta o esquecimento, por mais que isso em alguns casos seja essencial para que se possa continuar a viver o presente. Ao mesmo tempo que nos mostra como pode ser trágico o seu pretenso aniquilamento e a sua súbita e fugaz explosão dentro deste presente que tentávamos preservar de suas emersões. Ao reintroduzir o relacionamento de um tempo "em suspensão", de uma "bolha temporal", em um tempo banalizado, do amor romântico, Paul vai destruir todas as possibilidades inovadoras que o primeiro parecia portar e, com isso, aniquilar inapelavelmente as suas possibilidades de qualquer futuro.

Da mesma forma que o inverso parece cimentar as imagens de *O Império dos Sentidos*, onde a exclusão do fluxo linear do presente, a retirada de um tempo que leva o Japão para a guerra, pode ser visto como a realização eficaz de um movimento de esquecimento e de alheamento que permite que o futuro se desdobre, mesmo que neste caso de uma maneira trágica, de dizer sim ao problemático, por meio de uma morte consentida. Mas o que ficou claro é que o presente chama este passado para si e, ao fazê-lo, pode permitir também a possibilidade de seu isolamento. No filme em questão pudemos perceber como este movimento foi

Imagens finais

gradativo e em espiral, tendo como eixo a relação sexual, para findar, depois, fechando-se em torno do próprio sexo.

O que vimos é que, em todos os momentos, para negá-lo ou para afirmá-lo, o presente não se dava a perceber como algo feito e acabado, mas como um eterno transformar-se que, para adquirir significado, reincorporava de maneira diferencial um passado sempre vivenciado em uma nova configuração de sentidos para quem assim se abriam sempre novas possibilidades.

"Esta capacidade para esquecer — que em si mesmo já é o resultado de uma longa e terrível educação pela experiência — é um requisito indispensável da higiene mental e física, sem o que a vida civilizada seria insuportável; mas é também á faculdade mental que sustenta a capacidade de submissão e renúncia. Esquecer é também perdoar o que não seria perdoado se a justiça e a liberdade prevalecessem. Esse perdão reproduz as condições que reproduzem injustiça e escravidão: esquecer o sofrimento passado é perdoar as forças que o causaram — sem derrotar essas forças."[24]

Mas não podemos nos esquecer de uma outra dimensão do tempo, aquela que nos liga aos outros momentos do passado. Assim, a memória que introduz o passado no presente pode se tornar um elemento indispensável não só para se compreender melhor o presente, como também para modificá-lo. "Nesse movimento a problematização da nossa atualidade configura-se como uma abertura do pensamento, que é simultaneamente reserva e espera — o re-colher do já pensado e a possibilidade que nos convoca a pensar sobre o não pensado ainda, no interior do já pensado."[25]

Esta questão está profundamente entrelaçada às outras duas que nossos filmes levantavam. A primeira refere-se ao estatuto da

---

[24] Herbert Marcuse, *Eros e civilização*. Rio de Janeiro, Zahar, 1981, p. 200.

[25] Irene Cardoso, "Foucault e a noção de acontecimento", *op. cit.*, p. 64.

imagem e de suas relações com o real. A segunda, às relações destas com a sexualidade.

Partimos do pressuposto de que as imagens ocupam, no mundo contemporâneo, um lugar social que não pode mais ser subestimado nem desprezado. Assim, nos parece singelo deixar de lado as imagens como se fossem apenas parte de uma superestrutura qualquer ou ainda um mero reflexo mais ou menos distorcido de algum processo que ocorreria em alguma outra e menos significativa dimensão do social.

Neste sentido, pressupomos que existe uma realidade visual que não se reduz e nem se confunde com outras dimensões da realidade social da qual faz parte. Foucault, quando fala da pintura, nos dá pistas sugestivas ao dizer que "... a relação da linguagem com a pintura [e com as imagens, diria eu] é uma relação infinita. Não que a palavra seja imperfeita e esteja em face do visível num déficit que em vão se esforçaria por recuperar. São *irredutíveis* uma à outra: por mais que se diga o que se vê, o que se vê não se aloja jamais no que se diz, e por mais que se faça ver o que se está dizendo por imagens, metáforas, comparações, o lugar onde estas resplandecem não é aquele que os olhos descortinam, mas aqueles que as sucessões da sintaxe definem".[26]

Isso parece nos dizer que existe para as imagens, e em sua relação com os homens, um lugar que não é recoberto por nenhuma outra forma de linguagem. Remete-nos, além disso, a algo que, ao ser visão, apenas os olhos podem descortinar e perceber enquanto dimensão portadora e criadora de significados.

Nesta acepção, as imagens não expressariam um *outro* qualquer que existiria em lugar diverso, mas, ao contrário, seriam a expressão de algo que é visual e que portanto só pode se expressar enquanto dimensão significativa visualmente por meio delas. As imagens seriam, então, expressão das formas pelas quais uma

---

[26] Michel Foucault, *As palavras e as coisas*. São Paulo, Martins Fontes, 1981, p. 25 — grifo meu.

Imagens finais

sociedade se concebe visualmente, dimensão peculiar e irredutível, o que não quer dizer independente de suas raízes sociais e, consequentemente, culturais.

Esta realidade não existe em outro lugar, não é mero reflexo das condições de existência, não é "jamais o substituto"[27] nem o equivalente de qualquer outra coisa, pois existem significados que só de lá podem surgir, que só nela e a partir dela podem ser trabalhados. Exprimiria, portanto, valores, relações, concepções que só existem e se expressam nela e por meio dela, realidades visuais. "Eu tive pessoalmente a ocasião de formular as mais expressas reservas sobre métodos que colocam em paralelo um certo esquema de história (...) e um outro esquema de história da arte que não se referencia diretamente ao estudo direto das obras. (...) É, por consequência, somente ao nível de uma análise aprofundada das obras que pode se constituir uma sociologia da arte. Nada sério pode ser feito se pegamos como objeto de estudo os fundamentos da criação em lugar de considerar as obras de arte como o produto de uma atividade problemática cujas possibilidades técnicas, bem como a capacidade de integração de valores abstratos, variam segundo os meios considerados e em relação com o desenvolvimento desigual das faculdades intelectuais dos diferentes meios nas diferentes etapas da história."[28] Análise nunca única e unilateral. "Cada filme é portador de múltiplos enunciados incompletos, às vezes contraditórios, que se superpõem e se entrecruzam."[29]

Assim, existe um lugar especial que o ver descortina e que não se reduz aos lugares nos quais as palavras e as letras se colocam. Este lugar parece ser o mesmo para o qual Virilio nos cha-

---

[27] Pierre Francastel, *A realidade figurativa*. São Paulo, Perspectiva, 1982, p. 5.

[28] Pierre Francastel, *Études de sociologie de l'art*. Paris, Denoël/Gonthier, 1970, pp. 7, 15.

[29] Pierre Sorlin, *Sociologie du cinéma, op. cit.*, p. 197.

mava a atenção ao dizer que: "a guerra não pode jamais ser separada deste espetáculo mágico porque a sua finalidade é justamente a produção deste espetáculo: abater o adversário é menos capturá-lo do que cativá-lo, é infligir, antes da morte, o pânico da morte".[30] Isso nos diz que existe um lugar no social que só as imagens têm o poder de atingir, pois elas parecem resguardar uma dimensão com estatuto próprio, um lugar que só pode ser atingido instantaneamente pelo que vemos e que não se recobre pelo lugar do que pensamos sobre o que vemos, ou do que pensamos sem ver. Assim, o que pode causar uma certa apreensão e choque nas imagens está ligado exatamente ao fato efetivo de termos que vê-las. Não parecia ser para esta peculiaridade das imagens que nos alertava Marcuse quando disse que "muito antes de as forças especiais e não-assim-tão-especiais estarem fisicamente treinadas para matar, queimar e interrogar, os seus espíritos e corpos já estão treinados para ver, ouvir e cheirar no outro não um ser humano mas um animal (animal contudo, sujeito a castigo total)"?[31]

Neste contexto, esses filmes parecem problematizar estas questões não só ao nível das indagações que levantam, mas também ao nível das imagens que propõem. São dois lugares e duas perspectivas diferentes, por mais que em alguns momentos se misturem e possam ser confundidas. Além disso, a percepção deste lugar diferencial que as imagens ocupam e no qual nos atingem deixa, como vemos em *Blow-Up*, uma questão extremamente importante em aberto.

Neste filme, pudemos perceber uma inversão fundamental entre o ato de olhar, e o seu registro, e o que seria um suposto real autônomo e indiferente a este olhar. Aqui, são as imagens que chegam antes, são elas que nos mostram o que os olhos não per-

---

[30] Paul Virilio, *Guerra e cinema*. São Paulo, Página Aberta, 1993, p. 12.

[31] Herbert Marcuse, *Um ensaio para a libertação*. Lisboa, Bertrand, 1977, p. 102.

Imagens finais

cebem e são elas que restam como a referência final (e inicial, devemos dizer) na qual realmente acreditamos. Thomas, o fotógrafo, acredita mais nas imagens que vê do que naquilo que ele consegue ver com os próprios olhos. Como a nos mostrar um desdobramento das perguntas que Walter Benjamin se fazia muito tempo atrás: "Muito se escreveu, no passado, de modo tão sutil como estéril, sobre a questão de saber se a fotografia era ou não uma arte, sem que se colocasse sequer a questão prévia de saber *se a invenção da fotografia não havia alterado a própria natureza da arte*".[32] Podemos recolocar esta questão em outra dimensão e perguntar se a disseminação das imagens, radicalizada na década de 90 com os computadores e a Internet, não alterou a maneira como o homem vê o mundo e a maneira pela qual ele mesmo se vê no mundo. Da mesma forma que estas imagens alteram profundamente as nossas noções de espaço e de tempo, pois ao nos familiarizar primeiro com as imagens das coisas faz com que elas comecem a fazer parte de nosso círculo imediato de referências. É por isso que, em alguns momentos, Paris pode parecer estar muito mais "perto" do que Carapicuíba, pois a primeira com certeza nós já vimos pela televisão e, portanto, com ela passamos a ter uma pretensa "familiaridade". Assim, *Blow-Up* questiona exatamente este lugar "consagrado" das imagens e, portanto, o seu valor referencial. Nesta direção, parece construir--se uma indiferenciação entre coisa e imagem da coisa, em um sentido semelhante àquele para o qual Erving Goffman nos alertava como sendo um dos problemas da arte de manipular as impressões nas relações interpessoais. Ele se perguntava se ao manipularmos de maneira eficaz a atuação na qual estamos e, portanto, a imagem que mostramos de nós mesmos não haveria um momento em que o limite entre essas duas coisas se tornaria por

---

[32] Walter Benjamin, "A obra de arte na era de sua reprodutibilidade técnica". In: Walter Benjamin, *Obras escolhidas: magia e técnica, arte e política, op. cit.*, p. 176.

demais fluido e passaríamos a ser a nossa própria encenação?[33] Não estaria ele, desde então, transportando para o mundo das relações cotidianas e interpessoais o que mais tarde se tornaria um atributo das imagens de uma maneira geral, colocar-se no lugar daquilo do qual deveriam ser apenas uma reprodução, representação, expressão, manifestação ou representificação?

Nesta mesma direção, os filmes que analisamos parecem levantar uma outra questão não menos inquietante: que as perspectivas e as possibilidades de transformação não podem mais deixar de lado, não podem mais ser concebidas sem levar em conta esta dimensão crucial do tempo em que vivemos: as imagens, parte integrante de um mundo com o qual parecem se fundir, e que parece não mais poder existir, nem ser pensado, sem a sua perturbadora mediação.

Ao lado desta última, uma outra linha de problematizações se construiu por meio das imagens que esses filmes nos propuseram. Ela diz respeito ao lugar ocupado pela sexualidade e pelo sexo, não só no tocante ao elemento social que expressam mas também em relação ao tipo de *visões* que nos propõem e os lugares que questionam e problematizam.

Laranja Mecânica, que é costumeiramente interpretado como um libelo contra, ou a favor, da violência,[34] colocou uma outra questão no ar que parece ter passado despercebida aos nossos críticos. São evidentes, em todo o decorrer do filme, as alusões diretas ou indiretas ao sexo e à sexualidade. Desde as roupas da gangue de Alex — brancas, mas com aquelas colhoneiras externas ressaltando os órgãos sexuais —, às mesas da leiteria onde se drogam — mulheres nuas deitadas com as pernas dobradas e abertas a nos mostrar seus sexos e seus pelos coloridos pintados na mesma cor de seus cabelos —, à poltrona-óvulo onde descansa a mulher do

---

[33] Cf. Erving Goffman, *A representação do Eu na vida cotidiana*. Petrópolis, Vozes, 1975, pp. 218-33.

[34] Cf. notas 3 e 7 do capítulo 2 deste volume.

Imagens finais

escritor, à sua máquina de escrever vermelha, que se torna cinza quando Alex para ali retorna, ao sair da prisão — como, a marcar sua impotência e como tributo à morte da esposa —, até o lugar "final", "a fazenda dos gatos", totalmente decorada com imagens de mulheres e partes do corpo feminino nus, tendo apenas uma única, mas bastante significativa exceção: a imensa escultura fálica branca que leva a proprietária à morte, em um bizarro ritual de sexo oral. Estas imagens nos colocam a questão de ser de fato sobre a *violência* que fala o filme ou se, em outra direção, é o lugar e a potencialidade crítica e questionadora que o *sexo* assumiu naquela década seu foco principal e primordial de indagações.

A forma distante e seca de Alex fazer tudo o que faz, sua violência não visualmente violenta — devemos lembrar que as músicas clássicas e as coreografias transformam as cenas das brigas, como aquela do estupro da gangue de Billy Boy, em um atraente, estranho e ambíguo balé para o qual fomos convidados —, sua sexualidade sem sensualidade e sem erotismo e, por fim, sua adesão amoral a qualquer moralidade que se apresente, tudo vem ressaltar para nós os critérios e parâmetros com que construímos *a nossa própria moralidade*, com quais valores nos percebemos e orientamos a nossa própria inserção no mundo que nos cerca. Ao nos mostrar alguém aparentemente *sem valores*, Kubrick acaba nos forçando a reavaliar os valores que orientam a nossa própria conduta e a sua homogeneização. Nos mostra até mesmo aqueles valores que nem percebíamos que tínhamos, e que ele coloca em questão por meio das *imagens* que nos propôs — e para as quais não havíamos encontrado nenhuma ligação e importância coerente com o próprio desenrolar da história, mas que, só por existirem, invadem lugares escondidos de nossa própria visualidade e, consequentemente, de nossa própria moralidade. Ao associar constantemente sexo à violência, ele parece nos mostrar o potencial de *violência questionadora* que o próprio *sexo* parecia ter então.

Em *Morte em Veneza* está em jogo o amor, concebido de uma forma platônica e, no limite, quase assexuada, entre um compositor de meia-idade e um adolescente. É evidente que a questão homossexual está aqui colocada, mas não podemos concordar que isso transforme e reduza as proposições do filme de Visconti apenas às de um filme "engajado". Como não lembrar aqui do trajeto de Aschenbach que, ao se entregar cada vez mais à paixão que o domina — e que ele sabe poder levar à morte —, faz um paralelo magistral entre sua ascensão ao (e queda no) mundo dos sentidos, contrária, portanto, a todos os rígidos princípios com os quais havia estruturado sua vida e sua arte, e a destruição infecta de Veneza, que passa a se deteriorar às nossas vistas, com suas ruas e vielas sendo gradativamente tomadas pelos desinfetantes leitosos e pelas fogueiras de detritos purulentos. Como não poderia deixar de ser, culmina com a dissolução de sua própria imagem após o "rejuvenescimento" outorgado pelo barbeiro, que o transforma na imagem do velho que ele olhava com indefectível escárnio no começo do filme e do qual ele acaba se tornando um pálido reflexo imperfeito. Tornando-se um simulacro de si mesmo, uma imagem de seus fantasmas, dissolve-se como Veneza, tomados ambos pelas suas próprias pragas e chagas que lhes destroem a dignidade, a segurança e, em seu caso, também a vida, quando "cai" no amor. Nada mais contundente do que sua própria dissolução, junto com sua imagem, na cena final do filme. Sentado na cadeira de praia onde chegou já cambaleante, o calor do amor que o sufocou aparece também como aquele que dissolve a tinta de seus cabelos, que escorre pelo seu rosto enquanto ele olha pela última vez à distância o ser amado e desejado, mas amarguradamente nunca alcançado.

Último Tango em Paris aprofunda estes questionamentos, em direção às possibilidades e dificuldades de se construir o novo no meio do velho. Sua cena mais famosa, que marcou a década e o imaginário de toda uma geração, "a cena da manteiga", merece ser reavaliada aos olhos já um pouco distantes de hoje. Cena que retrata, como nenhuma, as possibilidades ambíguas de significações que podem assumir as imagens do cinema foi e ainda é lida das mais variadas maneiras e com os mais variados qualificativos.

Aos olhos de hoje, as imagens em si mesmas não parecem mais criar muitas estranhezas. Afinal, Marlon Brando está todo vestido e Maria Schneider tem sua calça um pouco abaixada, o que faz com que esta cena tenha começado de uma maneira muito menos ousada do que as que constituíram o nosso olhar nestes últimos anos. Talvez o toque de estranheza seja realmente a manteiga, não exatamente um lubrificante costumeiro para este tipo de situação. Mas não podemos nos esquecer que, apesar de a maioria das pessoas se lembrar apenas da "manteiga", as palavras que ele profere durante aquele ato são agentes de violação muito maior que o ato físico em si. Num certo instante ficamos em dúvida sobre o que realmente faz Jeanne chorar em um dado momento, se é realmente a penetração anal *física* a que é submetida ou se é a penetração auditiva *moral* que a invadiu, esta sim, de maneira insuspeita e sem mediações. E devemos lembrar que as feministas nunca perdoaram Bertolucci pela cena que se segue, onde ela aparece com o rosto todo alegrinho e sorridente chamando Marlon Brando, que descansava, para lhe dar um choque na tomada da vitrola. O fato de ela ter ficado com ele e continuado com aquele relacionamento legitima de maneira contundente a aparente "violação" a que tinha supostamente sido "submetida", seja ela física ou moral. Da mesma forma que nos obriga a olhar para os nossos próprios valores e preconceitos, para a nossa própria moralidade insuspeita.

Não podemos nos esquecer, também, que no fim do filme, quando Paul tenta reconstruir aquele relacionamento como um relacionamento "normal", em seu pequeno e pulguento hotel, Jeanne não só recusa a proposta, como, após o último tango que dançam, acaba matando Paul em seu apartamento, não por acaso no momento em que ele coloca o quepe militar de seu pai, o coronel, passando a encarnar exatamente aquilo do qual ela queria fugir com ele: a família, a moral, o casamento; e não também por acaso com a própria arma do pai, símbolo de sua potência, domínio e autoridade.

O Império dos Sentidos leva estas indagações às últimas consequências, ao propor uma entrega sexual, afetiva e amorosa que só poderia terminar pela aniquilação física dos dois amantes, um pela morte, o outro pela abstinência. Aqui, chegamos ao limite do possível, pois, depois dessas cenas, muito pouco a mais poderia ser mostrado e questionado. Vemos de tudo: de lentas relações sexuais e orais em *close* — que culminam com aquela onde o esperma de Kichi escorre pelos lábios de Sada em seu sorriso de vitória — até a famosa cena do ovo — onde o detalhamento, o ângulo e o brilho dos lábios vaginais, que se fecham após os dedos de Kichi o empurrarem para dentro, não deixam dúvidas sobre a sua efetividade física.

Somos convidados, portanto, a olhar para uma sucessão infindável de imagens antes restritas à visualidade dos filmes pornográficos, mas agora em um cinema franqueado a todo mundo. Só que vemos, além disso, imagens exasperadas pela sempre presente relação entre amor e morte, entre Eros e Thanatos, que o filme nos propõe o tempo todo através das constantes associações entre sexo e objetos cortantes, entre amor e faca. Ao nos mostrar, diretamente, sem preconceitos e sem mediações, as mais diversas imagens dos atos sexuais e de suas variações, individuais e grupais, não estaria Oshima nos fazendo perceber os fundamentos de constituição de nossa própria moral, seja ela intelectual ou visual? Ao mostrar na grande tela atos que sem dúvida conhecemos, sobre os quais pensamos e até mesmo conversamos, mas para os quais reservamos as possibilidades de efetivação para a recôndita obscuridade sem testemunhas de nossas quatro paredes, não estaria Oshima atingindo pela visualidade o âmago de nossa tão impensada moralidade, aquela que nos esforçamos em tentar o tempo todo esconder até mesmo de nós próprios? Não estaria Oshima, nos termos de Nietzsche, propondo-nos uma *reavaliação* de nossos próprios valores e, portanto, de seus lugares diferenciais?[35]

---

[35] Podemos nos lembrar aqui também de *Saló: 120 Dias de Sodoma*, de Pasolini, 1975, onde a relação entre sexo, dominação e poder é esmiuçada em suas mais profundas possibilidades. Recolhidos pelos fascistas em um castelo durante a Segunda Guerra, um grupo de adolescentes é submetido a satisfazer todos os desejos e vontades de seus "anfitriões", acabando por se

Pode ser que o leitor, na análise destes filmes, tenha estranhado a linguagem que utilizamos para a descrição de algumas cenas que utilizava algumas palavras que podem ser tidas como "não apropriadas" para este tipo de discurso. Propugnamos a sua irrestrita utilização, entretanto, para sermos coerentes com o questionamento dos lugares mais recônditos onde se aconchega nossa própria moralidade, e que se dá também pelas palavras que nomeiam as coisas, que ao hierarquizar os seus sentidos elide a compreensão dos valores diferenciais que as definiram e as colocaram como tais.[36]

---

submeter a atos sexuais, escatologias e atrocidades dos mais variados. Pasolini nos brindou com imagens das mais diversas, de submissão, de constrangimento e de morte, culminando com a cena de suplício final onde os que desobedeceram as regras são torturados por seus próprios colegas, com requintes de crueldade que ressuscitam os aparelhos de tortura medievais, como aquele pênis de ferro no qual é introduzido o de carne para ser queimado lentamente por uma vela que lhe é colocada do lado de fora. Cena aterradora por si só, tem sua crueldade realçada pelo fato de serem os próprios colegas os sujeitos dessa atrocidade, numa adesão à proposição de seus "senhores" tão indigna como os atos que cometem. Pasolini não só nos faz presenciar até onde pode descer o espírito humano em sua degradação, como também nos aponta ao mesmo tempo a fragilidade e os limites tênues das possibilidades que existem entre a resistência e a submissão, a partir do momento em que o prazer parece invadir até aqueles que sofriam eles próprios os mesmos atos de submissão sexual e de degradação. Entretanto, não o escolhemos no escopo que analisamos por achar que este filme, diferentemente dos anteriores, não coloca como seu tema central a questão da constituição de um novo tipo de relacionamento, uma nova percepção e prática da vida a dois, como fundamental para se pensar a constituição de um novo tipo de sociedade, por mais que esquadrinhe como nenhum outro a questão do sexo como fundante das relações de poder e de opressão.

[36] Devemos nos lembrar aqui de Marcuse, que nos dizia, em seu *Um ensaio para a libertação* (*op. cit.*), que a reapropriação do vocabulário da moral burguesa e a sua utilização continuada acabaria por esvaziá-lo, justamente por mostrar seus fundamentos, das conotações hierarquizadas e no mais das vezes também pejorativas não só dos termos, mas, e principalmente, das práticas às quais se referiam.

É inegável que sob um determinado prisma estas imagens referenciam-se a uma herança de 68, independente das avaliações e das múltiplas perspectivas que aquele movimento instigou e propagou. Mas de uma coisa parece não restarem dúvidas. Pensar-se as transformações sociais não poderia, a partir de então, restringir-se apenas às clássicas transformações das relações de produção e à tomada do poder. Um outro campo insuspeito de questionamentos parece ter assumido uma força que nunca antes havia conquistado.

Não que seja recente a problematização do lugar do sexual nas possibilidades de se construir um mundo novo, ou de se modificar o velho. Neste sentido, os escritos de Reich acabaram por se tornar referência dos questionamentos que se faziam em relação ao sexo e à constituição da família, com um grande e decisivo revigoramento a partir de 68. Textos como *A função do orgasmo* e *A revolução sexual* levavam a fundo a problematização da moral sexual e do casamento como formas de controle social. "Para o exame da questão, é preciso considerar isoladamente as duas partes mencionadas do problema do casamento; nisso temos que distinguir meticulosamente entre aquela forma de relação sexual, que se origina da necessidade sexual e tende a ser duradoura, e a outra, que corresponde aos interesses econômicos e à posição da mulher e das crianças. A primeira chamamos de relações sexuais permanentes, a segunda, casamento."[37]

Mas o que é realmente inovador, pois esses textos são dos anos 30 e início dos 40, é o fato de essas ideias terem se tornado bandeiras de luta ao lado daquelas que pregavam as mudanças revolucionárias nos sistemas econômicos e políticos. Dessa maneira, as relações interpessoais passaram a ser vistas não mais como algo cuja mudança deveria esperar por um novo sistema, ou que seriam automaticamente alteradas por ele, mas como algo

---

[37] Wilhelm Reich, *A revolução sexual*. Rio de Janeiro, Zahar, 1980, p. 151.

Imagens finais   263

que deveria acompanhar e fazer parte intrínseca das mudanças sociais e políticas, ao mesmo tempo em que ocorriam, para que pudessem assim finalmente surgir como efetivas possibilidades de serem realmente transformadoras. Portanto, a *rebelião* social deveria ser acompanhada também de uma *rebelião* sexual, de um questionamento da própria moral que estabelece os lugares e os valores que regulam as práticas sexuais. Talvez por isso tenha sido possível se pensar aquele *maio* como sendo um mês onde o "desejo revolucionário [foi] muito mais marcante do que a situação revolucionária",[38] Como sendo um movimento que conseguia contestar muito mais do que realizar as transformações às quais se propunha.

Não importa se os anarquistas são os únicos militantes políticos a divulgarem Reich e a pregarem a liberdade sexual total, como diz Olgária Matos.[39] O que importa é o desconcerto que estas posturas provocavam, ao lado do *flower power* e do *make love, not war*, dos *hippies* americanos, que começaram a colocar a felicidade e o prazer como uma dimensão importante e até mesmo decisiva da luta pela libertação.

A questão da mudança social passa agora também por uma mudança individual e por uma mudança das relações interpessoais, mostrando que apenas ater-se à luta de classes parece ter se tornado pouco para tentar sé compreender a história, os seus descaminhos e as suas possibilidades de desdobramento. Ao lado da miséria econômica colocam-se também a "miséria" moral e a "miséria" sexual. O homem para aspirar à liberdade deve também libertar-se ele mesmo, do que foi feito de sua vida, reintroduzindo como dimensão histórica o cotidiano e suas transformações. "A liberdade (recusa) individual deve incorporar o *univer-*

---

[38] Olgária C. F. Matos, *1968: as barricadas do desejo*. Coleção Tudo é História, São Paulo, Brasiliense, 1981, p. 9.

[39] Cf. Olgária C. F. Matos, *1968: as barricadas do desejo, op. cit.*, p. 38.

sal no protesto particular e as imagens e valores de uma futura sociedade livre devem aparecer nas relações pessoais dentro de uma sociedade não livre."[40] Mas só isso ainda parece pouco. A própria forma de se estar no mundo e de percebê-lo deve obrigatoriamente se alterar. "O nosso mundo emerge não só nas puras formas de tempo e espaço mas também (e *simultaneamente*) como uma totalidade de qualidades sensórias, objetos não só da visão (...) mas de todos os sentidos humanos ([audição], olfato, tato, paladar)."[41] O que é relevante é que, independente da quantidade de partidos ou pessoas que aderiram a estas perspectivas, estas questões não puderam mais ser simplesmente ignoradas ou deixadas de lado. Mesmo que, em alguns momentos e para algumas pessoas, pudesse ter parecido que o fato de apenas se dar conta desta dimensão expressaria que os problemas que ali se colocavam já estariam por si só sendo resolvidos e superados. "No sonho tudo parece fácil, 'a angustiante questão da possibilidade não se coloca mais'."[42]

É justamente na problematização desta *facilidade* que aqueles filmes vão investir, e aqui o fato de apenas os anarquistas terem colocado a questão da liberdade sexual total adquire um significado peculiar, o que se mostra pela recepção ambígua que estes filmes tiveram no seio da esquerda na época, como expressa a opinião de Jameson que citamos.[43]

Todos esses filmes nos mostram uma complexa situação que não parece se resolver de uma maneira fácil ou tranquila. Ao contrário, parece que a cada passo que damos em direção a um novo

---

[40] Herbert Marcuse, *Contrarrevolução e revolta*. Rio de Janeiro, Zahar, 1981, p. 55.

[41] Herbert Marcuse, *Contrarrevolução e revolta*, *op. cit.*, p. 67

[42] Cf. Olgária C. F. Matos, *1968: as barricadas do desejo*, *op. cit.*, p. 64.

[43] Cf. Fredric Jameson, *As marcas do visível*, *op. cit.*, p. 88.

Imagens finais

modo de se relacionar, mais um também é dado em direção aos impasses que se colocam em nosso caminho e sobre os quais devemos refletir incessantemente se quisermos superá-los.

Questionam, portanto, a possibilidade de que a transformação das relações entre as pessoas, e entre os casais, possa efetivar-se como se fosse apenas um desdobramento da vontade e do desejo de realizá-las. As imagens desses filmes parecem alertar para o fato de que existe uma série de complicadores na tentativa de se redimensionar as relações interpessoais que poderiam, à primeira vista, ser tomadas como quase imediatas.

Estes complicadores colocam-se em vários níveis diferentes de aproximação. O primeiro deles relaciona os momentos que unem o sexo à violência, nas mais variadas de suas formas, que vão desde a sua utilização pura e simples, como arma de imposição de vontade e de morte, até a sua possibilidade de criar prazer em relação à dor.

Este prazer, sempre associado à busca do amor, que pode ser desmedido, teve seus limites alargados a cada filme que víamos, como a nos mostrar que sempre um passo a mais ainda poderia e deveria ter sido dado. Aqui, a busca pelo prazer parece ter desconsiderado barreiras e formas, transformando-se em um elemento de uma busca mais ampla que recolocava no fluxo de um novo tempo as perspectivas daqueles que por meio dela buscavam transformar-se a si mesmos, ou, pelo menos, verem-se diferentes do que se viam até então. É evidente que uma busca pelo prazer, ou por novas formas de prazer, não iria desconsiderar a introdução de um outro elemento à qual se associa de formas muito variadas: a dor.

Neste contexto, a dor poderia surgir como uma forma de se permitir que cada um se conheça melhor e defina melhor os seus próprios limites, bem como ser também o passaporte para dar ao outro uma extrema felicidade. Tirando os casos onde esta dor era apenas um exercício de violação, ou morte, os outros momentos colocaram em questão o fato de se ver a dor como uma pura antítese do prazer e da alegria.

Neste sentido, problematizando esta oposição aparentemente simplista, as imagens que nós vimos nos levantam a possibilidade de se pensar a dor também como um elemento indissociável do prazer, com o qual se mistura e, às vezes, até mesmo se funde. "Existem mesmo casos onde um tipo de prazer é condicionado por uma *sucessão rítmica* de pequenas excitações desagradáveis: por lá se atinge uma muito rápida intensificação (...) do sentimento de prazer. É o caso das cócegas, e mesmo das cócegas sexuais durante o coito: nós vemos um tipo de desprazer agir, como ingrediente do prazer."[44]

Levando em alguns casos até a um outro tipo de morte, não aquela impingida por alguém, mas aquela desejada, aquela na qual o ser se dissolve no corpo e nas mãos da mulher amada, no intuito de fazê-la (e a ele) atingir o máximo possível de prazer nesta união que mostra o seu píncaro justamente na impossibilidade absoluta e inelutável de sua repetição.

Assim, esta busca por um prazer infinito é acompanhada pela busca de caminhos pelos quais a felicidade seja também uma possibilidade que não pode mais ser esquecida. A mudança de caminhos deve também ser a mudança de nós mesmos durante o duro e espinhoso trajeto que percorremos. Nesta direção também se percebem as temporalidades diferenciadas que esta vida dos amantes parecem engendrar, desde os cuidadosos e suaves olhares que retiram do tempo o Belo para seu próprio prazer e paixão, à retirada de si mesmo do fluxo do tempo, como a tentar esgotar o próprio tempo de vida no prazer, no amor e no sexo. Neste sentido, o sexo surgiria como algo que seria constantemente ressignificado em virtude do passado, sempre tendo como referência a esperança e as possibilidades de um futuro diferente daquele que parecia surgir como inexorável.

---

[44] Friedrich Nietzsche, "Fragments posthumes: début 1888 — début janvier 1889". In: F. Nietzsche, *Oeuvres philosophiques complètes*, vol. XIV. Paris, Gallimard, 1977, 14 [173], p. 136.

Imagens finais

Mas para que isso se colocasse no horizonte do possível, depois de já estar no horizonte do desejável, levantou-se uma série de problematizações que toca na questão crucial de uma transformação de si mesmo no mundo no qual vivemos: a moral. É evidente que as imagens que nos foram propostas questionam os mais insuspeitos lugares nos quais reside e se esconde a nossa moralidade, não só no tocante à família, mas também ao sexo e, não menos importante, às imagens do sexo.

Assim, pensar a transformação não pode mais deixar de lado uma reavaliação de nossos valores e da forma como nos situamos no mundo, que colocariam em questão a própria natureza e os tipos "consentidos" ou "naturais" de ato sexual, a monogamia e a castidade, a dor e o prazer, e os próprios lugares onde e nos quais estas relações aparecem para nós, ou nós as posicionamos. Colocaram, portanto, em xeque "o valor do próprio ato sexual: [que] o cristianismo... teria associado ao mal, ao pecado, à queda, à morte (...). Em suma, sobre todos estes pontos que foram considerados, durante tanto tempo, como tão importantes".[45]

Estas imagens também, em um outro nível, problematizam o que estávamos acostumados a ver e a perceber sobre essas mesmas relações. Isso parece nos mostrar um duplo aspecto dos valores que estão ali sendo problematizados, que não são somente relativos a determinadas formas de conduta sexual, mas também relativos à visão dessas mesmas condutas. Se concordamos com o que nos disse Foucault, os lugares são diferentes e, portanto, os valores que os informam também serão diferentes.

Neste sentido, esses filmes se dirigem a um aprofundamento das relações e imagens ali expostas, de uma leve orgia inconsequente em *Blow-Up* à morte pela castração e pela tortura de Oshima, passando pelo sexo como instrumento de questionamento, pelo desabrochar do amor entre um senhor e um pré-adolescen-

---

[45] Michel Foucault, *História da sexualidade II — O uso dos prazeres*, *op. cit.*, p. 17.

te, e, por último, pelas relações e atos inconfessáveis que as paredes silenciosas de um velho apartamento presenciaram. Não devemos esquecer que o seu caráter contestador entre nós também se reforça pelo fato de que três destes filmes que analisamos foram censurados no Brasil na década de 70,[46] e justamente por apresentarem diretas cenas de sexo. E contestadores sempre neste duplo registro: das propostas que levantam e das cenas que nos mostram. O sexo e as relações entre as pessoas são colocados em questão, como uma dimensão essencial das possibilidades de qualquer transformação social. Por mais complexos que possam parecer estes caminhos. Ao mesmo tempo que nos mostram que existe uma diferença que não é desprezível entre o que falamos, o que fazemos e o que temos capacidade de ver.

Esta reflexão é ainda mais significativa em um país onde o afã da "modernização" implica um renovar constante de uma fé no futuro que estranhamente parece sempre basear-se na prática do esquecimento, e, portanto, em um mero desenrolar do presente que acaba por negar as possibilidades de que se reflita sobre o passado como um redimensionamento não só do próprio presente, mas também de nossa própria esperança em algo futuro. E parece que refletir sobre estes temas, no contexto do novo milênio — onde vemos o místico tomar conta de tudo ao lado de um curioso *revival* dos anos 70, com a volta dos homens de cabelo comprido e rabo de cavalo, ao lado das garotas com calças de cintura baixa[47] —, é uma tarefa que readquire todos os seus mais infindáveis sentidos.

Porém, nesta trajetória que parece olhar para dentro de nós antes de olhar para o futuro, um intenso repensar o passado como dimensão do presente se coloca como uma dimensão também

---

[46] *Laranja Mecânica*, *Último Tango em Paris* e *O Império dos Sentidos*, além de *Saló*, evidentemente.

[47] Que na época eram chamadas de calças "Saint-Tropez".

Imagens finais

essencial de percebermos o que somos e o que fomos para podermos imaginar as possibilidades do que poderemos ser. A memória que reintroduz o passado no presente pode se tornar um elemento indispensável não só para se compreender melhor o presente, como também para modificá-lo. Ao nos mostrar uma visão não idealizada destas relações, estes filmes parecem querer nos fazer dar conta de que, para qualquer transformação, é necessário e preciso dizer sim ao problemático. Se "é a vida que nos força a colocarmos valores", se "é a vida que 'valora' por meio de nós todas as vezes que exprimimos valores",[48] cabe também a nós colocarmos estes mesmos valores em questão através de sua ininterrupta reavaliação.

Pois, afinal, "existem momentos na vida onde a questão de saber se se pode pensar diferentemente do que se pensa, e perceber diferentemente do que se vê, é indispensável para continuarmos a olhar ou a refletir".[49]

Finis operis II

[48] Friedrich Nietzsche, *Crépuscule des idoles ou comment philosopher à coups de marteau*. Paris, Gallimard, 1974, pp. 35-6.

[49] Michel Foucault, *História da sexualidade II — O uso dos prazeres*, *op. cit.*, p. 13.

REFERÊNCIAS BIBLIOGRÁFICAS

ANDERSON, Joseph L.; RICHIE, Donald (1982). *The Japanese film*. New Jersey: Princeton University Press.

ARNHEIM, Rudolf (s.d.). *A arte do cinema*. São Paulo: Martins Fontes.

ASHTON, D. (1985). *Picasso on art*. Londres: Thames and Hudson; Barcelona: Omega.

BACHELARD, Gaston (1988). *A dialética da duração*. São Paulo: Ática.

BARTHES, Roland (1984). *A câmara clara*. Rio de Janeiro: Nova Fronteira.

BAUDRILLARD, Jean (1995). *Le crime parfait*. Paris: Galilée.

BAZIN, André (1985). *Qu'est-ce que le cinéma?* Paris: Éditions du Cerf.

BENJAMIN, Walter (1986a). "A imagem de Proust". In: *Obras escolhidas I*. São Paulo: Brasiliense, pp. 36-49.

_____ (1986b). "A obra de arte na era de sua reprodutibilidade técnica". In: *Obras escolhidas I*. São Paulo: Brasiliense, pp. 165-96.

_____ (1986c). "Pequena história da fotografia". In: *Obras escolhidas I*. São Paulo: Brasiliense, pp. 91-107.

BERGSON, Henri (1990). *Matéria e memória*. São Paulo: Martins Fontes.

BOCK, Audie (1978). *Japanese film directors*. Nova York: Kodansha.

BRUNI, José Carlos (1991). "Tempo e trabalho intelectual". In: *Tempo Social*, São Paulo, vol. 3: 1-2, pp. 155-68.

BÜRGER, Peter (1984). *Theory of the avant-garde*. Manchester: Manchester University Press.

CARDOSO, Irene (1988). "Os acontecimentos de 68: notas para uma interpretação". In: SANTOS, Maria Cecília L. dos (org.). *Maria Antonia: uma rua na contramão*. São Paulo: Nobel.

_____ (1993). "A dimensão trágica de 1968". In: *Teoria e Debate*, São Paulo, n° 22.

_____ (1995). "Foucault e a noção de acontecimento". In: *Tempo Social*, São Paulo, vol. 7: 1-2, pp. 53-66.

_____ (1996). "Maria Antonia: a interrogação sobre um lugar a partir da dor". In: *Tempo Social*, São Paulo, vol. 8: 2, pp. 1-10.

CARRIÈRE, Jean-Claude (1995). *A linguagem secreta do cinema*. Rio de Janeiro: Nova Fronteira.

CHEVALIER, Jean; GUEERBRANT, Alain (1995). *Dicionário de símbolos*. Rio de Janeiro: José Olympio, 9ª ed.

Cinemania (1995). CD-ROM. Richmond: Microsoft.

Criterion goes to the movies (1994). CD-ROM. Nova York: Voyager.

DANVERS, Louis; TATUM JR., Charles (1986). *Nagisa Oshima*. Paris: Cahiers du Cinéma.

DELEUZE, Gilles (1985). *L'image-temps*. Paris: Les Éditions du Minuit.

DURKHEIM, Émile (1963). *L'education morale*. Paris: Presses Universitaires de France.

EBERT, Roger (1995). *"Last Tango in Paris"*. *Cinemania*, 8/11.

FERRO, Marc (1970). *Cinéma et histoire*. Paris: Denoël/Gonthier.

_____ (1984). *Film et histoire*. Paris: Éditions de l'École des Hautes Études en Sciences Sociales.

FOUCAULT, Michel (1981). *As palavras e as coisas*. São Paulo: Martins Fontes.

_____ (1985). *História da sexualidade II — O uso dos prazeres*. Rio de Janeiro: Graal, 4ª ed.

FRANCASTEL, Pierre (1983). "Espace et illusion"; "Les mécanismes de l'illusion filmique". In: *L'image, la vision et l'imagination*. Paris: Denoël/Gonthier, pp. 167-206.

_____ (1970). *Études de sociologie de l'art*. Paris: Denoël/Gonthier.

_____ (1982). *A realidade figurativa*. São Paulo: Perspectiva.

GOFFMAN, Erving (1975). *A representação do Eu na vida cotidiana*. Petrópolis: Vozes.

GOLDING, John (1968). *Le cubisme*. Paris: René Juillard.

GOLDMANN, Annie (1985). *L'errance dans le cinéma contemporain*. Paris: Henri Veyrier.

GOMBRICH, E. H. (1986). *Arte e ilusão*. São Paulo: Martins Fontes.

GROSS, Sabine (1992). "Real time, life time, media time: the multiple temporality of film". In: FRASER, J. T.; SOULSBY, Marlene P. (orgs.) (1996). *Dimensions of time and life*. Madison, Connecticut: International Universities Press.

GUBERN, Roman (1982). *Historia del cine*. Barcelona: Lumen.

HELLER, Agnes (1977). *Sociología de la vida cotidiana*. Barcelona: Península.

HOSOKAWA, Shuhei (1994). "Por um bom viajante nostálgico". In: *Imagens*, Campinas, nº 2, agosto, pp. 96-103.

JAMESON, Fredric (1995). *As marcas do visível*. Rio de Janeiro: Graal.

JANKÉLÉVITCH, Vladimir (1974). *L'irréversible et la nostalgie*. Paris: Flammarion.

JARVIE, Ian C. (1974). *Sociología del cine*. Madri: Guadarrama.

KAEL, Pauline (1972). *"Last Tango in Paris"*. In: *The New Yorker*, Nova York, 28 de outubro.

KOLKER, Robert P. (1983). *The altering eye: contemporary international cinema*. Nova York: Oxford University Press.

KRACAUER, Siegfried (1960). *Theory of film*. Oxford: Oxford University Press.

KRISTEVA, Julia (1989). *Sol negro: depressão e melancolia*. Rio de Janeiro: Rocco.

LABAKI, Amir (org.) (1981). *O cinema dos anos 80*. São Paulo: Brasiliense.

LANGFORD, Michel (1974). *Iniciación a la fotografía profesional*. Barcelona: Omega, 3ª ed.

MAGGI, Amina (1980). *"Último Tango em Paris*: áreas secretas". In: *IDE*, São Paulo, nº 8, pp. 33-48.

MANN, Thomas (1979). *Tônio Kroeger/A morte em Veneza*. São Paulo: Abril.

Referências bibliográficas 273

MARCUSE, Herbert (1981a). *Contrarrevolução e revolta*. Rio de Janeiro: Zahar.

_____ (1981b). *Eros e civilização*. Rio de Janeiro: Zahar.

_____ (1977). *Um ensaio para a libertação*. Lisboa: Bertrand.

MARTIN, Michel (1990). *A linguagem cinematográfica*. São Paulo: Brasiliense.

MARX, Karl (s.d.). "O 18 Brumário de Luís Bonaparte". In: *Textos 3*. São Paulo: Sociais/Alfa-Ômega, pp. 199-285.

MATOS, Olgária C. F. (1981). *1968: as barricadas do desejo*. Coleção Tudo é História. São Paulo: Brasiliense.

MENEZES, Paulo (1994). "A pintura trágica de Edvard Munch: um ensaio sobre a pintura e as marteladas de Nietzsche". In: *Tempo Social*, São Paulo, vol. 5: 1-2, pp. 67-111, novembro.

_____ (1996). "Cinema: imagem e interpretação". In: *Tempo Social*, São Paulo, vol. 8: 2, pp. 83-104.

_____ (1997). *A trama das imagens*. São Paulo: Edusp.

MERLEAU-PONTY, Maurice (1983). "O cinema e a nova psicologia". In: XAVIER, Ismail (org.). *A experiência do cinema*. Rio de Janeiro: Graal/Embrafilme, pp. 103-17.

MORIN, Edgar (1985). *Le cinéma ou l'homme imaginaire*. Paris: Les Éditions du Minuit.

MUNCH, Edvard (1989). "Words and images". In: TORJUSEN, Bente. *Words and images of Edvard Munch*. Londres: Thames and Hudson.

NAGIB, Lúcia (1993). *Em torno da Nouvelle Vague japonesa*. Campinas: Ed. da Unicamp.

_____ (1995). *Nascido das cinzas: autor e sujeito nos filmes de Oshima*. São Paulo: Edusp (versão modificada do capítulo sobre O *Império dos Sentidos* foi publicada anteriormente com o título de "O império do indivíduo". In: *Imagens*, Campinas, nº 4, abril de 1994, pp. 72-81, Ed. da Unicamp).

NIETZSCHE, Friedrich (1971). *Par-delà bien et mal*. Textos e variantes organizados por Giorgio Colli e Mazzino Montinari. Tradução de Cornélius Heim (DPF — Des préjugés des philosophes). Paris: Gallimard.

_____ (1974). *Crépuscule des idoles ou comment philosopher à coups de marteau*. Textos e variantes organizados por Giorgio Colli e Mazzino Montinari. Tradução de Jean-Claude Hémery. (MT — Maximes et traits; RP — La "raison" dans la philosophie; MA — La morale, une anti-nature; Dl — Divagations d'un "inactuel"; CA — Ce que je dois aux anciens). Paris: Gallimard.

_____ (1977). "Fragments posthumes: début 1888 — début janvier 1889". In: *Oeuvres philosophiques complètes*, vol. XIV. Textos organizados e comentados por Giorgio Colli e Mazzino Montinari. Tradução de Jean-Claude Hémery. Paris: Gallimard.

_____ (1982). *Le gai savoir*. Textos e variantes organizados por Giorgio Colli e Mazzino Montinari. Tradução de Pierre Klossowski. (P — Preface à la deuxième edition; V — Variante). Paris: Gallimard.

_____ (1985). *El nacimiento de la tragedia*. Madri: Alianza Editorial.

_____ (1988*). Ainsi parlait Zarathoustra*. Textos e variantes organizados por Giorgio Colli e Mazzino Montinari. Tradução de Maurice de Gandillac. Paris: Gallimard.

OSHIMA, Nagisa (1980). *Écrits 19S6-1978: dissolution et jaillissement*. Paris: Cahiers du Cinéma/Gallimard.

PEARY, Danny (1989). *Cult movies*. 2 vols. Nova York: Delta.

POWELL, Dillys (1989). *The golden screen*. Londres: Pavilion Books.

REICH, Wilhelm (1977). *A função do orgasmo*. São Paulo: Brasiliense.

_____ (1980). *A revolução sexual*. Rio de Janeiro: Zahar.

_____ (1973). *Psicologia de massas do fascismo*. Lisboa: Escorpião.

ROBINSON, David (1980). *Panorama du cinéma mondial*. Paris: Denoël/Gonthier.

SADOUL, Georges (1981a). *Dictionnaire des cinéastes*. Paris: Seuil.

_____ (1981b). *Dictionnaire des films*. Paris: Seuil.

SARTRE, Jean-Paul (1996). *O imaginário*. São Paulo: Ática.

SATO, Tadao (1987). *Currents in Japanese cinema*. Nova York: Kodansha.

SILVA, Carlos Eduardo Lins da (1991). "*Blade Runner: O Caçador de Androides*". In: LABAKI, Amir (org.). *O cinema dos anos 80*. São Paulo: Brasiliense.

Referências bibliográficas

SIMMEL, Georg (1983). "Sociabilidade: um exemplo de sociologia pura ou formal". In: MORAES FILHO, Evaristo de (org.). *Simmel*. Coleção Grandes Cientistas Sociais, vol. 34. São Paulo: Ática.

_____ (1993). *Filosofia do amor*. São Paulo: Martins Fontes.

SORLIN, Pierre (1977). *Sociologie du cinéma*. Paris: Aubier.

STANGOS, Nikos (1981). *Concepts of modern art*. Londres: Thames and Hudson.

TARKOVSKI, Andrei (1990). *Esculpir o tempo*. São Paulo: Martins Fontes.

TESSIER, Max (1984). *Le cinéma japonais au présent*. Paris: Pierre Lherminier.

VIRILIO, Paul (1993). *Guerra e cinema*. São Paulo: Página Aberta.

VOGEL, Amos (1974). *Film as a subversive art*. Nova York: Random House.

WEBER, Max (1978). "Ação e relação social". In: FORACCHI, Marialice Mencarini; MARTINS, José de Souza. *Sociologia e sociedade*. Rio de Janeiro: LTC.

_____ (1979). "A 'objetividade' do conhecimento nas Ciências Sociais". In:. COHN, Gabriel (org.). *Weber*. Coleção Grandes Cientistas Sociais, n° 13. São Paulo: Ática, pp. 79-127.

_____(1981) *A ética protestante e o espírito do capitalismo*. São Paulo: Pioneira.

_____ (1993) "A ciência como vocação". In: *Ciência e política: duas vocações*. São Paulo: Cultrix, pp. 17-52.

XAVIER, Ismail (org.) (1983). *A experiência do cinema*. Rio de Janeiro: Graal/ Embrafilme, 1ª edição.

_____ (1984). *O discurso cinematográfico, a opacidade e a transparência*. São Paulo: Paz e Terra.

_____ (1988). "Cinema: revelação e engano". In: NOVAES, Adauto (org.). *O olhar*. São Paulo: Companhia das Letras, pp. 367-84.

FICHA TÉCNICA DOS FILMES

1. *Blow-Up* (*Blow-Up*)
Itália/Grã-Bretanha, 1967, 1h52min, direção de Michelangelo Antonioni, fotografia de Carlo Di Palma, música de Herbie Hancock, com David Hemmings [Thomas], Vanessa Redgrave [Jane], John Castle [Bill], Peter Bowles [Ron], Sarah Miles, Jane Birkin, Gillian Hills, Veruschka. Vencedor da Palma de Ouro em Cannes, 1967.

2. *Laranja Mecânica* (*A Clockwork Orange*)
Grã-Bretanha, 1971, 2h16min, direção de Stanley Kubrick, fotografia de John Alcott, música de Edward Elgar, Rossini, Henry Purcell, Rimsky-Korsakov, Beethoven, Walter Carlos (arranjos), com Malcolm McDowell [Alex], Michael Tarn [Pete], James Marcus [Georgie], Warren Clark [Dim], Richard Connaught [Billy Boy], Michael Bates, Patrick Magee.

3. *Morte em Veneza* (*Morte a Venezia*)
Itália/França, 1971, 2h10min, direção de Luchino Visconti, fotografia de Pasqualino De Santis, música de Franz Lehar, Gustav Mahler (*Terceira e Quinta Sinfonias*), Beethoven (*Pour Élise*) e Mussorgsky, com Dirk Bogarde [Aschenbach], Bjorn Andresen [Tadzio], Mark Burns [Alfred], Carole André [Esmeralda], Nora Ricci, Romolo Valli, Marisa Berenson, Silvana Mangano. Vencedor do Prêmio Especial do Júri em Cannes, 1971.

4. *Último Tango em Paris* (*Ultimo Tango a Parigi*)
Itália/França, 1972, 2h05min, direção de Bernardo Bertolucci, fotografia de Vittorio Storaro, música de Gato Barbieri, com Marlon Brando [Paul], Maria Schneider [Jeanne], Jean-Pierre Léaud [Tom], Massimo Girotti [Marcel], Maria Michi, Giovanna Galletti.

5. *O Império dos Sentidos* (*Ai no Koriida*)
Japão/França, 1976, 1h44min, direção de Nagisa Oshima, fotografia de Hideo Ito, música de Minoru Miki, com Eiko Matsuda [Sada], Tatsuya

Ficha técnica dos filmes

Fuji [Kichi], Aoi Nakajima, Yasuko Matsui, Meika Seri, Kanae Kobyashi, Taiji Tonoyama.

6. *Blade Runner* (*Blade Runner*)

EUA, 1982, 1h58min, direção de Ridley Scott, fotografia de Jordan Cronenweth, música de Vangelis, com Harrison Ford [Deckard], Rutger Hauer [Roy], Sean Young [Rachel], Edward James Olmos [Gaff], M. Emmet Walsh [Bryant], Daryl Hannah [Pris], William Sanderson [J. F. Sebastian], Brion James [Leon], Joe Turkel [Tyrell], Joanna Cassidy [Zhora]. Segunda versão (montagem do diretor), 1993, 1h58min.

REFERÊNCIAS DOS ARTIGOS

O capítulo 1, "Imagens da imagem (*Blow-Up*, Michelangelo Antonioni, 1967)", teve uma versão inicial publicada sob o título de "*Blow-Up*: imagens e miragens" no dossiê em homenagem a José Carlos Bruni em *Tempo Social*, São Paulo, vol. 12: 2, pp. 15-35, novembro de 2000.

O capítulo 2, "Imagens da violação (*Laranja Mecânica*, Stanley Kubrick, 1971)", teve uma versão inicial publicada sob o título de "*Laranja Mecânica*: violência ou violação" em *Tempo Social*, São Paulo, vol. 9: 2, pp. 53-77, outubro de 1997.

O capítulo 6, "As nuvens negras se dissipam (*Blade Runner*, Ridley Scott, 1982/1993)", teve uma versão inicial publicada sob o título de "*Blade Runner*: entre o passado e o futuro" em *Tempo Social*, São Paulo, vol. 11: 1, pp. 137-56, maio de 1999.

O capítulo 7, "Imagens finais", teve partes de seu texto utilizados como base para o artigo "Heranças de 68: cinema e sexualidade", publicado em *Tempo Social*, São Paulo, vol. 10: 2, pp. 51-61, apresentado no I Encontro da SOCINE (Sociedade Brasileira de Estudos de Cinema), em Brasília, em 8 de novembro de 1997.

ESTE LIVRO FOI COMPOSTO EM SABON,
PELA BRACHER & MALTA, COM CTP DA
NEW PRINT E IMPRESSÃO DA GRAPHIUM
EM PAPEL PÓLEN SOFT 80 G/M^2 DA CIA.
SUZANO DE PAPEL E CELULOSE PARA A
EDITORA 34, EM SETEMBRO DE 2013.